교사를 위한
융복합교육론
학교개혁을 이끄는 교사 되기

차윤경 · 구자원 · 김선아 · 김시정 · 문종은 · 민희자 · 박미영 · 박영석 · 송효준 · 심수진
안성호 · 유금복 · 유 리 · 이선경 · 이성우 · 장민정 · 정재원 · 주미경 · 함승환 · 황세영 공저

학지사

이 논문은 2014년도 정부재원(교육부)으로 한국연구재단의 지원(한국사회과학연구지원사업)을
받아 수행된 연구이다(NRF-2014S1A3A2044609).

This work was supported by the National Research Foundation of Korea grant funded by the
Korean government (NRF-2014S1A3A2044609).

머리말

전 지구화, 문화적 다원화, 글로벌 경제의 등장, 인구 구조의 변화, 제4차 산업혁명 등으로 대변되는 21세기 사회의 급격한 변화는 지속 가능한 미래사회를 위한 학교교육의 전면적 개혁을 요구하고 있다. 이러한 맥락에서 융복합교육은 학교교육 개선 방안의 일환으로 학교 현장에 확산되기 시작하였다. 이러한 융복합교육의 도전이 확산되면서 행정가, 교사, 학생, 학부모는 많은 혼란과 어려움을 경험하고 있다. 많은 현장 교사들은 융복합교육의 필요성에 대해서는 공감하나 융복합교육에 대한 효능감은 상대적으로 낮은 것으로 보고되고 있기 때문이다. 융복합교육을 실행하기 위해서는 너무나 많은 시간과 노력, 자원이 소요되므로 이를 지속적으로 실행하는 것은 불가능하다고 많은 교사들이 주장한다. 또한 많은 교사, 학생, 학부모들은 융복합교육이 우수한 학생들의 심화 수준 수업으로 제공될 수는 있으나 학업 부진 학생에게는 부적합한 교육 방식이라고 인식하는 경향이 있다.

근본적으로 이러한 혼란과 어려움은 융복합교육이 단순히 표준화된 지식의 집합체로서의 교과를 연계하는 수업 전략을 도입하는 것 이상의 변화를 요구한다는 점에서 비롯된다. 이에 대해 이 책의 저자들은 융복합교육이 기존에 확립된 교육 체계의 경계를 해체하고, 이를 통해 유의미한 상태로 재구성해 가는 능동적 융합 과정에 기초한 교육에 대한 은유로서 기존의 교과 통합교육과 구별되는 인식론적 가치와 규범을 지향한다는 관점을 취한다. 즉, 융복합교육은 궁극적인 학습의 주체인 개인이 각자가 지향하는 정체성 및 삶과 세계에 대한 비전에 비추어 의미 있는 지식을 추구할 수 있는 권한을 보장하고 촉진하는 교육이다. 이러한 관점에서 융복합교육은 학습자 개개인이 지식 생산의 주체로서 그들이 생산한 비표준적인 주관적 지식까지도 존중한다. 또한 다양한 주관적 의미에 대한 민주적 대화와 그에 따른 삶과 세계에 대한 이해의 확장을 지향한다.

이와 같은 융복합교육의 개념과 지향점은 객관적이고 표준화된 지식의 일방적 전달 중심으로 이루어져 온 기존의 교육과 근본적으로 차별화된다. 또한 융복합교육은 모든 개인의 앎에 대한 권한과 지적 다양성을 최대한으로 존중하고 촉진하는 교육으로서 기존의 표준화된 지식의 전달 행위를 기반으로 조성된 교수-학습 방식, 평가 체계, 학교의 공간적 구성, 시간표 운영, 교사 협업 등 학교 체제의 전면적 재구조화를 필요로 한다. 융복합교육이 지향하는 이와 같은 교육적 가치와 기존 학교교육 체계의 규범 사이의 괴리가 바로 오늘날 학교 현장에서 융복합교육을 둘러싸고 일어나는 혼란과 어려움의 원인이다.

이 책『교사를 위한 융복합교육론』은 입시교육 중심으로 획일화, 경직화된 한국 학교에 대한 문제의식을 공유하는 저자들이 융복합교육을 중심으로 한국 학교의 미래 지향적 재구조화 방안에 대해 진지하게 탐색한 결과물 중 하나이다. 이 책의 저자들은 2011년 한국 학교의 문제와 한계를 극복할 방안을 마련하기 위하여 한국연구재단의 한국사회과학연구지원사업(SSK) 지원하에 융복합교육 모델 개발을 위한 공동연구를 시작하였다. 이 프로젝트가 시작될 당시 융복합교육에 대한 연구와 실천은 초기 단계였다. 이 책의 저자들은 융복합교육 관련 문헌과 사례, 미래사회와 교육에 대한 담론 등에 관한 광범위한 문헌 분석, 현장 교사를 비롯한 다양한 융복합교육 현장 전문가와의 대담 등 다양한 방법을 통해 융복합교육 모델 확립을 위한 탐구를 시도하였다.

이와 같은 노력의 결과, 저자들은 융복합교육에 대한 확장적 개념화와 융복합교육의 원리 및 실천 방안을 체계화하고 이를 한국 사회의 학교교육 개혁을 위한 방안으로 구체화한 성과물을 발표해 올 수 있었다. 저자들은 융복합교육 프로그램을 개발하여 초·중·고등학생을 대상으로 실제 적용하였고, 융복합교육 프로그램 개발과 실행, 평가 전반에 관련된 전문성을 주요 내용으로 하여 교사 연수와 워크숍을 실행하고 있다. 그리고 이러한 과정에서 관심 있는 연구자나 일선 교사와 그간의 성과를 공유해야 할 책무성을 느끼게 되었다. 이 책에서는 저자들의 장기간에 걸친 이론적 연구 성과와 참여적 실천 경험을 종합하여 융복합교육을 위한 교사 전문성 개념화, 융복합교육 프로그램 개발, 교육과정, 교수-학습 및 평가, 학교 역량, 교사 학습 공동체 등에 관한 장으로 범주화하여 정리하였다. 각 장은 장별 핵심 주제와 관련된 주요 이론을 현장 적용 가능한 실행 방안과 함께 소개하였다. 이러한 구성 방식은 이 책의 저자들이 융복합교육을 통해 지향하는 학교교육 개혁 비전과 원리를 소통하고 실행 방법을 구체화함으로써 연구자와 실천가 사이에 소통과 협력의 기반을 마련하고자 하는 취지를 반영한다.

현재 한국사회의 학교는 붕괴 위기에 놓여 있다고 해도 과언이 아니다. 치열한 입시 경쟁 속에서 대다수의 학생이 고통받고 소외되고 있으며, 미래에 대한 막연한 불안감을 달래기 위해 무의미한 단편 지식을 외우고 기계적인 문제 풀이를 되풀이하고 있다. 숨 막히는 무한 경쟁 속에서 배움과 성장에 대한 학생들의 열망은 시들어 가고 일탈과 문제 행동이 확산되고 있다. 이와 같은 학교의 실태는 우리 사회의 미래에 대한 심각한 적신호이다. 무엇보다 우리에게는 우리의 아이들이 소속감을 느끼며 행복하고 뜻깊은 유년 시기를 보낼 수 있는 안전한 학교를 만들어 줄 책임이 있다. 그리고 보다 나은 미래사회를 만들기 위한 성장과 배움을 보장하는 학교로의 개혁을 위한 비판적 성찰과 대화에 협력할 책임이 있다.

이 책은 융복합교육을 기반으로 한 학교교육 개혁에 대한 저자들의 이론적 성찰과 탐구 결과를 공유하고, 보다 나은 학교를 만들고자 헌신하는 교사, 연구자와의 소통과 협력을 위한 디딤돌이 되기를 기대한다. 이 책이 세상에 나오기까지 많은 사람의 노고가 있었다. 집필 일정 관리, 원고 독촉, 원고 수정 등과 관련된 세세한 사항을 묵묵히 챙겨준 본 연구단의 연구보조원들에게 진심으로 고마운 마음을 전한다. 또한 이 책의 출판은 한국연구재단의 지원(NRF-2014S1A 3A2044609)에 의해 가능했음을 밝힌다. 끝으로, 본 총서의 출판을 허락해 주신 학지사 김진환 사장님, 원고 정리와 편집에 노고를 아끼지 않으신 김준범 차장님께도 깊은 감사의 마음을 전한다.

2019년 3월 행당동 산에서
저자들을 대표하여 차윤경 씀

차례

제1장

교사 전문성의 개념론[1)]

    교육에 대한 관심은 인류 역사상 끊임없이 지속되어 왔다. 이는 교육이 개인과 사회의 성패를 결정하는 중요한 요소로 인식된다는 점과 밀접하다. 예컨대, 고대 그리스의 플라톤(plato)은 『국가』에서 그가 그린 이상적인 사회가 현실화되기 위해서는 교육 역시 이에 상응하는 형태로 체계적으로 조직화해야 한다는 믿음에 따라 교육제도에 대한 상세한 계획안을 제시하였다. 다른 예로, 미국에서 1983년 발행된 「위기에 처한 국가」라는 유명한 보고서는 학교가 평균치 아이들을 양산하는 데 온 힘을 기울임으로써 결과적으로 국가의 미래가 위협받고 있다고 지적하면서 교육제도 전반의 재점검

---

1) 이 장은 [차윤경, 안성호, 주미경, 함승환(2017). 융복합교육의 확장적 재개념화 가능성 탐색. 다문화교육연구, 9(1), 153-183]의 일부를 수정·보완하였다.

과 질적 제고를 요청하였다. 이처럼『국가』와「위기에 처한 국가」
는 양자 간 24세기라는 시간적 차이에도 불구하고 교육이 한 사회
의 운명을 좌우하는 중요한 제도라는 전제를 공유하고 있다.

　오늘날 한국사회에서 역시 교육은 범국민적 관심의 중심에 있
다. 교육은 지난 반세기 동안 한국 경제의 눈부신 발전과 민주주의
의 성숙을 이끈 핵심적 요인으로 꼽히며, 세계 여러 나라에서 한국
교육의 저력에 큰 관심을 보여 왔다. 개인의 관점에서도 교육은 삶
의 질 향상을 위한 동기와 긴밀하게 맞닿아 있다. 교육에 대한 이러
한 신화적 믿음과 기대에도 불구하고, 현대사회에서 정보와 지식의
급격한 양적 팽창은 한정된 교과 내용으로 무엇이 선택되어야 하며
그것을 어떻게 가르쳐야 하는지에 대해 새로운 질문을 제기하고 있
다. 이러한 상황에서 학습의 개념을 제한되고 분절화된 지식의 수
동적 소비로 보기보다는 학습자를 둘러싼 다양한 삶의 맥락에서 학
습자 스스로가 능동적 학습 주체이자 지식의 창의적 생산자로서 지
속적으로 성장하는 과정으로 확장할 필요성이 제기되어 왔다.

　학교교육 변화의 필요성에 대한 대응의 한 형태로 볼 수 있는 융
복합교육은 한국사회 역시 다문화사회 및 글로벌 지식정보사회로
변화하면서 다양한 문화, 지식, 관점 등의 융합 현상이 대두되는 상
황과 함께 그 중요성이 부각되어 왔다. 최근 한국의 교육 정책 담론
에서 학습자의 '다양성' 존중과 '창의성' 신장, '창의·융합형 교육
과정' 개발과 '문·이과 통합형 교육과정'으로의 개정, '자유학기제'
의 도입과 확산 등이 화두가 되는 것도 학습자의 '융복합적' 태도와
역량을 신장하기 위한 국가적 차원의 제도적 노력으로 볼 수 있다.

　하지만 융복합교육의 중요성에 대한 교육 담론의 확장에도 불구
하고, 이에 대한 이해는 주로 교수 설계나 교육과정 조직화 등 교수

학적 측면에 한정되어 제한적으로 이루어진 경향이 있다. 또한 그간의 융복합교육 담론의 전개 양상이 기존의 경제적 도구주의 교육관의 논리를 크게 벗어나지 못하고 있다는 점 역시 비판적 논의가 필요한 부분이다. 본고는 이러한 문제의식을 바탕으로 융복합교육을 지속 가능하고 포괄적인 학교개선 접근으로 확장하여 이해하고자 한다. 또한 이러한 관점을 지속적으로 수정·보완하기 위한 토대가 될 수 있는 기초적인 개념적 얼개의 예비적 구조화를 시도하고자 한다. 이를 위해, 우선 융복합교육을 대안적 학교교육 모델의 필요성이라는 맥락에서 재조명하고, 이를 바탕으로 융복합교육의 초기 개념화를 비판적으로 점검한 뒤, 융복합교육 개념의 건설적 확장 가능성을 모색한다.

1. 학교교육의 대안적 모델에 대한 요구와 융복합교육

어떤 형태의 교육이 이상적인가 하는 질문은 역사상 항상 존재해 왔으며, 이에 대한 답을 찾기 위한 논의 역시 사회의 변화에 따라 끊임없이 다양한 방식으로 계속되어 왔다. 오늘날 우리에게 익숙한 형태의 근대적인 학교교육제도도 사실 세계적으로 그 역사가 약 2세기 정도에 불과하다(Boli, Ramirez, & Meyer, 1985). 근대적 공교육 개념은 18세기 말부터 여러 사상가와 정치 지도자에 의해 본격적으로 구체화되기 시작하는데, 프랑스의 콩도르세, 독일의 피히테, 미국의 호레이스 만 등이 서구 공교육제도의 초기 주창자들이다. 이들은 공통적으로 일반 대중을 포함한 모든 시민에 대한 교육의 필요성과 이에 대한 국가의 역할과 책임을 강조했다(강선보 외,

2009). 20세기 중반 제2차 세계대전의 종식 이후 많은 신생 독립국
이 생겨나면서 민주주의사회 체제에 근간을 둔 공교육제도가 세계
로 급속히 확산되는데, 이 시기에 교육은 지식 및 인사 관리의 정당
화 시스템으로서 그 제도적 지위를 공고히 하게 된다(Meyer, 1977).

이러한 근대적 공교육제도의 등장과 공고화에 따라 교육 담론은
상당한 정도로 도구주의적 논리를 중심으로 하여 진화해 오게 된
다. 교육은 대체로 국가의 민주 정치 체제와 시장 경제 체제 측면
에서 공적 기능을 하도록 기대되어 오면서, 교육을 통한 사회적 연
대 강화 및 경제 성장 추구 등이 국가의 프로젝트로서 교육이 지향
해야 할 주요한 목적으로 간주되어 왔다(Fiala, 2006; Labaree, 1997).
특히 20세기 후반부터 가속화된 경제적 세계화의 진행과 신자유주
의적 정책 담론의 확산 속에서 교육 담론은 개인의 생산성 증대 및
국가의 효율적 발전 등을 더욱 확대된 비중으로 강조해 오고 있다.
이러한 상황에서 교육은 종종 산업 및 인적 자본 정책의 일환으로
축소되어 이해되기도 한다(Fitzsimons & Peters, 1994).

교육이 사회의 발전을 위한 효율적 도구로서 기능할 수 있어야
한다는 담론의 정교화와 진화는 교육이 근본적으로 지향해야 할
이상적 성격으로서의 해방적 속성에 대한 관심을 현격히 축소해
온 경향이 있다. 교육에 있어서 수단적 · 도구적 합리성의 극대화
는 다수의 개인을 사회에 효율적으로 순응하도록 하지만, 다른 한
편으로는 이러한 순응에 성공하지 못하거나, 교육의 '제로섬 경쟁'
에서 상대적으로 뒤처진 개인의 경우 일종의 공인된 사회적 낙오
자가 되는 것도 사실이다(Labaree, 2010). 이러한 면에서 근대적 공
교육제도는 체계적인 사회적 배제 시스템이기도 하다. 학교교육이
개인의 해방성과 총체성 등 교육의 본질적 속성을 담아낼 수 있어

야 한다는 다양한 논의의 전개와 이에 대한 상당한 수준의 공감에
도 불구하고, 학교교육에 이것이 어떻게 녹아들도록 할 것인가에
대해서는 현실적으로 많은 어려움이 제기되어 왔다.

　사회의 다양한 영역에서 일어나고 있는 변화의 추세는 오늘날
학교교육에 대한 새로운 모델에 대해 진지한 탐색을 요청한다. 본
고는 교육 담론에서 도구주의적 효율성의 독점적 지위를 무비판적
으로 강화하기보다는 각 개인의 해방적이고 존재론적인 측면에 대
한 관심을 높일 필요가 있다는 입장을 견지한다. 이는 오늘날의 시
대적 변화의 방향과도 일치한다. 역사적으로 볼 때, 개인의 고유
한 정체성에 대한 확장된 인정을 바탕으로 각 개인이 의미 있는 활
동을 추구하는 궁극적 행위 주체라는 인식이 오늘날만큼 당연시된
적이 없었다. 또한 특정 소수 집단에 집중되어 있던 사회정치적 권
력이 현시대만큼 다수의 개인과 시민사회에 분산된 적도 없었다
(Boli & Thomas, 1997; Frank, Meyer, & Miyahara, 1995). 뿐만 아니라,
현대사회에서 정보와 지식의 급격한 양적 팽창은 학교교육의 모
습과 기능에 대해 새로운 시각을 갖도록 촉구한다(Castells, Flecha,
Freire, Giroux, Macedo, & Willis, 1999; Chen, 2010; Ham & Cha, 2009;
Selwyn, 2011). 특히 학습의 개념을 고정된 지식의 수동적 소비로
보기보다는 학습자를 둘러싼 다양한 삶의 맥락에서 학습자 스스로
가 학습의 능동적 주체이자 지식의 창의적 생산자로서 끊임없이
성장하는 과정으로 확장하여 이해할 필요성이 다양한 각도에서 제
기된다(Ham & Kim, 2015; McEneaney & Meyer, 2000; Robinson, 2015;
Zhao, 2012).

　이러한 시대적 변화 속에서 기존의 도구적 효용성 중심의 획일
적이고 몰개성적인 교육에 대해 새로운 변화의 요구가 점차 증대

하고 있는 것은 사실 자연스러운 현상이다. 본고는 이러한 요구
에 대한 효과적 대응은 현실적이면서도 지속 가능한 것이어야 한
다는 점을 강조한다. 교육에 대한 급진적이고 이상적인 관점은 실
현 가능성이 낮거나 짧은 유행에 그치는 구호가 되기 때문이다
(Kennedy, 2005; Tyack & Cuban, 1995/2011). 또한 본고는 교육에 대
한 새로운 접근은 전체 사회의 개선을 지향하는 포괄적인 재구조
화를 포함해야 한다는 입장이다. 교육은 학생, 교사, 학부모 등 다
양한 이해 당사자를 포함하고 있을 뿐만 아니라, 교실, 학교, 지역
사회, 국가, 세계사회 등 다층의 맥락 속에서 여러 사회제도와 맞물
려 있기 때문이다(김난도, 2008; 함승환, 김왕준, 김정덕, 양경은, 최경
준, 2014; Green, 1994).

　　최근 교육에 대한 융복합적 관점은 지속 가능하고 포괄적인 학
교 개선 접근으로서 관심을 받아 왔다(차윤경 외, 2014; Cha, 2013;
Ham et al., 2015). 일선 학교 현장에서 융복합적 관점에 바탕을 두
고 학교교육의 다양한 측면에 대한 재조직화를 꾀하려는 여러 시
도도 진행되어 왔다(김선아 · 이삼형 · 김종우 · 김시정 · 김동성, 2015;
박모라 · 주미경 · 문종은, 2014; 박영석 외, 2013; 이삼형 · 김시정, 2012;
안성호, 2014; 이선경 외, 2013; 주미경 · 송륜진 · 문종은, 2013). 본고는
교육에 대한 융복합적 접근을 체계화하여 종합하고, 교육 실천의
반성적 변화를 위한 학교개혁 논의를 확장하는 데 그 목적이 있다.

2. 융복합교육에 대한 초기 개념화와 한계

　　융복합교육에 대한 기존의 개념화에 따르면, 융복합교육은 주로

학교 현장에서 이루어지는 교육과정의 재구성 및 교과 통합과 관련된 시도로 이해된다. 1950년대 미국의 진보주의 생활 중심 교육을 그 원류로 하여 1980년대 과학 중심의 교과 통합 접근인 STS 교육, 그 이후의 이공계 교과 중심의 통합 접근인 STEM 교육, 그리고 여기에 예술(혹은 인문학)이 추가된 최근의 STEAM 교육 등이 융복합교육의 계보를 이어 온 것으로 보는 관점(강갑원, 2015; 김진수, 2012)은 융복합교육에 대한 개념화의 방향 설정에 그간 큰 영향을 미쳐 온 것으로 보인다. 이는 융복합교육이 복수의 교과 간 이루어지는 다양한 형태의 통합이나 연계와 동의어처럼 흔히 이해(오해)되곤 하는 이유이기도 하다. 이러한 관점은 융복합교육에 대한 초기 개념화에 중대한 기여를 했음에도 불구하고, 본고는 그러한 초기 개념화가 융복합교육의 개념과 그 적용 범위를 협소하게 한정 짓거나 몇 가지 오해를 불러올 가능성을 제기한다.

　교과 통합의 일반적 형태로서의 다학문적・간학문적・초학문적 교과 통합은 공통적으로 복수의 교과 간의 통합 유형으로서 융복합교육적 시도의 중요한 요소를 구성하는 것으로 간주되어 왔다. 특정 주제나 개념 혹은 맥락 등에 대해 학습자로 하여금 다양한 교과로부터의 다각적 관점이나 측면에 걸쳐 유기적인 연결성을 확인하고 발견할 수 있도록 돕는 교육적 과정은, 학습 경험의 인식론적 확장을 촉진하고 학습의 깊이를 유의미한 방식으로 심화할 수 있는 가능성을 높인다는 점에서 중요하다. 이러한 점에서 융복합교육은 특정 교과목에 흥미가 낮은 학생에 대해서도 자신의 흥미를 다면적으로 의미 있게 확장하고 학습에 깊이 참여할 수 있는 교육적 기회를 제공하는 데 효과적이다. 학생들의 다양성을 바탕으로 모든 학생이 학교에서 생활하는 동안 의미 있는 교육적 경험으로부터 소외되지 않도록 하는 것이 융복합교육이 가지는 기본적인 교육 지향점이다.

이러한 융복합교육적 접근은 흔히 전통적인 교육과정 체계를 부정하는 전혀 새로운 접근으로 오해받기도 한다. 하지만 융복합교육은 철저히 기존의 교육과정 체계를 기반으로 한다. 융복합교육적 실천은 학생들이 각 과목에 대해 흥미를 느끼고 진지하게 탐구할 수 있도록 돕기 위한 교육적 모색이지 기존의 교과 지식 체계를 부정하려는 입장은 아니다. 지식 체계는 어떠한 현상의 실체 또는 본질을 제대로 이해하기 위한 노력으로 이해할 수 있다. 지식의 분화는 현상의 복잡성과 다차원성에 비해 개인의 인지적 한계가 존재함을 인정하는 바탕 위에서 현상을 다각도로 이해하기 위한 집단적 전략의 결과이다. 기존의 융복합교육 담론이 종종 지식의 융합 현상을 신화화하면서 교과 지식 체계를 '허물어야 할' 대상으로 간주하거나 '간단히' 재구성할 수 있는 것으로 간주하는 것은 심각한 오해이다.

융복합교육적 실천은 학생의 경험과 관심의 다양성을 바탕으로 학생의 흥미와 관점의 범위를 확대하는 데 관심을 둔다. 예컨대, 수학의 정치함에 대한 미학적 경험이 복잡한 사회 현상의 체계적 설명 가능성에 대한 관심으로 확장되고, 예술에 대한 관심이 예술 작품과 그 시대상에 대한 역사적 관심으로 전이될 수 있도록 돕는 것 등이 이에 해당한다. 이러한 맥락에서 융복합교육은 그 초점이 교과 간의 경계를 '허무는' 것에 있다기보다는 학생들로 하여금 교과 간의 경계를 자유롭게 '넘나들' 수 있도록 촉진하는 데 있다. 교과 간의 경계를 허물어야 할 필요가 있을 경우, 이는 학생들이 교과 간의 경계를 자유로이 넘나들 수 있도록 돕기 위한 하나의 전략으로서 기능할 수 있을 때만 충분히 정당화된다. 교과 간의 경계를 허무는 것 자체가 융복합교육적 실천을 의미하는 것은 아니다. 융복합교육은 '해체 그 자체' 혹은 '해체를 위한 해체'가 아니라, '해체와 재구성의 선순환'에 가깝다.

또한 교과 간의 경계를 넘나들 수 있는 주체는 궁극적으로 학습자여야 한다는 점도 간과되는 경향이 있다. 융복합교육이 교수학적 전략의 한 형태로 축소 및 이해되어 온 상황 속에서, 마치 교수자가 지식을 통합적으로 재구성하여 학습자에게 전달하는 것이 융복합교육의 핵심인 것으로 흔히 오해받고 있는 것은 안타까운 현실이다. 학습자의 의식과 안목의 탈경계적 확장으로서의 지식 융복합은 철저하게 학습자의 내적 궁리와 의식적 노력의 산물일 수밖에 없다. 교수자의 역할은 지식 융복합의 재료가 되는 분과 지식을 학습자가 철저히 학습할 수 있도록 지원하고, 학습자가 내적으로 다양한 지식을 소화하고 융합할 수 있도록 하는 관점의 형성을 돕는 정도일 것이다. 융복합교육을 형태만 달리한 지식 전달 기반 교수 전략으로 환원하여 이해·적용하려는 학교 현장의 경향은, 아마도 한국사회의 경쟁적 교육 환경 속에서 대부분의 새로운 교육적 시도가 의도와 달리 또 다른 형태의 전통적 교수학습 과정 내로 흡입되는 양상과도 무관하지 않을 것이다.

물론 최근 다양한 형태의 지식 융복합 현상에 대한 관심과 더불어 융복합적 교육 모델에 대한 사회적 관심 또한 높아지고 있다는 점은 고무적이다. 융복합교육 담론은 다양한 융합 지식을 바탕으로 한 새롭고 창의적인 관점이나 문제 해결 전략 등의 도출이 점차 중요해지는 오늘날의 시대적 흐름 속에서 기존의 통합교과 접근을 새롭게 재조명하는 기회를 가져왔다는 점에서 중요한 의의가 있다. 하지만 융복합교육을 학습자의 학습 경험의 유의미성을 증진하기 위한 교과 간 연계 기반 교육과정 재구성 및 이를 통한 새로운 교수학습 전략 설계로 보는 융복합교육의 초기 개념화는 기존의 통합교과 접근과 뚜렷한 차별성을 갖는다고 보기 어렵다. 차별성이 있다면, 기존의 통합교과 접근은 특정 과목에 초점을 두지 않았던 반면, 최근의 융복합교육 접근은 주로 STEM 혹은 STEAM으로 요약되는 소수의 과목에 집중한다는 점 정도이다. 이러한 점에서 보면, 최근의 융복합교육은 사실상 그 의도와 무관하게 기존의 통합교과 접근의 특수한 형태 중 하나에 불과하다.

또한 기존의 융복합교육 담론이 강조해 온 '창의성'이 개인의 해방성과 총체성의 실현이라는 교육 내적인 목적을 지향한다기보다는 지극히 경제적 관점에 기초한 '도구적 효용성'의 다른 형상화일 가능성이 크다는 점도 간과해서는 안 된다. 융복합교육 담론의 등장 및 전개 양상과 관련하여 교육의 본질적 혹은 내재적 목적과 맞닿아 있는 논의보다는 경제적 부가 가치 생산 측면의 논의를 중심으로 담론이 구성·확장되어 온 점을 부인할 수 없다. 예컨대, 흔히 애플의 Steve Jobs의 성공이나 기타 혁신적인 경제적 부가 가치 창출을 지식의 '창의적' 융합의 결과로 보고 이것이 융복합교육의 정당성을 제공하는 것으로 이해하는 것은, 학교교육을 도구적 효용성 차원으로 국한하여 이해해 온 기존의 관점과 근본적으로 다르지 않다.

이에 다음 절에서는 융복합교육을 지속 가능하고 포괄적인 학교 개선 관점에서 체계화하기 위한 시도를 소개한다. 다음 절에 소개되는 융복합교육에 대한 확장된 관점에 기초해서 보면, 교과 통합은 융복합교육의 종합적 구성 체계의 한 요소가 될 수 있을 뿐 융복합교육 그 자체를 의미하는 것은 아니다.

3. 융복합교육 개념의 확장: ABCD 모델

오늘날 사회의 다양한 영역에서 목격되는 변화는 학교교육의 새로운 모델에 대한 진지한 탐색을 요청한다. 이러한 진지한 탐색을 위한 하나의 가능성으로서의 융복합교육은 학교 조직의 핵심 활동인 교수·학습 활동 및 이를 둘러싼 학교 환경과 정책 환경 등 다양한 제도 환경 맥락 층위에 걸쳐, 어떻게 하면 모든 학생이 진정성 있는 학습 경험으로부터 소외되지 않고 교육적으로 보다 건강하고 풍부한 방식으로 전인적 성장을 이루어 낼 수 있을지에 대해 총체적 교육 생태계 차원에서 이해하려는 시도로 이해될 수 있다.

보다 구체적으로, 본고는 학교교육에 대한 융복합적 접근을 자율성(autonomy), 가교성(bridgeability), 맥락성(contextuality), 다양성(diversity)의 원리를 기초로 하는 'ABCD 모델'을 바탕으로 한 포괄적 교육 생태계 관점에서 이해한다(차윤경 외, 2014; Cha, 2013; Cha et al., 2015; Ham et al., 2015). 자율성(A)은 학습자의 자율성, 교사의 전문적 자율성, 학교의 자율성과 구조적 탄력성 등을 의미하고, 가교성(B)은 교과 내용의 학제 간 연계, 학생과 교사 간 대화적 관계 구축, 협력적 학습 공동체 지향 학교 문화 형성 등의 중요성을 강조한다. 맥락성(C)은 학습자에게 의미 있는 실세계 학습 맥락, 탐구 중심 학습 등의 개념과 관련되며, 다양성(D)은 학습자의 개별성과 다양성, 다양성과 형평성의 이슈 등을 포괄한다. 학교교육에 대한 융복합적 접근은 하나의 고정된 모델이라기보다는 다양한 형태로 구체화할 수 있는 학교개선 담론의 재료라고 볼 수 있다. 예컨대, 전인적 존재로서의 개별 학습자가 지니는 다양성에 대한 존중을 바탕으로(D), 개별 학습자에게 의미 있는 실세계 맥락과의 유기적 연결성 속에서(C), 다양한 지식 영역들과 그 근저의 인식론적 형식들의 통합적 관계망에 대한 확장적 재발견을 효과적으로 돕는 방식으로(B), 학습자의 자율성에 바탕을 둔 능동적 탐구와 이를 통한 진정성 있는 학습 경험이 촉진되도록(A), 교수 활동 및 이를 둘러싼 포괄적 지원 체계를 재정비하는 것은 교육에 대한 융복합적 관점과 부합한다. 융복합교육에 대한 개념화는 여러 각도에서 다양한 방식으로 이루어질 수 있다. 본고에서 소개하는 'ABCD 모델'은 융복합교육에 대한 개념적 얼개를 체계적으로 정교화하기 위한 하나의 탐색적 시도이다. 이 모델은 본 연구단이 지난 2011년부터 꾸준히 수행해 온 융복합교육 연구 프로젝트의 일환으로 진행된 일선 학교 교사들과의 다양한 인터뷰 자료의 분석을 바탕으로 그 대략적 윤곽이 잡혔으며(김선아, 2014; 박영석, 2012; 안성호, 2014; 이선경·황세영, 2012; 함승환 외, 2013; Cha, 2013; Ham et al., 2015), 이와 병렬적으로 진행된 협력학교 연계 교육 프로그램 개발 및 현장 적용·검토 과정 등을 통해 수정·보완되었다(김선아 외, 2015; 문종은 외, 2014; 박영석 외, 2013; 유병규 외, 2014; 이선경 외, 2013; 주미경 외, 2013).

1) '자율성'의 원리

자율성은 어떠한 주체가 다른 주체 혹은 객체와 능동적으로 마주하기(융합) 위한 기본적인 전제 조건이다. 교육에 대한 융복합적 관점의 자율성 측면에서 볼 때, 학생은 자율적이고 능동적인 학습자로서 성장할 수 있도록 촉진되어야 한다. 이를 위해서는 교사 역시 전문적 자율성을 확보할 수 있도록 하는 제도적 환경이 함께 마련되어야 한다. 교과 내용은 고정된 실체로 이해되기보다는 교사와 학생에 의해 다양하게 재구성될 수 있는 유연한 재료로서 이해되어야 한다.

세계 여러 나라의 학교개혁 동향은 교수자 중심의 수직적이며 일방향적인 교육 방식에서 학습자 중심의 수평적이며 쌍방향적인 교육 방식으로 그 강조점이 변화되고 있다. 각국의 개혁안은 주로 교과 지식의 단순한 전달이나 재생산이 아닌 학습자의 능동적 의미 구성이 촉진되는 교육 방식의 필요성을 강조한다. 융복합적 관점은 학습자를 학습의 능동적 주체로 이해하고, 학습자가 자율성을 바탕으로 스스로 학습 전반에 관련된 중요한 선택을 하도록 독려하는 것의 중요성에 주목한다. 여러 선행 연구는 학습자가 자신의 학습에 대한 높은 수준의 책임을 가지고 자율적으로 학습 과정 전반을 주도하도록 지원하는 교수 방식이 가져오는 다양한 긍정적 효과에 대해 보고하고 있으며(Black & Deci, 2000; Caine, Caine, McClintic, & Klimek, 2009; Darling-Hammond et al., 2008), 교육 정책 및 교육과정 개선 담론의 세계적인 추세로서 학습자 자율성 및 학습자 중심성이 지속적으로 강조되고 있다(Bromley, Meyer, & Ramirez, 2011; Meyer, 2006). 국내외 학교 현장의 교사들도 그 중요성에 공감하면서 그 효과에 대해 다각도에서 보고하고 있다(김철중, 2012; 장은경, 2014; Bergman & Sams, 2012).

이미 기원전 380년경 플라톤의 『국가』에 등장하는 소크라테스(socrates)는 "자유인은 어떤 교과도 굴종에 의해서 배워서는 아니되[는데, 왜냐하면] …… 그 어떤 강제적인 배움도 혼(마음)에 머물러 있지는 않을 테니까(Plato, trans. 1997, p. 494)."라고 단언한다. 사상사적 관점에서 볼 때, "이때까지의 교육철학은 …… 거의 예외 없이 피교육자의 자율성을 기조로 하고 있[다.] …… 이 교육철학의 기조는 루소(Rousseau, J. J.)에서 듀이(Dewey, J.)에 이르는 아동 중심 사상에서 가장 강력하게 표현[되어 있는데, …… 이는] 인간의 자유를 추구하는 보다 넓은 사상적 흐름의 교육학적 표현으로서, 인간의 자유가 추구된 만큼이나 지속적으로 집요하게 교육철학의 기조를 이루어(이홍우, 2014, p. 219)" 왔다. 『論語』의 學而篇에 나오는 '학이시습(學而時習)'의 '학습'이 자발성과 실천적 체험을 내포하는 개념이었다는 점(김인회, 2008, p. 47)도 20여 세기 이상의 시간적 간극에도 불구하고 오늘날 자율적이고 능동적인 학습자를 길러 내려는 교육적 이상과 긴밀히 맞닿아 있다. 무엇인가를 "배우되 [능동적으로] 생각하지 않으면 얻는 것이 없다(學而不思則罔).(『論語』의 爲政篇)"라는 것이다.

학습자의 자율성을 촉진하는 일은 그 중요성에 대한 교사들의 인식도 필요하지만, 교사들도 자율성을 지닐 수 있어야 한다(안성호, 2014). 아울러 교사의 전문적 자율성이 발현될 수 있도록 하는 학교 수준의 자율성과 학교 조직의 구조적 탄력성이 함께 요구된다. 이는 융복합적 접근의 실제적 구현을 위한 작업이 그 내재적 속성상 상당한 복잡성과 불확실성을 동반한 작업일 수밖에 없다는 점과 밀접하게 관련된다. 학생의 학습 참여를 이끌어 내기 위한 활동으로서의 교사의 교수 활동은 언제나 생생한 교실 상황의 역동에 의존적이며, 따라서 다양한 복잡성과 불확실성을 동반하게 된다(함승환, 2011; Cha & Ham, 2012). 교수자 중심의 전통적인 교수

활동에 한정되지 않고 다양한 방식으로 학습자의 자율성 촉진을
시도하는 학습자 중심 교육 실천으로서의 융복합적 교수 활동에서
이러한 복잡성과 불확실성은 더욱 두드러진다. 학습자의 자율성
을 지지하고 촉진하기 위해 교사가 다양한 형태의 새로운 교수 전
략을 시도할 때, 이는 교수 활동이 예측 가능한 단순하고 반복적인
작업으로 축소되는 것을 어렵게 한다. 교수 활동을 고정된 지식의
일방적 전달로 이해할 때 이러한 복잡성과 불확실성은 교수 활동
을 방해하는 것으로 간주되지만, 교수 활동을 학습자와 교수자 간
의 유기적 상호작용으로 볼 때 이러한 복잡성과 불확실성은 전문
적 실천으로서의 교수 활동을 오히려 가능하게 하는 생산적인 힘
을 제공하는 것으로 이해된다(Floden & Buchmann, 1993; Munthe,
2007). 학교 현장에서 융복합적 교육을 효과적으로 실현하기 위한
교사의 교수 활동을 전문적인 "반성적 실천(Schön, 1983)"으로 보아
야 하는 이유가 바로 이 때문이다.

　한 걸음 더 나아가 획일적 관리 중심의 중앙집권적 행정 체제는
교직의 무기력을 증폭시키는 원인으로 지목되고 있다(김민남·손
종현, 2006). 교육의 '자주성'과 '전문성'은 헌법의 기본 정신임에도
불구하고(제31조 제4항), 독립 이후 한국사회에서는 중앙정부가 각
종 규정과 규칙을 제정하여 교육 현장을 '관리'하고 '통제'해 온 경
향이 강했다. 이러한 '규정 우위 교육 활동'은 학교나 교사에게 '합
리적 고민'보다 '규정 준수'를 선호하게 하였고, 그 결과 '중간주의'
가 교직 문화로 정착하게 되었다는 것이다. 좀 더 바람직한 교육이
이루어지기 위해서는 교사들이 신장된 자율성을 바탕으로 '사회적
실천가'로서의 정체성을 가질 수 있도록 하는 행정적·문화적 여건
을 조성하는 것이 중요하다(김선구, 2008; MacIntyre, 1984).

이러한 측면에서, 교과 내용 역시 고정된 실체로 이해되기보다는 교사와 학생에 의해 다양한 방식으로 재구성되고 재해석될 수 있는 유연한 재료로서 이해될 필요가 있다. 학습 내용의 일방적 선정과 고정화는 학습 주체로서의 학습자의 역할을 수동적인 피교육자로 한정하게 될 개연성을 높인다. 전통적으로 교과 내용은 일종의 주어진 실체로 간주되어 왔지만, 교과 내용은 인류 문명의 방대한 지적 성취 가운데 극히 일부만을 제한된 시각에서 선별하여 조직화한 것임을 이해할 필요가 있다. 이러한 내용적 한정성이 다소나마 극복될 수 있으려면 교과 내용이 학습자에게 실존적 의미가 있는 다양한 "생성적 주제들(Freire, 1970)"로 연결될 수 있어야 하며, 이는 학습자의 능동적 학습 참여를 촉진하게 된다. 교과 내용에 대한 충실한 이해는 그 자체로서도 물론 중요하지만 학교교육의 목적은 여기에 머물러서는 안 되며, 교과 내용은 학습자가 자율적이고 능동적인 학습자로 성장할 수 있도록 돕기 위한 디딤돌로서 기능할 수 있어야 한다. 교과 내용은 이해와 습득의 대상이자 동시에 능동적 해석과 창의적 재구성의 대상으로 새롭게 이해될 필요가 있는 것이다.

2) '가교성'의 원리

가교성은 어떠한 주체가 다른 주체 혹은 객체와 유기적으로 만나는(융합) 상태를 뜻한다. 교육에 대한 융복합적 관점의 가교성 측면에서 볼 때, 학습자는 다양한 형식과 내용의 지식을 분절적으로 학습하기보다는 다양한 측면에서 상호 유기적으로 통합되는 방식으로 학습할 수 있도록 촉진되어야 한다. 학습자는 지식의 창의적 통합자로 이해될 필요가 있으며, 교수자는 이를 촉진하기 위해 학습자 및 동료 교사와 '대화적 관계' 형성을 위해 노력해야 한다. 교과 내용은 교과 간 경계가 고착화되지 않는 방식으로 다양하게 통합적으로 재구성될 수 있는 재료로 이해되어야 한다.

여러 학문 분야의 개념들이 유기적인 관계로 통합되는 과정에서 새로운 통찰이 촉진될 뿐만 아니라 세계에 대한 보다 포괄적이고 종합적인 관점이 가능해진다는 점은 학교교육에 대한 융복합적 관점과 관련하여 중요한 시사점을 제공한다(Pink, 2005; Wilson, 1998/2005). 사실 "진리의 행보는 우리가 애써 만들어 놓은 학문의 경계를 존중해 주지 않는다. 학문의 구획은 …… 진리의 궤적을 추적하기 위해 우리 인간이 그때그때 편의대로 만든 것일 뿐이다. 진리는 때로 직선으로 또 때로 완곡한 곡선을 그리며 학문의 경계를 관통하거나 넘나드는데, 우리는 우리 스스로 [이미] 만들어 놓은 학문의 울타리 안에 앉아(Wilson, 1998/2005)" 학생들이 새로운 지식의 국면을 능동적으로 탐구하고 발견할 수 있는 잠재력의 발현 가능성을 과소평가하는 것에 익숙해져 있는 것은 아닌지 고민해 볼 필요가 있다.

삶과 융화된 지식이란 단순히 우리가 알고 있다고 믿고 있는 낱낱의 단편적 지식을 의미하는 것이 아니라, 우리에게 능동적으로 행동하도록 하는 종합적이고 성찰적인 지혜를 뜻한다. 일찍이 18세기 계몽주의 철학자 루소에 따르면, "정확한 지식의 연쇄[와] …… 전체의 질서를 잘 보고 있는 사람은 각 부분이 있어야 할 위치를 알고 있다. 반면, 하나의 부분을 명확히 보아 그것을 완벽하게 알고 있는 사람은 학식이 있는 사람이 될지는 모른다. 그러나 전자는 분별이 있는 사람이 된다"(Rousseau, 1762/2002, p. 248). 여기서 분별

이란 영국의 교육철학자 Peters가 언급한 '안목'의 개념과도 연결된
다(Peters, 1966/2003). 그에 의하면, 우리는 단순히 여러 가지 정보
를 많이 가지고 있는 사람을 '교육받은' 사람이라고 부르지 않는다.
교육받은 사람이란 어떠한 현상이나 사물이 왜 그러한가 하는 이
유에 관하여 이해하고 있어야 한다는 것이다. 나아가 자신이 하는
일이 삶 전체 속에서 차지하고 있는 위치를 가늠할 수 있을 때 우리
는 그를 교육받은 사람이라고 할 수 있다. 지식은 단편적으로 파편
화된 상태에서 온전한 가치를 지니는 것이 아니라, 그것이 전체적
인 관계망 속에서 질서를 이루는 가운데 비로소 학습자의 삶과 유
기적으로 맞닿을 수 있게 된다.

융복합적 교육 접근에서는 학생들로 하여금 교과 간의 경계를
자유로이 '넘나들' 수 있도록 촉진하는 것의 중요성이 강조된다(이
혁규, 2013; Hooks, 1994/2008). 이는 두뇌의 병렬 처리 능력에 대한
뇌과학 연구 성과에 의해서도 지지되는데, 최적의 학습은 학습 경
험이 두뇌의 다중적 작동에 '말을 걸게' 될 때 일어난다(Caine et al.,
2009). 일찍이 19세기 초 독일의 철학자 Herbart는 학습자로 하여
금 '포괄적 사고권'을 형성하도록 하고, 이를 바탕으로 '다면적 흥
미'를 지닐 수 있도록 돕는 과정이 교수 활동의 핵심에 놓여야 한다
고 보았다(Herbart, 1806/2006). 융복합교육적 시도는 그 형태의 다
양성에도 불구하고 공통적으로 학습자가 잡다한 관심이나 분망함
을 갖도록 하는 것을 넘어서 여러 지식 영역에 걸쳐 자유로이 유동
할 수 있는 '흥미의 다면성'을 효과적으로 계발할 수 있도록 하는
것이 되어야 하며, 이를 위해 교수자의 세심한 전문적 판단이 매 순
간 요구된다.

융복합적 교수 활동은 학습자로 하여금 교과 내용상의 다양한

주제나 개념 사이의 유기적 연결 고리를 찾아 더욱 진정성 있는 학습 경험을 능동적으로 추구하도록 촉진하는 것을 지향한다. 이는 동료 교사 간 신뢰를 바탕으로 한 다양한 형태의 협력적 상호작용이 활발하게 전개되는 학교 공동체의 형성과 이의 지속적 유지를 필요로 하는데(Bryk & Schneider, 2002; Cha & Ham, 2012; Hargreaves & Fullan, 2012), 이를 위해서는 여러 교사가 다양한 방식으로 서로 협력하면서 자신의 교수 활동에 대해 지속적으로 반성하고 개별 교사 수준을 넘어서 학교 수준의 교육 역량을 키워 나가기 위한 협력적 학습 공동체를 지향하는 지속적인 노력이 요구된다. 유기적인 협력적 상호작용을 위한 이러한 노력은 교사와 학생 간에도 필요한데, 양자 간 이해와 소통이 원활한 교육적 "가청거리와 가시거리(장상호, 1991, p. 41)"를 최적화하면서 상호 '동반자적'이며 '대화적' 관계의 형성을 촉진할 수 있어야 한다(Buber, 1923/1989; Freire, 1970). 교사와 학생이 함께 소통하고 성장할 수 있는 '교학상장(敎學相長)'의 풍토 조성이 중요한 것이다(『禮記』의 學記篇).

　다양한 탐구 영역으로부터 생성된 여러 형식과 내용의 지식을 종합적으로 검토하고 통합하려는 노력은 사실 특별한 활동이라기보다는 지식 추구의 과정에서 나타나는 일반적 특징이다(Piaget, 1976; Deacon, 1997). 어떠한 교육적 노력도 궁극적으로는 다양성 속에서의 인식론적 통일성을 발견하려는 의도를 동반하게 된다. 결국 "경계를 넘나드는 것만이 실제 세계에 대한 명확한 관점을 제공할 것이다. …… 균형 잡힌 관점은 분과들을 쪼개서 하나하나 공부한다고 얻을 수 있는 것이 아니다. 오직 분과들 간의 통섭을 추구할 때만 가능하다"(Wilson, 1998/2005, p. 47). 이는 분화되지 않아 복잡하지만 완전한 상태에 있는 그 무엇으로서의 '유물혼성(有物混

成)'을 만물의 근원이자 실체(天下母; 道; 自然)로 보는 관점과도 일부 맞닿아 있다(『道德經』의 제25장). 따라서 융복합적 관점은 교육에 대한 특별한 관점이라기보다는 무엇인가에 대한 진지한 탐구 과정으로서의 학습 경험을 학습자가 보다 풍부하고 온전한 방식으로 가질 수 있도록 돕기 위한 하나의 중요한 전제 조건으로 볼 수 있다.

3) '맥락성'의 원리

맥락성은 어떠한 주체가 자신을 둘러싼 환경과 긴밀하게 교류하기(융합) 위한 상황적 조건을 뜻한다. 교육에 대한 융복합적 관점의 맥락성 측면에서 볼 때, 학습은 학습자와 사회적 맥락 간의 상호작용을 통해 일어난다. 교수 활동은 추상적 지식의 전달 과정에 그치는 것이 아니라, 학생들이 의미를 발견하고 구성할 수 있는 다양한 사회적 상황들 속에서 지식이 효과적으로 활용되고 나아가 새롭게 생성되는 과정으로 확장되어야 한다. 교사는 학습자를 둘러싼 다양한 층위의 사회적 맥락에 대한 폭넓은 이해를 바탕으로 학습자가 학습 내용을 다양한 방식으로 재맥락화할 수 있도록 촉진할 수 있어야 한다. '텍스트'로서의 교과 내용은 동시에 '콘텍스트'로서 이해되고 활용되어야 한다.

학교교육에 대한 융복합적 관점은 학습자가 어떠한 지식을 자신의 삶 및 자신을 둘러싼 다양한 층위의 실세계 맥락과 유기적으로 연결 지을 수 있게 될 때 진정으로 지식을 의미 있는 방식으로 습득하고, 이를 바탕으로 새로운 지식을 능동적으로 생산해 낼 수 있다는 점을 강조한다. 듀이의 표현을 빌리면 각 개인은 특정한 '세계' 속에서 사는데, 이는 각자가 '일련의 상황들' 속에서 살아간다는 것을 의미한다. 이는 곧 모든 개인은 자신을 둘러싼 다양한 형태의 객체, 즉 '환경'과 '상호작용' 과정을 이어 가고 있다는 점을 뜻하는 것이기도 하다. 한 시점의 '경험'이란, 결국 그 시점의 개인과 해당 시점에 환경을 구성하는 것들(상황) 간의 상호작용인 것이다(Dewey, 1938, p. 43). 교육 활동은 지속적으로 학습자의 경험 폭을 넓히고 그 깊이를 더하기 위한 의식적 노력을 수반하는 과정을 포함한다고 볼 때, 교육 활동이 학습자의 삶의 맥락과 유리되어 이해되거나 실천되는 것으로 판단되는 상황은 사실 교육 활동이 아닌 나른 무엇인가가 교육 활동으로 오해되거나 위장되고 있는 상황일 가능성을 드러낸다.

특히 학습자가 경험하는 사고의 발달 과정에서, 자연 발생적인 '일상적 개념'의 형성이 형식적이며 논리적인 '과학적 개념'의 형성과 상반되면서도 동시에 상호보완적인 관계에 있다는 점(Vygotsky, 1934/2013)은 융복합교육의 맥락성과 관련하여 중요한 함의를 지닌다. 무의식적이며 자연 발생적인 방식으로 언어 외적인 현상이 언어 내적인 체계로 변환된 것으로서의 일상적 개념은, 형식적이며 논리적인 담론 구조 반영체로서의 과학적 개념 형성 과정에서 학습자에게 구체적 토대를 제공함으로써 학습자가 능동적으로 형식적인 과학적 개념을 효과적으로 소화해 낼 수 있도록 돕는다. 과학적 개념은 학습자가 형성한 일상적 개념과의 관계 속에서 구체적으로 이해될 때 내용적으로 보다 풍부하게 해석될 수 있는 것이다. 또한 일상적 개념도 그 형성 과정에서 상당한 정도로 과학적 개념의 학습에 의존하는데, 이는 과학적 개념이 일상적 개념의 꾸준한 발달과 정교화를 위한 길과 구조를 제공하기 때문이다. 요컨대, "과학적 개념은 일상적 개념을 통해서 아래로 성장한다. 일상적 개넘은 과학적 개념을 통해서 위로 성장한다"(Ibid., p. 345).

16세기 퇴계 이황의『공부론』에서도 배움이란 '일상'의 세계에서 출발한다(정순우, 1997). 퇴계는 집중하는 진지한 마음 상태 내지는 깨어 있음을 뜻하는 '경(敬)'을 강조했는데(김용옥, 2014), 이는 인식 주체인 마음과 인식 객체인 일상에서 마주하는 것들이 서로 완전한 조응의 상태에 있음을 의미한다. 바꾸어 말하면, 퇴계는 일상 속에서 구체적으로 실현되는 배움을 중시했으며, 배움은 다름 아닌 모든 일상적 행위를 '경'의 대상으로 삼는 것으로부터 출발한다는 점을 전제한 것이다. 19세기 실학을 집대성한 다산 정약용 역시 유교 사상의 궁극적 이상인 '수기치인(修己治人)'을 강조했는데, 이는 당시 관념적이고 사변적인 논의에만 몰두했던 성리학 학풍을 비판하면서 배움의 '일상적 실제성'을 중시했던 그의 학문관을 드러낸다. 이러한 맥락에서 그는 교육에 있어서도 감각, 경험, 실천 행위의 중요성을 강조했다(정세화, 이은송, 2011).

앎, 학습, 인지는 공동체 안에서 상호작용하는 사람들의 행동들에서 표현되는 사회적 구성물이다(Berger & Luckmann, 1966; Lave, 1988). 이러한 관점에서 볼 때, "인간의 지식과 상호작용은 세상과 분리될 수 없다. 분리한다는 것은 유리된 지성을 연구한다는 것이며, 이는 곧 인위적이고 허구적이며 실제 행위의 특성을 담아내지 못하는 지성이다. …… 결국, 중요한 것은 사람과 환경의 상호 조절 작용(Norman, 1993, p. 4)"이다. 더욱이 모든 사고와 행동은 순수하게 이성적 판단에 의한 것이라기보다는 매 순간 학습자의 정서를 수반한다(Damasio, 1999; Pert, 1997). 또한 모든 인간은 사회적 관계에 대한 욕구를 지니고 있다(Alderfer, 1972; Diamond & Hobson, 1998). 따라서 학습이 학습자의 흥미가 고려되는 가운데 일상의 구체적 경험과 사회적 상호작용 속에서 맥락화되면 학습 경험이 보다 효과적으로 의미를 구성하게 되는 것이다(Caine et al., 2009). 학습 내용의 전이 역시 지식의 개념적 조직과 더불어 실제적 사용 경험에 의하여 촉진된다(Barron et al., 1998; Newman, 1996). 동일한 학습 과정에 노출되더라도 이를 통한 학습 경험의 즉각적 유의미성은 학습자에 따라 상이한 양상을 보일 수 있는데, 이는 다층의 사회적 맥락 속의 개별 학습자가 지닌 해석적 주관의 위치성 차이와 관련된다. 이러한 측면에서 교육이란 학습자가 자신에게 유의미한 맥락의 범위를 시공간적으로 부단히 확장할 수 있도록 돕는 과정으로 이해될 수 있다.

4) '다양성'의 원리

다양성은 어떠한 주체가 다른 주체나 객체와 각기 고유한 방식으로 마주할(융합) 수 있는 이유이다. 교육에 대한 융복합적 관점의 다양성 측면에서 볼 때, 모든 학습 과정은 학습자의 개별성과 다양성이 존중되는 방식으로 전개될 수 있어야 한다. 교사가 학생의 문화적 배경과 인식론적 공간 등에 있어서의 다양성을 존중하는 방식으로 교수 활동 및 평가 방식을 설계할 수 있는 여건이 마련되어야 한다. 교사의 역할은 학생이 학습 활동을 통해 자신의 역량과 재능의 폭을 확대할 수 있도록 촉진하는 데 있다. 교과 내용 또한 학습자의 다양성을 포용할 수 있도록 그 형태와 내용이 다양화되어야 한다. 교사 또한 보다 다양한 전문성을 갖춘 집단으로 이해되어야 한다.

학습자는 자신의 학습 과정에서 각자 다양한 방식으로 의미 있는 지식 탐구 과정을 경험하며, 각자 일정한 지식, 태도, 기량 및 문화의 기반을 가지고 학습에 임하게 된다(Gallagher, 1992; Vedantam, 2010). 모든 학습자가 진정성 있는 학습 성과에 도달할 수 있도록 촉진하기 위해, 융복합적 교육 실천은 학생의 경험과 관심의 다양성을 바탕으로 그 학생의 흥미와 관점의 범위를 점진적으로 확대하는 데 관심을 둔다. "교수 행위와 학습은 …… 아직 생각되지 않은 것을 창발하기 위한 조건을 창조하고 가능성의 영역을 넓히는 것과 관련된 것으로 …… 기존의 진리에 수렴하는 그 무엇이 아니라, 알 수 있고, 할 수 있고, 있을 수 있는 것을 넓혀 가는 발산에 관한 것이다"(Davis, 2004/2014, p. 223). '수렴'에 대비되는 이러한 '발산' 메타포는 학습자의 개별성과 다양성에 따라 무엇이 의미 있는 학습 과정이며 무엇이 가치 있는 학습 성과인지에 대한 이해와 정의 역시 다양한 양태로 나타날 수 있다는 점을—더욱 정확하게는, 필연적으로 다양한 양태를 보일 수밖에 없다는 점을—중요한 전제로 가정하고 있다.

　학습자의 선행 경험과 지식, 학습 방법, 문화 · 언어적 자본은 다양하며, 이것을 교수학습 과정의 자원으로서 효과적으로 활용할 수 있어야 한다(Darling-Hammond et al., 2008; Gay, 2010). 사람들에게는 여러 형태의 지능(재능)이 있으며, 개인에 따라 상대적으로 더욱 부각되어 나타나는 지능 영역들의 조합과 이들 간의 상호작용 방식은 다양하게 나타난다(Gardner, 1983). 학생들의 이러한 다양성을 충분히 고려하고 그 다양성이 학습의 자원으로 기능할 수 있도록 하는 것은, 모든 학생이 학교에서 생활하는 동안 의미 있는 교육적 경험으로부터 소외되지 않도록 하려는 융복합교육의 기본적인 교육적 지향점과 일치한다. 융복합적 교육은 여러 교과목에 낮은 흥미를 가지고 있는 학생에 대해서도 자신의 흥미를 다면적으로 의미 있게 확장해 학습에 깊이 참여할 수 있는 교육적 기회를 제공하는 데 효과적인 교육적 실천을 모색한다.

어떠한 지식이 한 사회 내에서 사용되고 분배되며 의미를 부여받는 특정한 방식과 이를 통해 '진리'가 (재)생산되고 담론이 진화하는 과정이, 많은 경우 일종의 체계적 '배제'의 정당화 장치로서 작동할 수 있다는 Foucault의 통찰(Foucault, 1971)은 학습자의 문화적 배경과 인식론적 공간 등에 있어서의 개별성과 다양성을 존중하는 방식으로 교육 활동을 설계하기 위한 노력의 중요성을 상기시킨다. 이러한 맥락에서, 교육에 대한 융복합적 관점은 학습자가 획득하는 학습의 성과가 표준화된 평가 기준 체계로 온전하게 수렴될 수 있는가에 대해서도 중요한 의문을 제기하도록 한다. 교육적 실천에서 지식 탐구 과정과 학습 성과의 다양성을 인정할 때 (Gardner, 1983; Zhao, 2012), 교육과정의 내용 지식은 특정한 관점에서 간단히 정의되거나 쉽게 계량화될 수 없을 뿐만 아니라 개별 학습자의 학습 성과에 대해서도 다각도의 종합적인 평가가 요구된다(Pinar, 2000). 이는 학습자의 다양성에 대한 충분한 이해와 고려가 실제로 가능하도록 하는 제반 여건의 마련을 그 선결 조건으로 한다(차윤경, 2008; Banks & Banks, 2010; Sleeter, 2005). "군자는 다양성 속에서 조화를 이루되 자신의 고유함을 잃지 않는다."라는 의미를 지닌『論語』子路篇의 구절 '군자화이부동(君子和而不同)'에서, 주어인 '군자'를 현대적으로 재해석하여 역량과 책임 의식을 갖춘 '시민'이나 '인재' 등으로 치환하면 '다양성'의 원리와 관련하여 오늘날의 학교교육 장면에도 중요한 함의를 제시하는 것으로 보인다. 이는 지구적 차원의 소통과 협력이 점차 높은 수준으로 요구되

는 현대사회에서 교육과정을 고정된 지식의 패키지로 보는 것이
아니라, 개인의 다양한 역량을 확장적으로 계발하고 발현할 수 있
도록 돕는 교육적 맥락으로 이해하는 최근의 여러 관점과도 맞닿
아 있다(McEneaney & Meyer, 2000; Rennie, Venville, & Wallace, 2011;
Robinson, 2015).

4. 융복합교육의 통합성

융복합교육이 실질적인 학교개선에 기여할 수 있는 대안적 교
육 모델로서 효과적이고 지속 가능한 방식으로 기능할 수 있기 위
해서는 융복합교육의 원리들이 각기 별개의 독립적인 원리들로 이
해·적용되는 것을 넘어서 이들이 상호 유기적 연관성과 의존성
속에서 통합적으로 작동되는 것이 중요하다. 학교교육에 대한 융
복합적 관점에서 강조되는 자율성, 가교성, 맥락성, 다양성은 서로
별개로 작동한다기보다는 상호 의존적 통합(복합)성 속에서 작동
한다. 자율성, 가교성, 맥락성, 다양성 각각으로부터 앞서 도출된
교육적 지향점들을 교육 활동의 기본적 구성 요소인 학생, 교사, 교
육 내용에 따라 요약·정리하면 다음과 같다.

우선 학교교육의 본질적인 핵심 기능이 학생으로 하여금 학습
활동에 참여하도록 촉진하는 것이라고 볼 때, 학생은 학교의 존재
이유이다. 이러한 학생의 측면을 융복합적 관점에서 보면 학생은
자율적이고 능동적인 학습자로서 성장할 수 있도록 촉진되어야 하
는데(A), 이는 학습 과정이 개별 학습자의 다양성이 존중되는 방식
으로 전개되는 것(D)을 전제로 할 때 가능하다. 학습자의 다양성이

존중되지 않는 획일적이고 경직된 교육 환경에서 학습자의 능동적 자율성을 신장하고자 한다는 것은 현실적으로 모순이다. 또한 학습자는 다양한 형식과 내용의 지식을 유기적 통합성 속에서 학습할 수 있도록 촉진되어야 하는데(B), 이는 학습자가 다양한 사회적 상황들 속에서 의미를 발견·구성하는 과정을 통해 지식을 효과적으로 습득·활용·생성할 수 있도록 하는 기회가 다양하게 제공될 때(C) 더욱 촉진된다.

이러한 측면에서 학습자의 학습에 중요한 영향을 미치는 전문가로서의 교사의 역할은 매우 중요하다. 특히 교사는 학습자를 둘러싼 다양한 층위의 사회적 맥락에 대한 폭넓은 이해를 바탕으로 학습자가 학습 내용을 다양한 방식으로 재맥락화할 수 있도록 촉진해야 한다(C). 이를 위해서는 교사가 학생과 함께 소통하면서(B) 학생의 문화적 배경과 인식론적 공간 등에 있어서의 다양성을 존중하는 방식으로 교수 활동 및 평가 방식을 설계할 수 있도록 하는 (D) 여건이 마련되어야 한다. 이는 교사가 충분한 전문적 자율성을 확보할 수 있도록 하는(A) 적절한 제도적 환경이 구축되지 않는다면 가능하지 않은 일이다.

학생과 교사는 일차적으로 교과 내용을 매개로 하여 연결된다는 점에서 교과 내용 역시 융복합적 관점에서 재해석될 필요가 있다. 무엇보다 교과 내용은 학습자의 다양성을 충분히 포용할 수 있도록 그 형태와 내용이 다양화되어야 한다(D). 이는 교과 내용이 교사와 학생에 의해 능동적으로 재해석되고 창의적으로 재구성될 수 있는 유연한 재료로서 이해되어야 한다는 것을 의미한다(A). '텍스트'로서의 교과 내용은 동시에 '콘텍스트'로서 확장되어 이해·활용되어야 하며(C), 교과는 그 경계가 고착화되지 않는 방식으로 다양하게 통합적으로 재구성될 수 있는 재료로서 이해될 필요가 있다(B).

이처럼 학교교육에 대한 융복합적 관점에서 강조되는 자율성, 가교성, 맥락성, 다양성은 긴밀한 상호 연관성 속에서 작동한다. 기존의 다양한 교육 이론과 연구가 자율성, 가교성, 맥락성, 다양성 각각에 대한 다양한 논의를 진행해 왔음에도 불구하고, 이들의 상호 연관성과 상호 의존성에 관해서는 관심을 소홀히 해 온 것이 사실이다. 'ABCD 모델'로 요약되는 학교교육에 대한 융복합적 관점은 'ABCD의 통합성'에 주목한다. 자율성, 가교성, 맥락성, 다양성이 서로 별개로 작동하기보다는 '복합'적으로 연계되어 작동할 때, 비로소 학교교육의 개선 가능성의 실마리를 더욱 풍부하게 제공할 수 있다는 점을 강조한다.

참고문헌

강갑원(2015). 융합인재교육의 원류, 변천 및 그 정체성의 탐색. 영재와 영재교육, 14(2), 5-29.

강선보 외(2009). 교육사상의 역사. 서울: 집문당.

김난도(2008). 한국 교육문제 해결의 불가능성: 원인과 대책. (전상인, 정범모, 김형국 공저). 배움과 한국인의 삶(pp. 212-225). 서울: 나남.

김민남, 손종현(2006). 한국교육론. 대구: 경북대학교출판부.

김선구(2008). '사회적 실천가'로서 교사. 교육철학, 35, 5-33.

김선아(2014). 융복합교육에서 미술의 역할과 특성: 교사 FGI를 중심으로. 조형교육, 51, 93-110.

김선아, 이삼형, 김종우, 김시정, 김동성(2015). 융복합 교육을 위한 미술과-국어과 교육과정 분석 연구: 텍스트 마이닝 기법을 중심으로. 미술

교육논총, 29(1), 1-24.

김용옥(2014). 도올의 교육입국론. 서울: 통나무.

김인회(2008). 가르침과 배움의 유구한 역사. (전상인, 정범모, 김형국 공저). 배움과 한국인의 삶(pp. 35-56). 서울: 나남.

김진수 (2012). STEAM 교육론. 경기: 양서원.

김철중 (2012). 대한민국 교육 혁신 프로젝트: 2017년까지 새로운 고등학교 만들기. 경기: 이담.

문종은, 구하라, 김선진, 김시정, 박영석, 신혜원, 안성호, 유병규, 이삼형, 이선경, 이은연, 주미경, 차윤경, 함승환, 황세영(2014). 중학생의 프로젝트 기반 융복합교육 학습 경험 이해. 학습자중심교과교육연구, 14(6), 389-420.

박모라, 주미경, 문종은(2014). 2009년 개정 교육과정에 따른 중학교 1학년 수학 교과서의 함수 단원 학습 과제 분석: 융복합 목표·방식·맥락에서의 접근. 학교수학, 16(1), 135-155.

박영석(2012). 사회과 융복합교육의 형태와 실현 과제. 시민교육연구, 44(4), 77-115.

박영석, 구하라, 문종은, 안성호, 유병규, 이경윤, 이삼형, 이선경, 주미경, 차윤경, 함승환, 황세영(2013). STEAM 교사 연구회 개발 자료 분석: 융복합교육적 접근. 교육과정연구, 31(1), 159-189.

안성호(2014). '융복합교육'을 위한 영어 교사 전문성 및 교육여건: 초·중등 영어 교사들의 초점집단인터뷰 결과를 중심으로. 교사교육연구, 53(2), 362-379.

유병규, 구하라, 김선진, 김시정, 문종은, 박영석, 안성호, 이선경, 이은연, 주미경, 차윤경, 함승환, 황세영, 신혜원(2014). 네 교사의 융복합교육 실행 경험의 이해. 학습자중심교과교육연구, 14(5), 339-371.

이삼형, 김시정(2012). 융복합교육의 양상에 대한 국어교육적 접근. 국어교육학연구, 43, 125-153.

이선경, 구하라, 김선아, 김시정, 문종은, 박영석, 신혜원, 안성호, 유병규,

이삼형, 이승희, 이은연, 주미경, 차윤경, 함승환, 황세영(2013). 융복합교육 프로그램 구성을 위한 기초 연구: 현장 사례 분석을 통한 구성 틀 적용 가능성 탐색. 학습자중심교과교육연구, 13(3), 483-513.

이선경, 황세영(2012). 과학교육에서 융복합교육에 대한 교사의 인식과 경험 탐색: 과학 교사 포커스 그룹 논의를 중심으로. 한국과학교육학회지, 32(5), 974-990.

이혁규(2013). 누구나 경험하지만 누구도 잘 모르는 수업. 서울: 교육공동체 벗.

이홍우(2014). 교육의 目的과 難點(제6판). 경기: 교육과학사.

장상호(1991). 교육학 탐구 영역의 재개념화. 서울: 서울대학교 사범대학 교육연구소.

장은경(2014). 학생들에게 권한을 부여하는 '학습자 중심 수업'. 새교육, 721, 126-131.

정세화, 이은송(2011). 고전을 여는 한국교육사. 경기: 양서원.

정순우(1997). 퇴계 사상에 있어서의 '日常'의 의미와 그 교육학적 해석. (김형효 저). 退溪의 사상과 그 현대적 의미(pp. 237-298). 경기: 한국정신문화연구원.

주미경, 송륜진, 문종은(2013). 수학 교과에서의 융복합교육 실행 방안 탐색. 학습자중심교과교육연구, 13(4), 437-467.

차윤경(2008). 세계화 시대의 대안적 교육 모델로서의 다문화 교육. 다문화교육연구, 1(1), 1-23.

차윤경, 김선아, 김시정, 문종은, 송륜진, 박영석, 박주호, 안성호, 이삼형, 이선경, 이은연, 주미경, 함승환, 황세영(2014). 융복합교육의 이론과 실제. 서울: 학지사.

함승환(2011). 교사간 협력관계 맥락 이해를 위한 불확실성 관리 관점. 교육행정학연구, 29(2), 135-157.

함승환, 구하라, 김선아, 김시정, 문종은, 박영석, 박주호, 안성호, 유병규, 이삼형, 이선경, 주미경, 차윤경, 황세영(2013). "융복합교육"의 개념화: 융(복)합적 교육 관련 담론과 현장 교사 포커스 그룹 면담을 중심으로. 교육과정평가연구, 16(1), 107-136.

함승환, 김왕준, 김정덕, 양경은, 최경준 (2014). 복지국가 유형과 교육복지의 제도적 모형. 다문화교육연구, 7(3), 135-151.

Alderfer, C. P. (1972). *Existence, relatedness, and growth: Human needs in organizational settings*. New York: Free Press.

Banks, J. A., & Banks, C. A. M. (2010). *Multicultural education: Issues and perspectives* (7th ed.). Hoboken, NJ: Wiley.

Barron, B. J. S., Schwartz, D. L., Vye, N. J., Moore, A., Petrosino, A., Zech, L., et al. (1998). Doing with understanding: Lessons from research on problem-and project-based learning. *Journal of the Learning Sciences, 7*(3), 271-311.

Berger, P. L., & Luckmann, T. (1966). *The social construction of reality: A treatise in the sociology of knowledge*. New York: Anchor Books.

Bergman, J., & Sams, A. (2012). *Flip your classroom: Reach every student in every class everyday*. Eugene, OR: ISTE.

Black, A. E., & Deci, E. L. (2000). The effects of instructors' autonomy support and students' autonomous motivation on learning organic chemistry: A self-determination theory perspective. *Science Education, 84*(6), 740-756.

Boli, J., & Thomas, G. M. (1997). World culture in the world polity: A century of international non-governmental organization. *American Sociological Review, 62*(2), 171-190.

Boli, J., Ramirez, F. O., & Meyer, J. W. (1985). Explaining the origins and expansion of mass education. *Comparative Education Review, 29*(2), 145-170.

Bromley, P., Meyer, J. W., & Ramirez, F. O. (2011). Student-centeredness in social science textbooks, 1970-2008: A cross-national study. *Social

Forces, 90(2), 547-570.

Bryk, A., & Schneider, B. (2002). *Trust in schools: A core resource for improvement*. New York: Russel Sage Foundation.

Buber, M. (1923). *Ich und du*. 김진욱 역(1989). 나와 너. 서울: 자유문학사.

Caine, R. N., Caine, G., McClintic, C., & Klimek, K. (2009). *12 brain/mind learning principles in action* (2nd ed.). Thousand Oaks, CA: Corwin.

Castells, M., Flecha, R., Freire, P., Giroux, H. A., Macedo, D., & Willis, P. (1999). *Critical education in the new information age*. Lanham, MD: Rowman & Littlefield.

Cha, Y.-K. (2013). Empowering education for all: A Korean experiment for an impossible dream. Paper presented at the 2013 annual international conference of the National Association for Multicultural Education, Oakland, CA.

Cha, Y.-K., & Ham, S.-H. (2012). Constructivist teaching and intra-school collaboration among teachers in South Korea: An uncertainty management perspective. *Asia Pacific Education Review, 13*(4), 635-647.

Cha, Y.-K., Ju, M.-K., Ahn, S.-H., Ham, S.-H., Jung, J., Park, J.-H., Lew, S.-Y., Jeon, Y., Kim, S., Park, M.-Y., Jang, M.-J., Lee, D.-H., Jung, S.-Y., & Lee, H.-J. (2015). ABCD-based pre-service teacher education for creativity and character education. Paper presented at the Ewha Womans University Teacher Education 100th Anniversary International Conference, Seoul, South Korea.

Chen, M. (2010). *Education nation: Six leading edges of innovation in our schools*. San Francisco, CA: Jossey-Bass.

Damasio, A. (1999). *The feeling of what happens: Body and mind in the making of consciousness*. New York: Harcourt Brace.

Darling-Hammond, L., Barron, B., Pearson, P. D., Schoenfeld, A. H., Stage, E. K., Zimmerman, T. D., Cervetti, G. N., & Tilson, J. L. (2008). *Powerful learning: What we know about teaching for understanding.* San Francisco, CA: Jossey-Bass.

Davis, B. (2004). *Inventions of teaching: A genealogy.* (심임섭 역, 2014). 구성주의를 넘어선 복잡성 교육과 생태주의 교육의 계보학. 서울: CIR.

Deacon, T. W. (1997). *The symbolic species.* New York: W. W. Norton.

Dewey, J. (1938). *Experience and education.* New York: Touchstone.

Diamond, M., & Hobson, J. (1998). *Magic trees of the mind.* New York: Penguin Putnam.

Fiala, R. (2006). Educational ideology and the school curriculum. In A. Benavot & C. Braslavsky (Eds.), *School knowledge in comparative and historical perspective* (pp. 15-34). Hong Kong, China: CERC-Springer.

Fitzsimons, P., & Peters, M. (1994). Human capital theory and the government's industry training strategy. *Journal of Education Policy, 9*(3), 245-266.

Floden, R. E., & Buchmann, M. (1993). Between routines and anarchy: Preparing teachers for uncertainty. *Oxford Review of Education, 19*(3), 373-382.

Foucault, M. (1971). *L'ordre du discours.* Paris, France: Gallimard.

Frank, D. J., Meyer, J. W., & Miyahara, D. (1995). The individualist policy and the prevalence of professionalized psychology: A cross-national study. *American Sociological Review, 60*(3), 360-377.

Freire, P. (1970). *Pedagogy of the oppressed.* New York: Continuum.

Fullan, M. (2007). *The new meaning of educational change* (4th ed.). London, UK: Routledge.

Gallagher, S. (1992). *Hermeneutics and education.* Albany, NY: State

University of New York Press.

Gardner, H. (1983). *Frames of mind: The theory of multiple intelligences*. New York: Basic Books.

Gay, G. (2010). *Culturally responsive teaching: Theory, research, and practice* (2nd ed.). New York: Teachers College Press.

Green, T. F. (1994). Policy questions: A conceptual study. *Education Policy Analysis Archives, 2*(7), 1-14.

Ham, S.-H., & Cha, Y.-K. (2009). Positioning education in the information society: The transnational diffusion of the information and communication technology curriculum. *Comparative Education Review, 53*(4), 535-557.

Ham, S.-H., & Kim, R. Y. (2015). The influence of principals' instructional leadership on teachers' use of autonomy-supportive instruction: An analysis of three Asia-Pacific countries. *Asia-Pacific Education Researcher, 24*(1), 57-65.

Ham, S.-H., Choi, D.-S., Choi, S. B., Choi, Y. C., Jo, H. S., Kim, B., Kim, Y. R., Kim, Y.-J., Ku, H., Lee, E., Lee, E.-J. Lee, Y.-H., Lin, Z., Oh, S.-W., Park, J.-E., & Soh, R. N. (2015). The ABCDs of the changing model of schooling: Toward nurturing integrative creativity. Paper presented at the 2015 international conference of the Korean Association for Multicultural Education, Seoul, South Korea.

Hargreaves, A., & Fullan, M. (2012). *Professional capital: Transforming teaching in every school*. London, UK: Routledge.

Herbart, J. F. (1806). *Allgemeine Pädagogik*. (김영래 역, 2006). 헤르바르트의 일반교육학. 서울: 학지사.

Hooks, b. (1994). *Teaching to transgress*. (윤은진 역, 2008). 경계 넘기를 가르치기. 서울: 모티브북.

Kennedy, M. M. (2005). *Inside teaching: How classroom life undermines reform*. Cambridge, MA: Harvard University Press.

Labaree, D. F. (1997). Public goods, private goods: The American struggle over educational goals. *American Educational Research Journal, 34*(1), 39-81.

Labaree, D. F. (2010). *Someone has to fail: The zero-sum game of public schooling*. Cambridge, MA: Harvard University Press.

Lave, J. (1988). *Cognition in practice*. Cambridge, UK: Cambridge University Press.

MacIntyre, A. (1984). *After virtue: A study in moral theory* (2nd ed.). Notre Dame, IN: University of Notre Dame Press.

McEneaney, E. H., & Meyer, J. W. (2000). The content of the curriculum: An institutionalist perspective. In M. T. Hallinan (Ed.), *Handbook of the sociology of education* (pp. 189-211). New York: Kluwer Academic.

Meyer, J. W. (1977). The effect of education as an institution. *American Journal of Sociology, 83*(1), 55-77.

Meyer, J. W. (2006). World models, national curricula, and the centrality of the individual. In A. Benavot & C. Braslavsky (Eds.), *School knowledge in comparative and historical perspective: Changing curricula in primary and secondary education* (pp. 259-271). Hong Kong, China: CERC-Springer.

Munthe, E. (2007). Recognizing uncertainty and risk in the development of teachers' learning communities. In M. Zellermayer & E. Munthe (Eds.), *Teachers learning in communities* (pp. 15-26). Rotterdam, Netherlands: Sense.

Newman, F. M. (1996). *Authentic achievement: Restructuring schools for intellectual quality*. San Francisco, CA: Jossey-Bass.

Norman, D. A. (1993). Cognition in the head and in the world: An introduction to the special issue on situated action. *Cognitive Science,*

17(1), 1-6.

Pert, C. (1997). *Molecules of emotion*. New York: Scribner.

Peters, R. S. (1966). *Ethics and education*. (이홍우 · 조영태 공역, 2003). 윤리학과 교육. 경기: 교육과학사.

Piaget, J. (1976). *To understand is to invent: The future of education*. New York: Penguin.

Pinar, W. (Ed.). (2000). *Curriculum studies: The reconceptualization*. Troy, New York: Educator's International Press.

Pink, D. H. (2005). *A whole new mind: Moving from the information age to the conceptual age*. New York: Riverhead Books.

Plato. *The republic*. (박종현 역, 1997). 플라톤의 국가 · 政體. 서울: 서광사.

Rennie, L. J., Venville, G., & Wallace, J. (2011). *Knowledge that counts in a global community: Exploring the contribution of integrated curriculum*. New York: Routledge.

Robinson, K. (2015). *Creative schools: The grassroots revolution that's transforming education*. New York: Viking.

Rousseau, J.-J. (1762). *Emile*. (민희식 역, 2002). 에밀. 서울: 육문사

Schön, D. A. (1983). *The reflective practitioner: How professionals think in action*. New York: Basic Books.

Selwyn, N. (2011). *Schools and schooling in the digital age*. New York: Routledge.

Sleeter, C. (2005). *Un-standardizing curriculum: Multicultural teaching in the standards-based classroom*. New York: Teachers College Press.

Tyack, D., & Cuban, L. (1995). *Tinkering toward utopia: A century of public reform*. (권창욱 · 박대권 공역, 2011). 학교 없는 교육 개혁. 서울: 럭스미디어.

Vedantam, S. (2010). *The hidden brain: How our unconscious minds elect presidents, control markets, wage wars, and save our lives*. New

York: Spiegel & Grau.

Vygotsky, L. S. (1934). *Thinking and speech*. (이병훈 역, 2013). 사고와 언어. 서울: 한길사.

Wilson, E. O. (1998). *Consilience: The unity of knowledge*. (최재천 · 장대익 공역, 2005). 통섭: 지식의 대통합. 서울: 사이언스북스.

Zhao, Y. (2012). *World class learners: Educating creative and entrepreneurial students*. Thousand Oaks, CA: Corwin.

제2장

융복합교육 프로그램의 개발

1. 교사가 왜 융복합교육 프로그램에 주목할 필요가 있는가

새로운 교육 프로그램을 시도하는 것이 정당화되기 위해서는 현재 실천하고 있는 교육 프로그램이 적절하지 않거나 개선될 여지가 있어야 할 것이다. 융복합교육 프로그램이 기존의 교육과 다른 시도를 하는 프로그램이라면, "왜 그러한 차별화를 추구해야 하는가?" "어떤 차별화된 대안이 가능할까?" 그리고 "그러한 대안들을 프로그램으로 구체화하기 위해서는 어떤 점들을 고려해야 할까?"라는 문제를 고민해 볼 필요가 있다.

우선, 융복합교육 프로그램이 기존의 프로그램과 어떻게 다른지 살펴볼 필요가 있다. 융복합교육 프로그램의 구체적인 형태에 대해서는 합의가 충분히 이루어지지 않았다. 융복합교육에 대한 정의와 구체적인 프로그램의 형태에 대해서 다양한 설명과 여러 가지 아이디어가 제시되고 있다. 몇몇의 시도는 기존에 존재하는 전통적 교육 프로그램에서 제안한 내용과 크게 다르지 않은 경우도 있다. 융복합을 교과 간 통합 정도로 보는 것이다. 유사한 주제를 공유하는 교과목들을 효과적으로 연결해 가르치고 배울 수 있도록 교과 간 협력을 하는 교수-학습 활동을 설계해 보자는 것이다. 그런데 최근에 개발되고 있는 융복합교육 프로그램들은 단순히 교과 간의 결합을 넘어서는 아이디어를 추구하고 있다(김민경 외, 2013; 김진수, 2011; 신재한, 2013; 차윤경 외, 2014). 한국과학창의재단에서 주도하는 STEAM 융합교육 프로그램이 대표적인 예라고 할 수 있다. 사회 변화에 따라 새롭게 당면하는 복잡한 문제들을 해결하고 새로운 가치를 창출하기 위해서는 기존의 분과적 학문에 기초한 지식이나 기존의 문제 해결 방식으로 해결하는 데 한계가 있어 다양한 학문 간의 융복합적 접근이 이루어질 필요가 있다는 것이다(정미경 외, 2014). 특히 STEAM 융복합교육 프로그램은 창의력과 감성을 함께 묶어서 프로그램을 설계하고자 하였다. 단순히 S(science), T(technology), E(engineering), A(arts), M(mathematics)의 결합을 넘어서 지식정보사회로 빠르게 변화하는 미래사회에 대응하는 교육의 핵심 목표로 창의력과 감성적 체험에 주목하였다(백윤수 외, 2011).

　이러한 교육의 방향 변화는 교육과정 개정과 교육 정책의 변화를 통해서 더욱 강력하게 뒷받침되고 있다.[1] 학교교육의 지침이 되

---

1) 국가의 공식적인 교육과정에서 창의융합형 인재 양성과 통합적 접근을 강조하는 것은

는 교육과정은 2007 개정 이후에도 여러 차례 개정되었다. 가장 최근에 개정된 2015 개정 교육과정은 새로운 교육 방향으로 창의융합형 인재 양성을 명시하고 있다. 개정 교육과정에서는 교과별로 핵심 역량을 제시하고 있다는 점도 특징이다. 2015 개정 교육과정이 제시하는 핵심 역량은 융복합교육을 통해 함양할 수 있는 역량과 밀접하게 연결되어 있다. 역량 중심 교육에 주목하는 추세는 비단 우리나라에만 국한된 것은 아니다. OECD도 지식정보사회에서 'Key competencies(핵심 역량)'에 주목할 필요가 있음을 강조하고, 핵심 역량의 구체적인 내용을 '도구의 상호작용적 활용 역량' '이질적 집단에서의 상호작용 역량' '자율적인 행동 역량'으로 제시한 바 있다(OECD, 2005).

교사는 교육 활동의 실제적인 실천가로서 교육 환경의 변화에 민감할 필요가 있다. 직접적으로는 가르쳐야 할 목표와 내용이 타당한가를 고민하고 교육의 결과가 학생에게 어떠한 성취로 나타나고 있는가에 민감할 필요가 있다. 또한 학생과 학부모의 교육적 요구, 학교 현장에서 시도되는 다양한 실천, 교육청이나 교육부의 교육 정책 방향의 변화를 주시할 필요가 있다. 미래사회의 변화를 넓은 안목으로 살피는 노력과 동시에 융복합교육을 현재의 교과 중심 교육 시스템에서 어떻게 구현할 것인가에 대한 답을 실천 속에서 찾아갈 필요가 있다.

융복합교육 실천에 고무적인 현상이다. 1990년대 미국과 캐나다의 국가표준교육과정 움직임과 표준화된 평가의 확대가 교육과정의 통합적 설계에 미친 영향과 비교할 수 있다(Drake, 2009). 개방성과 불확실성을 담고 있는 융복합교육 실천에 표준화된 교육과정과 평가는 상당한 제약 요인이 될 수 있다. 이에 비해 창의융합형 인재 양성을 추구하는 현재 교육과정의 변화는 융복합교육 확산에 우호적인 여건이 되고 있다.

2. 융복합교육 프로그램을 어떻게 개발할 것인가

일반적인 교육 프로그램의 설계 모형과 개발 절차는 융복합 프로그램 개발에도 시사점을 준다. 교수 체제 설계와 관련하여 검토되는 대표적인 모형이 ADDIE 모형이다. 이 모형은 개발 단계에 분석(Analysis), 설계(Design), 개발(Development), 실행(Implementation), 평가(Evaluation) 과정을 포함하고 있다(Seels & Glasgow, 1998). ADDIE 모형은 체계적인 설계 과정을 제시한다는 장점이 있다. 교수 체제를 설계하는 과정에서도 사전에 요구와 환경 분석을 충실히 하고 이를 토대로 설계와 개발을 진행한다. 각 단계는 선형적으로 이루어질 수도 있고, 평가 결과가 다시 분석 과정에 연결되면서 순환적으로 프로그램을 개선해 갈 수도 있다.

융복합교육 프로그램 개발도 일반적인 프로그램 개발 과정과 상당 부분이 유사하게 이루어질 수 있다. STEAM 프로그램과 같은 대다수의 융복합 프로그램 개발 모형도 분석, 개발, 실행, 평가 등을 주요 단계로 포함하고 있다(김진수, 2011). 이 책에서 제시하고자 하는 융복합 프로그램 개발 단계를 개략적으로 나타내면 [그림 2-1]과 같다. 융복합 프로그램 개발은 사전 분석으로부터 시작한

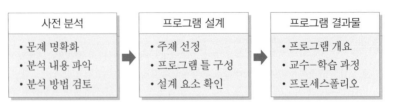

[그림 2-1] 융복합교육 프로그램의 개발 단계

다. 이 과정에서 문제를 명확하게 하고 분석 내용과 방법을 파악하고, 이를 토대로 프로그램 설계를 한다. 설계 과정에서는 주제를 선정하고 프로그램 틀을 구성하며 개요를 짜게 된다. 프로그램의 개요를 토대로 구체적인 프로그램 개발이 이루어지며, 프로그램 개발의 결과물은 교수−학습 자료 등의 형태로 나타난다. 프로그램 개발 과정에서는 평가도 동시에 이루어질 수 있다.

1) 사전 분석 단계

프로그램을 개발하기 위해서는 사전 분석이 중요하다. 프로그램 개발에 누가 참여를 하고, 어떻게 업무를 분담할 것인가를 비롯하여 유사한 프로그램이 개발된 사례가 있는가, 프로그램이 적용될 현장에 있는 사람들은 무엇에 관심이 있는가와 같은 다양한 요소들을 충분히 검토해야 프로그램의 성공 가능성을 높일 수 있다.

(1) 분석 초기에 무엇을 명확하게 해야 하는가?

융복합교육 프로그램을 개발하기 전에 검토해야 할 요건을 분석하는 것은 프로그램 개발의 기본적인 토대이다. 이 과정에서 문제의 명확한 이해, 목표의 정교화, 초기 설계의 요건에 대해 〈표 2−1〉의 요소를 살펴볼 필요가 있다(McKenney & Reeves, 2012, p. 105).

첫째, 우선적으로 해야 할 작업은 문제를 명확히 하는 것이다. 융복합 프로그램을 새롭게 개발하려고 하는 것은 현재의 상태가 바람직하지 않거나 개선의 여지가 있기 때문이다. 예를 들어, 과학 교과를 다른 교과와 결합하려는 새로운 프로그램으로 STS, MST, STEM 등의 시도가 있었다. 그 이유는 당시의 과학교육이 실생활

〈표 2-1〉 프로그램 분석 초기에 명확하게 할 요소

	세부적으로 검토할 요소
문제에 대한 명확한 이해	• 현재의 프로그램에 어떤 문제가 있는가? • 나아가야 할 방향과 현재 상태에는 어떤 불일치가 있는가? • 왜 이러한 불일치가 발생하는가?
목표의 확인	• 이 프로그램 개발을 통해 어떤 목표를 추구해야 하는가? • 중심 목표는 무엇이 되어야 하는가? • 중심 목표 실현을 위한 하위 목표에는 어떤 것들을 포함할 수 있는가?
초기 설계의 요건 파악	• 프로그램이 나아가야 할 방향에 대한 전제가 있는가? • 프로그램이 한정된 대상 혹은 교육과정 등에만 적용되는가? • 프로그램 개발 관련 자원(예산, 시간, 지원 인력 등)이 한정되어 있는가?

맥락에서 창의적인 사고를 연결하는 데 미흡하거나, 학습자의 흥미를 적절히 유발하지 못하였다는 비판이 제기되었기 때문이다. STS, STEAM 등의 프로그램은 이를 해결하기 위한 대안적인 시도들이었다. 따라서 융복합교육 프로그램을 개발하기 위해 문제를 분석할 경우에도 현재의 상태가 어떠한지를 살펴보고 이를 개선해서 나아가려는 상태와의 불일치에 주목하는 것이 중요하다. 사회 변화에 따라 당면하게 되는 문제들을 해결하기 위해서는 다양한 학문의 경계를 넘어서는 접근이 필요하나, 현재의 학습 현장에서는 분과적인 학문을 중심으로 분절적인 접근이 이루어지고 있다고 분석하는 것이 그 예가 될 수 있다. 이렇게 프로그램이 나아가야 할 방향과 현재의 상태 사이의 격차를 파악하였다면, 왜 그러한 불일치가 나타나는지를 설명할 수 있는 근거를 찾아야 할 것이다.

둘째, 프로그램 개발의 목표를 확인하는 것이 필요하다. 당면한

문제의 성격을 파악했다면, 이를 토대로 융복합 프로그램을 통해
추구하고자 하는 목표를 분명히 하는 것이 다음 단계이다. 예를 들
어, 차윤경 외(2017)가 개발한 패스트패션 융복합 프로그램에서는
빠르게 변화하는 유행에 대응하여 맞춤 생산을 하는 패스트패션
산업의 이면에 있는 과소비, 노동 착취, 환경 파괴 등의 문제를 파
악하고 해결하는 과정을 다루고 있다. 이를 통해서 다양한 집단의
상황과 관점의 이해, 문제의 합리적 해결 방안의 탐색, 관련된 교과
지식의 유용성 확인, 학습 공동체에서의 민주적 소통의 경험 등을
할 수 있다. 프로그램의 이러한 다양한 가능성이 프로그램을 통해
추구하고자 하는 목표들이 될 수 있다. 이렇게 사전 분석 과정에서
프로그램이 추구할 수 있는 가능한 목표의 방향을 살펴보는 것은,
주제가 확정되고 이후 구체적인 프로그램을 개발하는 과정에서 프
로그램의 세부 목표를 설정하는 바탕이 된다.

셋째, 분석을 통해 융복합 프로그램 개발의 전제 요건들을 살펴
보는 것도 중요하다. 이는 프로그램 개발 초기 단계에서 고려할 점
들을 밝혀내는 것이다. 예를 들어, 정미경, 이재덕, 박균열, 박만구,
고호경(2014)의 융합교육 프로그램 개발 연구에서는 프로그램 개
발의 기본 원칙과 방향으로, 인문학적인 기반 위에서 문제를 제기
하고 각 교과의 장점을 보강, 단점을 보완함, 정규 교육과정 운영
시간에 활용 가능하도록 함, 교사 대상으로 융합교육이 적합한 학
년을 설정하여 프로그램을 개발함, 종합적 문제 해결력과 비판적
사고력 함양, 영감을 불러일으키고 인성을 중시하는 교육을 추구
함을 강조하였다. 이를 통해 프로그램이 지향하고자 하는 역량의
방향, 프로그램 적용 대상, 기존 교과의 역할 및 활용 방향 등을 알
수 있다. 아울러 사전 분석 단계에서는 프로그램 개발에 활용할 수

있는 비용과 인력 등 자원 여건을 살펴볼 필요도 있다.

(2) 분석해야 할 내용은 무엇인가

융복합 프로그램 개발의 맥락과 프로그램 개발에 대한 요구를 분석할 필요가 있다. 물론, 앞서 문제에 대한 이해나 초기 설계 요건을 살펴보는 과정에서 분석할 내용과 관련된 정보가 개략적으로 밝혀질 수 있다. 이 단계에서는 〈표 2-2〉와 같은 관점에서 검토할 수 있다.

첫째, 맥락 분석에서는 융복합 프로그램 개발 과정에서 프로그램 개발자들이 바꿀 수 있는 것과 바꿀 수 없는 것을 구분하는 것이 효과적이다(McKenney & Reeves, 2012, p. 91). 융복합 프로그램 개발은 실제 학교 현장에서 적용될 것을 전제로 한다. 그리고 프로그램에 영향을 미치는 요인들에는 개발자들이 조절할 수 있는 것과 조절할 수 없는 것이 있다. 예를 들어, 국가나 시도교육청 차원에서 전국 단위의 지필 중심 학업성취도 평가를 도입한 경우, 이러한 평가 방식이 융복합교육 프로그램에 부합하지 않는다고 하여도

〈표 2-2〉 프로그램 개발에 대한 맥락 및 요구 분석

	세부적으로 검토할 요소
맥락 분석	• 현재 상황에서 바꿀 수 있는 요소와 바꿀 수 없는 요소는 무엇인가? • 바꿀 수 없는 요소 중에서 프로그램에 중요한 영향을 미치는 것은 무엇인가? • 바꿀 수 있는 요소는 어떻게 바꿀 수 있는가? • 프로그램 개발에 기회로 작용할 수 있는 외부적 요인이 있는가?
요구 분석	• 프로그램 개발에 관련되는 이해 당사자의 범위는 어디까지인가? • 이해 당사자들(교사, 학생, 학교 및 교육 당국, 학부모 및 지역사회 구성원들)의 주된 요구는 무엇인가?

이를 거부할 수 없다. 혹은 지필 평가 중심의 내신 점수가 학생들의 대학 진학에 핵심적인 요소일 경우, 이를 무시하고 교육 프로그램을 운영하기도 어렵다. 그러나 교사 수준에서 재량적으로 운영할 수 있는 요건들도 있다. 예를 들어, 특정 학습 주제를 다루는 학습 방법을 교사가 창의적으로 설계하거나 다양한 방법 중에서 선택하여 실행하는 경우이다. 특히 2015 개정 교육과정에서는 대강화된 성취 기준을 토대로 교사의 교육과정 편성 관련 재량의 여지를 넓혔다. 그리고 창의융합교육을 권장하는 시도도 긍정적으로 작용한다. 국정교과서를 사용하여야 하는 경우보다 다양한 교과서를 활용할 수 있을 때 교사의 재량 여지는 넓어진다. 이러한 요건들을 프로그램의 맥락 요인이라 할 수 있다. 맥락 요인을 효과적으로 분석하면 프로그램의 성공 가능성을 높일 수 있다.

  둘째, 요구 분석은 프로그램과 관련되는 이해 당사자들의 요구를 파악하는 것이다. 이해 당사자로서 가장 중요한 것은 교사와 학생일 것이다. 그리고 학교 당국자, 교육 당국, 학부모, 지역사회 시민 등의 이해도 고려할 수 있다. 우선 교사가 융복합 프로그램 개발에 능동적으로 참여할 때와 소극적일 때 이해와 관심이 달라질 수 있다. 그리고 요구도 교육적 측면, 교육 지원적 측면으로 나누어 볼 수 있다. 가르치는 교과목의 차이에 따라 융복합교육에 기대하는 요구가 달라질 수 있다. 교사의 요구를 학교 당국 혹은 교육 당국의 요구와 비교하여 살펴보는 것도 의미가 있다. 이들의 요구는 상호 대립적일 수도 있고, 상호 보완적일 수도 있다. 학생의 요구도 중요하다. 이들이 무엇에 관심과 흥미를 갖는지, 기존의 교육 형태에 대해 이들은 어떻게 반응하는지를 살펴볼 수 있다. 교육 당국과 학부모 및 지역사회 구성원의 요구는 큰 범주에서 사회적 요구라 할 수 있다. 사회의 변화는 교육 실행의 변화를 요구하기도 하지만, 교육 환경은 사회적 변화에 즉각적으로 대응하기 어려운 점도 있다.

(3) 누가, 무엇에 대해 분석해야 하는가

누가, 어떠한 자료원에 대해 분석해야 하는가, 즉 분석자와 분석 대상 자료원도 사전 분석 과정에서 검토할 수 있다.

〈표 2-3〉 프로그램 개발 관련 분석자와 분석 대상 자료

	세부적으로 검토할 요소
분석자	• 누가 분석하는 것이 적절한가? • 분석 과정 참여자들의 역할은 어떻게 나누어질 수 있는가?
분석 대상	• 프로그램 개발 관련 분석 자료의 원천으로는 어떤 것들이 있는가? • 관련 이해 당사자에 대한 인터뷰 및 설문 조사를 어떻게 할 것인가? • 관련 문헌에는 무엇이 있고, 어떻게 조사할 것인가? • 프로그램이 적용될 현장(field)은 어디이고, 어떻게 조사할 것인가?

첫째, 프로그램 관련 자료의 사전 분석자는 프로그램 개발을 수행하는 사람들이 될 것이다. 융복합교육 프로그램을 개발하여 학교 현장에 적용하려는 교사, 교사 공동체가 우선 고려될 수 있다. 이들은 전문 연구자와 공동 작업을 수행할 수도 있다. 전문 연구자 집단이 주도하고 교사는 협력자로 참여할 수도 있다. 아울러 교육 행정가, 교육 현장 실천의 조력자 등 다양한 사람들이 연구 및 개발에 참여할 수 있다. 교육 현장 전문가가 아닌 외부의 전문 연구자가 중심이 될 경우에는 프로그램 분석 및 개발 과정에서 현장 전문가와 밀접한 네트워크를 구성하여 진행하는 것이 필요하다. 프로그램 개발 관련 사전 분석자 혹은 분석 과정 참여자 확정은 프로그램 개발의

주체를 어떻게 구성할 것인가와 관련된다. 또한 프로그램 개발팀이 분석과 이후 과정에서 효과적으로 분업과 협업을 수행하기 위해서는 사전 전문가 미팅과 오리엔테이션 등을 가질 필요가 있다.

둘째, 프로그램 개발과 관련된 분석 자료의 원천을 확정할 필요가 있다. 자료를 제공해 줄 분석 대상으로는 관련 문헌, 관련 이해당사자, 프로그램이 실행될 현장 등이 있다. 이들 중에서 관련 문헌 분석은 프로그램 개발 초기에 관련 이슈와 개발 범위 등과 관련한 유용한 정보를 제공해 줄 수 있다. 융복합교육 프로그램 개발 관련 문헌은 다양한 개발 방법과 사례에 대한 시사점을 준다. 관련 문헌과 자료를 살펴보면, 프로그램 개발의 맥락을 이해하고 개발 원칙을 정리하는 데 효과적이다. 융복합교육 관련 교육과정과 교육 당국의 정책 지원 관련 문서, 한국과학창의재단의 연구 결과 보고서, 각급 교육기관의 관련 실천 사례 보고서 등을 확인할 필요가 있다. 교육 프로그램 관련 이해 당사자로는 앞서 살펴본 바와 같이 교사, 학생, 교육 당국자, 학부모, 지역사회 구성원 등 다양한 영역의 관련자가 있다. 이들의 요구를 파악하는 방법에는 설문 조사와 면담 등이 있다. 교육 활동이 이루어질 현장(field)의 여건에 대한 분석도 필요하다. 특히 학교교육 현장에 위치하지 않는 전문 연구자들의 경우에는 '현장에 친숙해지기(make the strange to be familiar)'와 같은 노력이 중요하다. 그러나 교사와 같은 학교 현장 전문가의 경우는 오히려 지나치게 익숙해져서 잘 드러나지 않는 현장의 특징을 살펴보기 위해 '친숙한 것을 낯설게 보기(make the familiar to be strange)'를 할 필요가 있다.

2) 융복합교육 프로그램의 설계

융복합 프로그램 설계는 사전 분석을 토대로 이루어진다. 융복합교육 프로그램 설계 단계는 초기에 고려할 전제를 토대로 프로그램의 개요를 그리는 단계이다. 분석 단계를 통해 프로그램 개발을 위한 초점을 확인하고, 이 단계에서 얻어진 초기 분석 정보를 설계 과정에 충분히 반영하는 것이 필요하다. 프로그램 설계에서는 주제 선정, 융복합교육 프로그램의 틀 구성, 프로그램의 실행 가능성 검토 등의 단계를 거친다.

[그림 2-2] 프로그램 설계 단계의 주요 과정

(1) 주제를 어떻게 선정할 것인가

융복합 프로그램 설계는 주제를 선택하면서 구체화할 수 있다. 프로그램의 주제는 학습 설계를 위한 초점이며 전반적인 계획의 토대가 되고, 학습 활동을 구성하기 위한 출발점이 된다(Drake, 2009, pp. 93-94). 주제는 프로그램의 특성 및 형태에 따라 문제 혹은 쟁점으로 표현될 수도 있다.

융복합 프로그램의 주제를 찾기 위한 대표적 방법은 브레인스토밍이다. 융복합교육 프로그램은 전통적인 교과 학습에서와 같이

[그림 2-3] 주제 아이디어 생성 과정의 예

주제가 선행적으로 주어지거나 고정적이지 않고 개발 과정에서 생성적으로 추출되는 경우가 많다. 따라서 브레인스토밍 과정을 통해 융복합의 주제에 대한 아이디어를 폭풍과 같이 제안하고 거친 상태의 아이디어들을 충분히 모으는 것이 중요하다. 창의적인 아이디어가 충분히 산출되도록 자유스러운 분위기가 촉구될 필요가 있으며, 아이디어의 유용성 등에 대한 판단은 후에 하도록 한다. 주제에 대한 브레인스토밍은 단어를 쓰거나 상징을 그리면서 표현할 수도 있고, 말로 이야기를 하면서 표현할 수도 있다. 융복합 교사 연수 과정에 참여한 교사들의 브레인스토밍을 통해 추출된 융복합 프로그램의 주제들에는 다음과 같은 것들이 있었다. '제주도 여행' '에너지' '드론' '저출산 고령화' '비만' '스마트폰' '커피' '로봇아! 나랑 놀자' '윤리적 소비' '평창 동계 올림픽' '스몰 웨딩' 같은 다양한 주제들이 제시될 수 있다.

브레인스토밍을 통해 융복합 프로그램을 위한 다양한 주제 아이

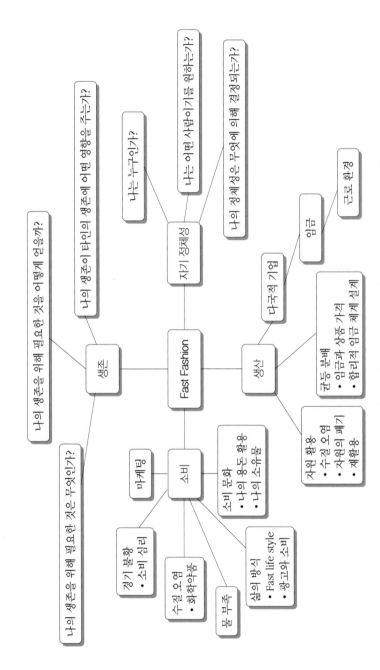

[그림 2-4] 패스트패션 융복합 프로그램의 아이디어 브레인스토밍 결과

디어가 제시되면, 이들을 검토하여 프로그램에서 다룰 주제를 선택하는 과정이 이어진다. 추출된 주제 아이디어들 속에서 살아남을 수 있는 주제를 검토하고 판단하는 것이다. 사전 분석에서 확인한 융복합 프로그램 설계에 대한 요구들에 비추어 보면서 특정 주제의 실현 가능성, 효과성 등을 평가해 보는 것이다. 이를 통해 버려져야 할 아이디어와 선택 가능한 아이디어를 구분할 수 있다. 선택된 주제를 중심으로 프로그램에서 다룰 수 있는 다양한 요소들에 대한 아이디어 제안이 다시 이루어지게 된다. [그림 2-4]는 패스트패션 융복합교육 프로그램 개발 과정에서 정리된 주제와 관련된 아이디어들을 보여 주고 있다. '패스트패션'이 중심 주제이고, 이 주제와 연관하여 검토할 수 있는 '생산' '정체성' '소비' '자원 활용' '임금' '수질 오염' '삶의 방식' 등 다양한 아이디어들의 사례를 구체적으로 보여 주고 있다.

(2) 융복합교육 프로그램의 틀을 어떻게 짤 것인가

융복합 프로그램의 주제를 선정한 후에는 구체적인 프로그램의 골격을 짤 필요가 있다. 차윤경 외(2014)는 융복합교육 프로그램의 구성 틀을 [그림 2-5]와 같이 제안하였다. 구성 요소는 '융복합 목표' '융복합 방식' '융복합 맥락'의 세 차원이다.

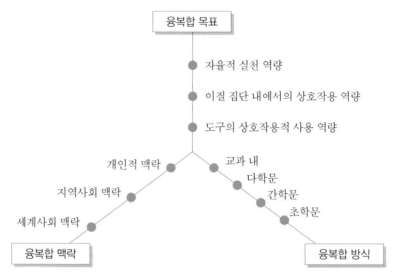

[그림 2-5] 융복합교육 프로그램의 구성 틀

① 융복합교육 프로그램의 목표

목표는 교육 프로그램을 통해 궁극적으로 달성하고자 하는 바를
말한다. 융복합교육은 21세기 사회 구성원에게 요구되는 핵심 역
량을 포괄적으로 추구한다. 융복합교육이 단순한 학문 간 혹은 교
과 간 결합을 넘어서 변화하는 불확실한 사회에 요구되는 역량을
기르기 위해서는 목표 설정이 중요하다. 차윤경 외(2014)는 융복합
교육의 목표를 '상호작용적인 도구 활용 역량' '이질적 집단에서의
상호작용 역량' '자율적 행동 역량'의 세 가지로 구분하여 제시하였
다.[2] 이러한 목표 범주는 기본적으로 OECD(2005)에서 제시한 핵
심 역량을 기초로 일부 수정한 것이다. [그림 2-6]은 '온라인 게임'

---

2) 융복합교육 목표는 세 가지 역량 범주와 하위 역량, 그리고 그 예는 차윤경 외(2014,
   pp. 37-38)의 표에 구체적으로 제시되어 있다.

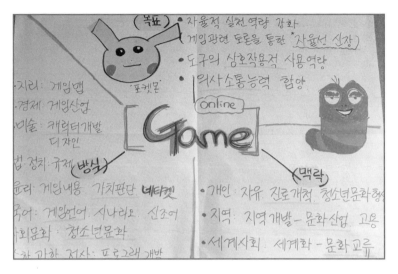

[그림 2-6] '온라인 게임' 융복합교육 프로그램 틀의 구성 사례

을 주제로 연수에 참여한 교사들이 융복합교육 프로그램의 틀을
구성한 사례이다. 이 사례에서 교사들은 융복합의 목표로 '자율적
실천 역량' '도구의 상호작용적 행동 역량' '의사소통 능력 함양'을
추구하는 것을 설정하였다. 그 구체적인 내용은 명확하게 제시되
어 있지 않지만, '게임 관련 토론을 통한 자율성 신장'이라는 표현
을 통해서 주제 관련 토론 과정에서 학생이 자신의 관심과 의견을
명확하게 하여 토론에 참여함으로써 자율적인 행동 역량을 키울
수 있다고 판단한 것으로 보인다. '스마트폰'을 주제로 하였던 또
다른 교사들은 융복합 목표로 '이모티콘을 활용한 의사 전달력 향
상' 'SNS를 통한 사회적 대인 관계 능력 향상' '스마트폰 기술을 활
용한 사회 문제 해결에 기여'를 제시하였다. 이처럼 융복합 목표를
세 가지 역량 차원에서 설정하더라도, 개별적인 프로그램이나 프
로그램 안에 포함된 하위 학습 단위의 활동에서는 교육 목표가 세

분화되어 설정될 수 있다.

② 융복합의 방식

융복합 프로그램을 구성하는 방식을 [그림 2-5]에서는 교과 내, 다학문, 간학문, 초학문적 방식으로 제시하였다.[3] 이는 Drake 외 (2006)가 교과목 간 통합 방식으로 단학문적 · 다학문적 · 간학문적 · 초학문적 접근 유형을 제시한 것과 논리적으로 유사하다. [그림 2-6]의 '온라인 게임'을 주제로 한 교사들의 융복합 방식에서 볼 수 있듯이, 현실적으로 추구하는 융복합 방식들은 교과를 바탕으로 이루어지는 경우가 많다. 이 사례에서는 온라인 게임과 관련된 내용 소재를 지리에서는 게임에 지도를 활용하여 표현하는 '게임 맵', 경제에서는 게임과 관련된 '게임 산업', 미술에서는 '게임 캐릭터' 개발, 법 정치에서는 '게임 관련 법적 규제', 윤리에서는 '게임 에티켓', 국어에서는 '게임 시나리오' 작성, 사회문화에서는 '게임 관련 청소년 문화', 수학 과학 전산 등에서는 '게임 프로그램' 개발로 연결하고 있다. 융복합 프로그램을 구성하는 세부적인 내용은 실제로 프로그램의 목적과 내용의 특징에 따라 일부는 다학문, 일부는 간학문, 일부는 초학문적 방식으로 개발할 수 있다. 실제 융복합 프로그램은 적게는 몇 개 차시의 결합 형태부터 비교적 오랜 기간이 소요되는 단원 혹은 학기 단위까지 시도될 수 있기 때문이다.

한편, 프로그램을 유기적으로 구성하기 위해서는 교과 간 연결 내용의 전체적인 망을 제시하는 것도 효과적이다. 주제를 중심으

---

3) 융복합교육에서 융복합 방식에 대해 차윤경 외(2014)는 Drake 외(2006)의 틀을 참고로 Forgarty(2009)의 통합을 위한 10가지 방법을 사례를 활용하여 제시하였다(차윤경 외, 2014, pp. 39-56).

로 융복합 관련 교과의 지식과 기능 등을 연결하여 제시하는 것이다. 따라서 특정 주제를 초점으로 하여 교과 간의 연결을 확인하기 위해서는 교육과정 분석이 필요하다. 교육과정 분석은 교과 영역을 가로지르는 지식과 기능, 즉 간학문적인 개념과 기능을 찾는 것으로, 교과 간 겹치는 부분을 발견하고 공통점과 차이를 확인하는 것이다. 이는 교육과정 융합에서 광각렌즈를 갖도록 하며, 융합 교육과정 설계에서 교과 간 연결과 조직의 큰 그림을 그릴 수 있게 해 준다. 융복합의 전제가 되는 주제에 대해서 교과 간에 접근하는 관점과 포괄하는 범위가 다를 수 있다. 그러나 이것은 단점으로만 작용하는 것이 아니라, 교과 간 융복합을 통한 다양한 시각에서 접근하고 사고할 수 있는 기회도 제공한다.

③ 융복합의 맥락

교육과정의 적절성을 증가시키기 위한 하나의 방도는 주제를 맥락 속에 넣는 일이다. 융복합 학습 주제는 학습자들의 환경 혹은 경험의 맥락과 관련지어 가르칠 때 실제적인 학습 효과를 거둘 수 있다. [그림 2-5]에서는 융복합교육 프로그램의 맥락을 개인적 맥락, 지역사회 맥락, 세계사회 맥락으로 구분하여 제시하고 있다. 같은 주제라도 어떠한 맥락에서 다루는가에 따라 그 의미가 달라질 수 있다. [그림 2-6]의 온라인 게임 융복합교육 프로그램 틀의 구성 사례에서도 교사들은 개인적·지역사회적·세계적 맥락을 모두 고려하려는 시도를 하였다. 개인적 맥락에서는 온라인 게임이 학습자들의 여가 활동의 자유, 게이머나 게임 개발자 등 향후 진로, 또래 간의 어울림 등 문화적 측면 등과 관련될 수 있다는 것이다. 지역사회적 맥락에서는 지역의 문화 산업이나 고용에 미치는 영향을 고려할 수 있다고 보았다. 그리고 세계사회적 맥락에서는 온라인 게임을 세계화 현상 및 온라인을 통한 세계적인 문화 교류와 연결하여 살펴보려 하였다. 이처럼 융복합교육 프로그램 개발 과정에서 맥락의 차원을 어떻게 설계하는가는 다차원적 이해의 확산 및 심화와 학습의 실제성 측면에서 중요한 역할을 한다.

(3) 프로그램 설계의 요소들로 무엇을 확인해야 하는가?

프로그램 시안 설계 단계에서는 주요 과정을 구안하고, 해결책의 골격을 만들고, 세부적인 요소들을 다듬어 간다. 이 단계는 앞서 검토한 융복합교육 프로그램에 대한 다양한 요구를 반영하며, 관련 문헌 자료 및 이전에 실행된 프로그램들에 대한 분석을 토대로 한다. 그리고 프로그램을 구성하는 요소나 틀에 대한 논의를 바탕으로 한다. 프로그램 시안 설계에서는 융복합교육 프로그램 구성 틀을 토대로 구체적으로 채워져야 할 내용 요소들을 개발하게 된다. 구체적으로 무엇을 시안 설계에서 고려해야 할 것인가에 대해 정해진 형식은 없지만, 일반적으로 자료/자원, 활동/과정, 참여/실행에 대해 주목할 필요가 있다. 자료(materials)/자원(resources)은 실제 실행 과정에서 활용될 워크북과 같은 학생 활동 자료나 교사용 가이드나 참고 자료 등을 말한다. 활동(activities)/과정(processes)은 프로그램 실행 과정에서 실제로 진행될 활동이나 과정을 말한다. 관계자 워크숍이나 학생들의 탐구 활동, 교사의 면대면 혹은 온라인 지도 활동 등 다양한 방식이 검토될 수 있다. 참여(participation)/실행(implementation)은 전반적인 활동 과정에서 교사나 학생 등의 행위자들이 어떻게 참여하게 되는지에 대한 상세한 고려를 말한다(McKenney & Reeves, 2012, pp. 122-124).

〈표 2-4〉는 '방과 후 과학 프로그램'과 '교사 연수 프로그램' 설계 과정에서 고려할 내용 요소를 예시하고 있다. 첫 번째는 '방과 후 과학 프로그램' 사례이다. 학교에서 방과 후에 학생들을 대상으로 과학 프로그램을 운영하려는 경우에 고려할 자료/자원, 활동/과정, 참여/실행 관련 요소가 제시되어 있다. 우선, 개발되어야 할 자료와 사전에 확보해야 하는 자원으로 프로그램에서 사용할 '과학 도구 상자', 학생들의 활동에 보조적으로 활용할 '워크북', 교사의 교육 활동 지침을 담고 있는 '교수자 가이드'를 고려할 수 있다. 활동/과정은 과학 프로그램이 구체적으로 실행되는 장면을 가정하게 한다. 이 프로그램에서는 학생들이 교수자의 도움을 받아 가면서 반독립적으로 탐구 활동을 수행하는 것을 전제로 하고 있다. 참여/실행은 구체적으로 누가 어떠한 형태로 참여하고, 이들은 참여 과정에서 어떤 활동을 하게 되는가를 제시하고 있다. 다음에 제시된 '교사 연수 프로그램'에서도 워크시트나 비디오 클립 같은 자료/자원, 전문가 코칭 활동과 같은 활동/과정, 조별로 이루어지는 상호 관찰 활동과 같은 참여/실행을 사전적으로 고려하며 프로그램

〈표 2-4〉 융복합 프로그램 설계의 내용 요소(예)

설계 과제	자료/자원	활동/과정	참여/실행
방과 후 과학 프로그램	• 과학 도구 상자 • 워크북 • 교수자 가이드	• 학생의 반독립적 탐구 활동 수행	• 학생(그룹) • 교수자(개인)
교사 연수 프로그램	• 워크시트 • 가이드북 • 워크숍 주제 • 비디오 클립 자료	• 전문가 코칭(강연) • 동료 관찰 • 워크숍 활동	• 개인(코칭 활동) • 조별(관찰 활동) • 집단(워크숍)

을 설계할 수 있다.[4]

융복합 프로그램 설계 과정에서 고려되거나 개발해야 할 내용을 보다 상세하게 검토한다면 프로그램의 성공 가능성이 높아질 수 있다. 아울러 이 과정에서 핵심적 요소를 설정할 수 있고, 핵심적 요소를 보조하는 자료나 활동을 구분하여 설계하면 체계적인 활동 전략이 마련될 것이다. 이러한 설계 디자인은 부가적으로 검토해야 할 프로그램 개발 및 적용에 소요되는 비용을 산정하고, 예상되는 성과와 편익을 측정하는 데 도움이 된다. 당연히 자료/자원, 활동/과정, 참여/실행에 대한 계획에서는 유사한 프로그램의 사례나 문헌 자료 분석 결과를 충분히 활용할 필요가 있다. 이 과정을 통해 어떤 요소가 새롭게 도입되는지, 기존에 있는 프로그램들의 아이디어를 활용하는 것인지를 파악할 수 있다. 이러한 프로그램의 개요 디자인은 프로그램의 목표, 관련자, 시간, 예산의 관점에서 프로젝트의 범위를 가늠할 수 있게 해 준다.

3. 융복합교육 프로그램은 어떤 결과물을 만드는가

융복합교육 프로그램은 설계 단계를 거치면서 구체적인 프로그램의 형태를 갖추어 간다. 물론 이 과정은 지속적인 개발과 수정의 반복적인 순환이 이루어지는 과정이다. 융복합 프로그램 개발의 결과물도 프로그램을 직접적으로 적용하여 실행하기 전까지는 하

---

4) 〈표 2-4〉는 McKenney & Reeves(2012, p. 123)의 프로그램 개요 디자인 단계에서 내용 영역을 정교화한 사례 중의 일부를 요약 재구성하여 소개하였다.

나의 시안으로서 의미를 가지며, 이후 실행 과정과 프로그램 평가를 거쳐서 순환적으로 개선될 수 있다. 일반적으로 교육 프로그램 개발의 결과물로는, 교수-학습 지도안, 온라인 프로그램 운영 틀, 학습자용 워크시트, 학습자 평가 도구, 교사 워크숍 자료 등이 있다. McKenney와 Reeves(2012)는 프로그램 개발물을 실제 교육 활동에 투입(개입)될 구성물로 파악하고 프로토 타입이라고 불렀다. 교육 프로그램의 프로토 타입에는 산출 구성물(예: 학습 소프트웨어), 정책 구성물(예: 조직된 문서), 과정 구성물(예: 교사 가이드북), 프로그램 구성물(예: 어젠다와 활동 설명) 등이 포함될 수 있다고 하였다. 김진수(2011)도 STEAM 프로그램의 결과물을 프로그램의 실제라고 표현하면서 제시한 바 있다. 여기에 포함된 자료들에는 '수업 개요' '수업 과정안' '교수학습 자료' '활동지' '교사 자료' 등이 있다.

이 책에서는 차윤경 외(2017)의 연구자들이 실제 개발하였던 패스트패션 융복합교육 프로그램의 결과물을 소개하였다.[5] 패스트패션 융복합 프로그램의 전체적인 개요를 소개하고, 차시별 교수-학습 활동의 구체적인 구성 요소와 특징은 일부 차시의 사례를 살펴보았다. 그리고 이 프로그램에서 독특하게 시도하였던 프로세스 폴리오 계획에 대해서도 소개하였다.

---

5) 패스트패션 융복합교육 프로그램의 전체적인 과정과 적용 결과물은 차윤경 외(2017)의 『창의융합적 문제 해결력 신장을 위한 패스트패션 맥락의 융복합교육—당신은 어떤 옷을 입습니까?』에 소개되어 있다. 이 책에서는 결과물의 양태별로 예시 자료를 제시하였다.

1) 패스트패션 프로그램의 전체적 개요

　　패스트패션 프로그램은 융복합교육이 지향하는 능동성, 가교성, 맥락성, 다양성이라는 원리를 바탕으로 설계하였다. 프로그램을 구성하는 차시는 프로그램이 포함하는 구체적인 활동의 범위에 따라 다양하게 조직될 수 있다. 이 프로그램에서는 패스트패션 관련 문제를 인식하고 이를 해결하는 과정에 초점을 맞추어 '문제 인식 → 문제 분석 → 문제 해결'의 3단계를 거치는 과정으로 설계하였다. 융복합 프로그램의 전체적 개요는 〈표 2-5〉에 제시되어 있다. 문제 인식 단계는 1~4차시로 구성하였고, 문제 분석 단계는 5~16차시로, 문제 해결 단계는 17~20차시로 하여, 총 20차시의 활동을 포함하였다. 또한 프로그램 구성의 융복합 방식과 관련하여, 우선 현재 교과 중심의 수업 현실을 감안하여 중점 교과를 중심으로 관련 교과를 연결하려는 시도를 하였다. 따라서 다학문적 접근과 간학문적 접근을 중심으로 하되, 문제에 관한 마인드맵 작성이나 프로세스폴리오 정리 등의 활동에서는 특정 교과의 시각보다는 교과를 넘어선 초학문적인 접근도 이루어지도록 하였다.

　　첫째, 문제 인식 단계에서 학생들이 가상 쇼핑 활동, 자기 자신 또는 가족의 의류 소비에 관한 자료를 수집하고 분석하며 소비 패턴을 탐색하는 활동을 통해 패스트패션을 우리 주변에서 진행되고 있는 실세계 현상으로 인식하도록 하였다. 그리고 패스트패션에 관한 보도 자료 검색을 통해 패스트패션 맥락에서 등장하는 다양한 쟁점을 찾아보고 마인드맵을 작성하면서 패스트패션 맥락에서 해결해야 할 문제들을 중심으로 프로세스폴리오 계획을 세우도록 하였다. 수학, 사회, 국어 교과를 중심으로 하되 미술 등 다양한 교

〈표 2-5〉 패스트패션 융복합교육 프로그램의 전체적 개요

단계	내용	차시	중점 교과
문제 인식	• 패스트패션을 실세계 문제 상황으로 인식하기 • 다양한 관점에서 소비 패턴 분석하기	1~2	수학
	• 패스트패션 관련 자료를 탐색하고 마인드맵 작성하기	3~4	전 교과
문제 분석	• 옷의 소재와 성분 조사하기 • 옷이 생산되는 공정 과정 조사하기 • 패스트패션이 환경에 미치는 영향 탐색하기	5~6	과학, 수학
	• 물 정화 실험 결과를 분석하고 수질 오염과의 관계를 설명하기 • 의류 생산, 소비와 폐기 과정이 환경에 주는 영향을 알아보고 해결 방안 탐색하기	7~8	과학
	• 천연 염색과 합성염료를 이용한 염색을 비교하며, 천연색의 아름다움을 느끼고 자연의 중요성을 인식하기	9~10	미술
	• 패스트패션 소비가 사회에 주는 영향 탐구하기	11~13	사회, 수학
	• 다양한 매체를 중심으로 소비의 문제를 비판적으로 이해하기	14	국어
	• 패스트패션 문제에 대하여 신문기사 써 보기	15~16	국어, 영어
문제 해결	• 패스트패션의 주요 쟁점과 그에 대한 해결 방안을 유튜브 동영상으로 제작하기	17~18	영어
	• 프로세스폴리오 정리 • 발표 및 논평	19~20	전 교과

과의 활동도 접목될 수 있다.

둘째, 문제 분석 단계는 앞서 문제 인식 단계에서 찾아낸 쟁점과 문제에 대하여 자료를 수집하고 분석하는 활동으로 이루어져 있다. 예를 들어, 학생들은 자신의 주변에서 찾아볼 수 있는 의류가 어떤

섬유로 만들어졌는지, 그리고 각 섬유가 의류에 사용되었을 때 가지는 장단점을 조사하도록 하였다. 염색 활동과 희석 활동을 통해서 의류 생산에 소비되는 물의 양을 조사하고, 옷을 만들 때 사용하는 재료가 환경에 주는 영향을 생각해 보도록 하였다. 환경 문제와 더불어 노동 문제는 패스트패션의 주요한 쟁점에 해당한다. 11차시부터 13차시에는 패스트패션이 사회에 주는 영향을 학생들이 다양한 자료를 통해 직접 조사해 보도록 하고, 조사 결과의 핵심적 내용을 다양한 방식으로 정리하여 발표하도록 하였다. 14~15차시에서는 과도한 소비를 조장하는 다양한 매체를 비판적으로 이해하고, 패스트패션과 관련한 기존의 활동 및 성찰 결과를 신문 만들기로 정리하도록 하였다. 학생들이 능동적 탐구 활동을 통해 패스트패션 산업이 많은 자원 소비를 필요로 하며, 그 결과 초래되는 환경, 노동, 소비 문제의 심각성을 이해하고 해결 방안의 탐색이 필요하다는 것을 인식하도록 하였다. 이 단계에서는 학습 주제의 특성에 따라 과학과의 환경 정화 실험, 사회과의 의류 소비의 사회적 영향, 미술과의 염색 작업, 국어과의 패스트패션 산업 관련 매체 비판 등을 결합하여 학습 내용을 융복합적으로 구성하였다.

셋째, 문제 해결 단계에서는 글쓰기, 동영상 제작 활동을 통해 앞서 조사ㆍ분석한 내용을 바탕으로 문제 해결 방안을 정리하고, 그 결과를 효과적으로 지역 공동체 및 사회에 전달할 수 있는 방법을 찾아보도록 하였다. 학습 경험이 단순히 지식을 획득하는 것에 멈추지 않고 개인과 더불어 공동체에 공존과 공영의 지속 발전 가능한 삶의 방식을 제안하고 변화를 위한 공동체적 노력을 실천할 수 있는 역량을 키우고자 하였다.

2) 패스트패션 프로그램의 교수-학습 과정 예시

패스트패션 프로그램의 구체적인 모습을 확인할 수 있도록 차시별 교수-학습 과정을 제시하였다. 소개된 차시는 "나는 어떤 옷을 구매할 수 있을까?"라는 주제를 가진 문제 인식 단계의 교수-학습 과정이다. 융복합 프로그램의 도입 단계이기도 한 이 주제는 전체 20차시 중에서 1~2차시에 해당한다. 주로 포함되어 있는 내용은 주제, 학습 목표, 현행 교육과정과의 관련성, 교수-학습 과정, 수업 심화 확장하기, 진로 지도와 연결하기, 수업 진행상 유의 사항, 참고 자료이다.

주제: 나는 어떤 옷을 구매할 수 있을까?(1~2차시/20차시)

▣ 수업 개요

• 학습 목표
  - 모둠별로 수집한 자료를 다양한 방식으로 표현하여 구매 패턴을 나타낼 수 있다.
  - 구매 패턴을 표현하는 과정에서 이견이나 갈등을 조절하면서 협력할 수 있다.

• 교육과정과의 관련성
  [국어]
  - 핵심 정보가 잘 드러나도록 내용을 구성하여 발표한다.
  - 내용의 타당성을 판단하며 듣는다.
  - 언어폭력의 문제점을 인식하고 상대를 배려하며 말하는 태도를 지닌다.
  - 관찰, 조사, 실험의 절차와 결과가 드러나게 글을 쓴다.

[수학]

　-자료를 줄기와 잎 그림, 도수분포표, 히스토그램, 도수분포다각
　형으로 나타내고 해석할 수 있다.

　-공학적 도구를 이용하여 실생활과 관련된 자료를 수집하고 표
　나 그래프로 그리고 해석할 수 있다.

[사회]

　-경제 활동에서 희소성으로 인한 합리적 선택의 필요성을 이해
　하고 기본적인 경제 문제 해결을 위한 방식으로서 경제 체제의
　특징을 분석한다.

▣ 교수-학습 과정

도입	• 현재 나의 옷장에 있는 옷의 종류, 옷을 구매한 경로, 용도, 얼마나 자주 입는지 등에 관하여 생각해 봅시다. • 인터넷을 통해 20만 원까지 옷을 살 수 있는 상품권을 가지고 쇼핑몰을 방문하여 티셔츠를 구매해 봅시다.
전개	• 옷이 결정되면 장바구니에 담고 그 화면을 캡처하여 상자에 담아 봅시다. • 왜 그 상품을 구매하였는지 이유를 적어 봅시다. • 모둠에서 자신은 어떤 기준으로 옷을 선택하였는지 얘기해 봅시다. • 모둠별로 구매한 티셔츠를 모두 수집하여 구매 패턴이 나타날 수 있도록 구분하고 다양한 방식으로 표현해 봅시다.
정리	• 모둠별로 구매 패턴의 분류 기준과 결과를 발표해 봅시다. • 모둠별 표현 방법의 장단점에 대하여 이야기해 봅시다. • 표현 방법의 단점을 보완하고 구매 패턴을 표현하기 위해 반드시 들어가야 할 내용(요소)을 추가하여 표현 방법을 수정해 봅시다.

• 수업 심화 · 확장하기

1~2차시 수업에서는 가상 쇼핑 시간에 기본 티셔츠를 구매하는 것으로 쇼핑 범위를 제한하여 진행하였다. 그러나 학년과 성별에 따라 구매 아이템을 확장하면 더 다양한 분류의 기준들이 등장할 수 있을 것이다. 구매 상품을 분류할 때 학생들이 수학 교과에서 배웠던 '자료의 정리' 내용을 그대로 답습하지 않고, 가능한 한 수집한 자료를 효과적으로 분류하고 주요한 특징을 명확히 보여 줄 수 있는 표현 방법을 고민하도록 교사가 적절하게 안내하면서 다양한 표현 방법이 등장할 수 있도록 독려한다. 이를 통해 학생들은 각 표현 방법의 장단점을 찾아내고, 서로의 합의를 통해 가장 적절한 표현 방법을 결정하는 경험을 하게 됨으로써 의사 결정 능력을 함양할 수 있다.

1~2차시 수업을 교실 안에서의 조사 활동에 국한하지 않고 학생의 가정에서 가지고 있는 의류의 종류, 구입 이유, 입는 횟수 등을 미리 조사하여 나름의 방식으로 정리해 오거나, 이에 관련된 질문을 개발하여 설문 조사 활동을 해 보도록 할 수도 있을 것이다. 이와 같은 실제적 자료를 가지고 의류 소비에 대해 반성하고, 그 결과를 수업에서 발표하며 묵혀지고 있는 옷을 활용하는 방법 등도 함께 나누면서 패스트패션이라는 프로그램 주제에 조금 더 자연스럽게 접근할 수도 있을 것이다.

• 진로 지도와 연결하기

학생들이 가지고 있는 의류의 구매 경로를 조사하거나 가상 쇼핑 활동을 하면서 쇼핑 사이트별로 판매하는 의류의 특징을 사용 섬유의 종류, 의류의 디자인, 제작 및 유통 과정, 광고 및 홍보에서 나타나는 특징을 사이트별로 조사하고 비교하도록 하는 활동을 통해, 의류 생산 및 유통과 관련된 다양한 직업이 존재하며 그 외 미디어 관련, 자료 분석가 등 다양한 직업이 존재한다는 점을 소개하고 학생이 흥미롭다고 생각하는 직업을 선택하여 조사하여 보고서를 작성하는 과제를 제시할 수 있다.

• 기타 수업 진행상 유의 사항

학생들이 초등학교에서부터 다루기 시작하는 자료의 분류 방법을 모두 활용할 수 있도록 교사가 적절하게 안내하면서 각 자료의 표현 방법의 장단점을 탐색할 수 있도록 한다. 수학적인 표현에만 국한하지 않고, 학생들이 창의적이고 유연한 방법으로 다양하게 표현할 수 있도록 자유로운 수업 분위기를 조성한다.

• 참고 자료: 가상 인터넷 쇼핑을 위하여 참고할 수 있는 사이트

http://lecs.uniqlo.kr/cart/createCart.lecs

http://www.zara.com/

http://www.thenorthfacekorea.co.kr/

첫째, 수업의 개요에서는 학습 목표와 교육과정 관련성을 제시하고 있다. 우선, '학습 목표'는 융복합교육 프로그램 구성 틀의 '융복합 목표'에서 제시하였던 융복합교육의 핵심 역량과 연계하였다. "모둠별로 수집한 자료를 다양한 방식으로 표현하여 구매 패턴을 나타낼 수 있다."라는 학습 목표는 '도구의 상호작용적 활용 역량'과 관련된다. 그리고 "구매 패턴을 표현하는 과정에서 이견이나 갈등을 조절하면서 협력할 수 있다."라는 학습 목표는 '이질적 집단에서의 상호작용 역량'의 한 요소인 '갈등 관리 및 해소 역량'에 해당한다. 다음으로, '교육과정과의 관련성'은 문제 인식 단계에서 이 차시의 내용을 구성할 경우, 패스트패션 프로그램의 내용이 실제 현행 교육과정의 교과별 성취 기준에 부응함을 보여 주고 있다. 이는 융복합 방식에서 다학문적 혹은 간학문적 연계의 근거가 될 수 있다. 아울러 학교 현장에서 교사들이 융복합교육 프로그램을 개발하거나 이 프로그램을 재구성하여 활용할 경우, 교육과정 운영

측면에서 활동을 정당화할 수 있는 논리를 제공한다.

둘째, 교수−학습 과정은 수업을 통해 구체적으로 이루어질 활동들을 도입, 전개, 정리의 단계별로 제시하였다. 교수−학습 과정 혹은 수업 계획에 포함해야 할 요소와 단계 구분에 대해서는 다양한 아이디어들이 있다. 패스트패션 프로그램에서는 지도안 구성의 형식적 측면보다는 교수−학습 과정에서 진행할 구체적인 아이디어를 중심으로 내용을 구성하였다. 도입 단계에 있는 "현재 나의 옷장에 있는 옷의 종류, 옷을 구매한 경로, 용도, 얼마나 자주 입는지 등에 관하여 생각해 봅시다."라는 내용은 구체적인 학습 활동의 항목이기도 하면서, 한편으로는 학습 동기를 유발하는 장치의 역할도 하고 있다. 그리고 패스트패션에 대한 학습을 자신의 옷장에 있는 옷, 구매 경로 등과 연결 지어 학습하게 함으로써 융복합의 맥락성이 자연스럽게 나타나도록 하였다. 나의 옷장에 있는 옷에 대한 학습은 맥락의 차원 중에서 개인적 맥락에 초점을 둔 학습이라 할 수 있다.

셋째, 현재 개발되어 있는 내용의 범위를 넘어서 확장적 재구성을 할 수 있도록 하였다. 융복합 프로그램은 생성적 특성을 지니고 있기 때문에 새로운 상황 맥락과 환경에서는 유사한 아이디어도 다르게 재구성되어 적용될 수 있다. '수업 심화 확장하기'는 이러한 점들을 직접적으로 보여 준다. 구매 상품을 분류하고 표현하는 방식을 현재의 수학 교과 중심의 '자료의 정리' 활동을 넘어서 다른 표현 방법으로 결정할 수 있음을 제안하고 있다. 상품은 재료나 원료 성분의 구분, 상품의 생산 및 유통 이력 등 다양한 관점에서 표현될 수 있다. 또한 옷에 접근하는 방법에서도 인터넷 쇼핑 외에 설문 조사 활동 등 다른 방법을 활용할 수 있음도 제시하였다. '진

로 지도와 연결하기'는 학습 내용을 최근 강조되고 있는 직업 탐구
나 진로 설계와 연결할 수 있는 방안을 시사하고 있다. 아울러 수
업 진행상의 유의점과 구체적인 자료를 확보할 수 있는 자료원도
제시하였다.

3) 프로세스폴리오 활동

패스트패션 프로그램에서는 프로세스폴리오 활동을 통해 학습
정리 및 발표를 하면서 프로그램을 효과적으로 마무리할 수 있도
록 한 것이 특징이다. 프로세스폴리오를 바탕으로 하여 학생들은
학습 과정에서 경험하고 활동한 자료를 수집하고 정리하였다. '프
로세스폴리오(process folio)'란 완성된 결과물만 다루는 포트폴리
오에 포트폴리오를 만들어 가는 과정에서 학생들이 거치는 중간
산출물이나 그에 대한 성찰, 사진, 활동 자료 등을 포함한다. 프로
세스폴리오는 학생의 학습 과정과 성장에 대한 평가 자료를 제공
하며, 학생의 인지 활동뿐만 아니라 메타인지 및 자기 체제 사고까
지 촉진함으로써 학습 동기와 학습 결과에 대한 책임감과 발전 가
능성에 대한 긍정과 자신감을 성취할 수 있는 학습 효과를 가지고
있다(성치경, 2009). 프로세스폴리오에 포함할 항목은 학생과 교사
가 함께 협의하여 결정하였다. 그리고 각 산출물에 대해 학생들은
학습 일지를 작성하였다. 학습 일지에는 학습에 대한 반성과 성찰,
학습하면서 가장 도움이 되었고 도전적이었던 내용, 배운 교과 내
용을 교과 밖에서 활용한 방법 등을 포함하였다. 이를 통해서 볼 때
프로세스폴리오는 단순한 정리 활동이 아니라, 다양한 형식으로
정보를 표현하는 '도구의 상호작용적 활용 역량', 모둠의 프로세스

폴리오를 정리하는 과정에서 이루어지는 '이질적 집단에서의 상호 작용 역량', 그리고 프로세스폴리오를 작성하는 과정에서 학생 자신의 관심 분야와 정체성을 파악하는 '자율적 행동 역량'을 촉진하는 유용한 매개체임을 알 수 있다. 결과적으로, 학생들은 프로세스폴리오 활동을 하면서 패스트패션 프로그램에 참여하면서 알게 된 매 차시의 학습 결과물을 정리하고, 이에 대한 피드백을 통해 자율적 탐구와 능동적 참여 태도를 높일 수 있다.

프로세스폴리오는 활동 차시별로 작성될 수 있다. 〈표 2-6〉은 "나는 어떤 옷을 구매할 수 있을까?"라는 문제 인식 단계에서 활용한 프로세스폴리오 계획을 보여 주고 있다. 프로세스폴리오의 주

〈표 2-6〉 차시별 프로세스폴리오 계획 예시

1~2차시
1. 내가 가지고 있는 옷들 정리해 보기: 해당 차시 수업을 시작하기 전에 자신이 가지고 있는 옷의 종류, 어떤 옷을 즐겨 입는지, 어떻게 옷을 구매하는지, 어느 정도의 가격에서 구매하는지 등에 대하여 적어 본다.
2. 가상 쇼핑 구매 상품 정리하기: 장바구니 화면을 캡처하고 그 옷을 선택한 이유와 옷의 구성 재료 등 구매 상품과 관련된 내용을 정리하여 적어 본다.
3. 모둠별로 구매한 상품의 목록을 모두 수집한 후에 다시 재분류하는 활동을 하고, 그 결과를 정리한다. 분류 기준을 제시하고, 그에 따른 분류를 다양하게 표현해 본다(학생들은 수형도, 그래프, 표, 목록의 단순 나열, 그림 등 다양하게 표현할 수 있다).
4. 모둠별로 자신들의 표현 방법을 평가해 본다. 즉, 각 표현 방법의 장점과 단점을 각각 기록한다.
5. 전체 발표 이후에 되도록 많은 장점을 포함할 수 있는 표현 방법을 결정하여 자료를 나타내 본다.

요 내용은 각 차시에 다루어진 핵심 개념과 성취 기준, 그리고 학습 목표를 고려하여 설정할 수 있다.

4. 결론

융복합교육은 변화하는 미래사회에 대비하는 역량에 관심을 갖고 현재의 교육 환경에 새로운 변화를 추구하려는 시도이다. 학습자의 자율적이고 능동적인 참여를 강조하고, 교과 및 학문의 울타리를 넘나드는 접근을 시도한다. 우리 교육 현실에서 융복합교육에 대한 관심은 커지고 있지만, 생성적으로 만들어 가는 교육 프로그램이라는 특성 때문에 학교 현장 교사의 개발과 실행에 대한 자신감이 부족한 것이 사실이다. 융복합교육 프로그램도 STEAM 프로그램의 사례에서 볼 수 있듯이 적지 않게 개발되고 실행되고 있다. 그러나 교사가 구체적으로 프로그램을 개발하면서 당면하게 되는 이슈와 그 해결 방안에 대한 안내는 충분하지 않다. 이 장에서는 융복합 프로그램 개발 단계별로 구체적으로 고려할 점과 이를 해결해 나갈 전략을 체계적으로 제시하고자 하였다. 특히 사전 분석 단계에서 검토해야 할 요소, 분석할 내용, 분석 방법을 자세하게 서술하였다. 이 단계를 성공적으로 거치면 융복합 프로그램을 개발하려는 논거가 비교적 구체적으로 잡힐 것이다. 이어서 융복합 프로그램 구성 틀을 참고하면서 프로그램을 개발하는 구체적인 과정을 다양한 실천 사례를 토대로 살펴보면 프로그램 설계의 윤곽이 보다 선명해질 것이다. 프로그램 개발을 통해 산출되어야 할 결과물도 연구팀이 실제로 수행한 패스트패션 융복합교육 프로그램의 예를 통해 제시하였다. 결점이 없는 완벽한 프로그램은 존재할 수 없다. 이 책에서 제시하고 있는 프로그램 개발 논리와 사례도 실천 과정에서 지속적으로 개선되어야 할 것이다. 그동안의 융복합교육 프로그램 개발 및 실행 사례를 살펴보면, 다양하게 이루어진 실천에 비해 타당한 프로그램 개발 논거와 구체적인 실천 과정을 충실하게 보여 주는 사례가 많지 않았다. 이 책에서 제시한 프로그램 개발 전략이 학교 현장의 성공적인 융복합교육 실천을 촉진하는 가이드 역할을 할 수 있기를 기대한다.

참고문헌

김민경, 허지연, 박은정, 홍은숙, 이은실, 이진영, 박윤미, 고혜진, 이은하 (2013). 초등학교 수학 · 예술 · 과학 융합수업의 설계 및 실제. 서울: 경문사.

김진수(2011). STEAM 교육론. 경기: 양서원.

백윤수, 박현주, 김영민, 노석구, 박종윤, 이주연, 정진수, 최유현, 한혜숙 (2011). 우리 나라 STEAM 교육의 방향. 학습자중심교과교육연구, 11(4), 149–171.

박영석, 신혜원(2015). 융복합교육에서 관찰 평가의 적용 사례 분석. 학습자중심교과교육연구, 15(12), 535–554.

성치경(2009). 학습을 목적으로 하는 평가. 부산교육, 32.

신재한(2013). STEAM 융합교육의 이론과 실제. 경기: 교육과학사.

이근호, 김기철, 김사훈, 김현미, 이명진, 이상하, 이인제(2013a). 미래 핵심 역량 계발을 위한 교과 교육과정 탐색: 교육과정, 교수 · 학습 및 교육평가 연계를 중심으로. 한국교육과정평가원 연구보고(RRC 2013–2).

정미경, 이재덕, 박균열, 박만구, 고호경(2014). 초중등학교 융합형 교육 프로그램 개발 연구. 한국교육개발원 연구보고(RR 2014-34).

차윤경, 김선아, 김시정, 문종은, 송륜진, 박영석, 박주호, 안성호, 이삼형, 이선경, 이은연, 주미경, 함승환, 황세영(2014). 융복합교육의 이론과 실제. 서울: 학지사.

차윤경, 안성호, 주미경, 함승환(2016). 융복합교육의 확장적 재개념화 가능성 탐색. 다문화교육연구, 9(1), 153-183.

차윤경 외(2017). 창의융합적 문제 해결력 신장을 위한 패스트패션 맥락의 융복합교육-당신은 어떤 옷을 입습니까? 서울: 학지사.

Drake, S. (2007). *Creating Standards-based Integrated Curriculum.* (허영식 · 유재순 · 박영무 공역, 2009). 교육과정 통합의 기초. 경기: 교육과학사.

Drake, S. & Burns, R. (2004). *Meeting Standards Through Integrated Curriculum.* (박영무 · 강현석 · 김인숙 · 허영식 공역, 2006). 통합 교육과정. 서울: 원미사.

McKenney, S., & Reeves, T. (2012). *Conducting Educational Design Research.* New York: Routlege.

OECD(2005). The definition and selection of key competencies: Executive summary. Paris, France: OECD.

Seels, B., & Glasgow, Z. (1998). *Making Instructional Design Decisions* (2nd ed.) Upper Saddle River, NJ: Merrill.

제3장

융복합적 수업을 위한
교수학적 내용 지식[1)

1. 서론

지식정보화, 세계화, 다원화가 급속히 진행되고 있는 현대사회에서 직면하는 문제는 다양한 집단의 관점과 이해관계 속에 맥락화되는 복잡한 양상을 띠고 있다. 이로 인해 다양한 영역의 전문 지식과 사회문화적 관점을 아우를 수 있는 역량은 세계사회의 지속 가능한 발전을 위하여 핵심적이다. 이러한 맥락에서 창의적인 지식 생산 역량과 민주적인 의사 결정 능력 등과 같은 융복합적 역량의 중요성이 높아지고 있다. 이러한 변화에 대응하여 2015년 개정

---

1) 이 장은 [주미경, 김래영(2016). 융복합적 수학 수업에 나타난 교수학적 내용 지식 분석]을 재구성하였다.

된 교육과정이 창의융합적 사고 역량을 학교교육의 핵심 과제로 제시하면서 융복합교육은 학교교육 개선 방안으로서 확산되고 있다(교육부, 2015a/2015b). 융복합교육이 학교 현장에서 효과적으로 실행되고 학교교육 개선 방안으로서 정착되기 위해서는 융복합교육을 지원하는 교육과정, 수업 자료, 학교 환경 등 다양한 층위에서의 방안과 체제가 갖추어져야 할 것이다(유병규, 2014; 이선경·황세영, 2012). 특히 학습자의 삶과 연결된 학습 과제에 대한 자율적 학습 활동을 촉진하며 다양한 관점을 제기하고 소통하면서 모든 학습자가 성장할 수 있는 융복합수업이 이루어지기 위하여 교사의 교육과정 재구성 역량은 매우 중요하다.

이러한 관점에서 이 장에서는 융복합적 수업을 위한 교사의 '교수학적 내용 지식(Pedagogical Content Knowledge)'에 대해 알아보고자 한다. 교수학적 내용 지식은 Shulman(1986)이 주창한 교사 전문성 요소로서 교사가 교과 지식을 학생들과 효과적으로 소통하는 수업을 이끌어 가는 데 핵심적이라는 점에서 활발한 연구가 이루어지는 주제이다. 특히 교사의 교육과정 재구성 활동이 학습자에게 의미 있는 학습 경험을 제공하는 데 교수학적 내용 지식은 중요한 부분을 차지한다. 따라서 기존의 분과적 수준에서 체계화된 교수학적 내용 지식은 융복합교육적 관점에서 재개념화되고 체계화될 필요가 있다. 이 장에서는 교수학적 내용 지식 개념 틀을 융복합교육의 관점에서 재개념화하고 실제 융복합수업 상황에서 나타난 교수학적 내용 지식의 특징과 융복합수업 전문성 개발에 관한 시사점을 논의하고자 한다.

2. 융복합교육을 위한 교수학적 내용 지식 재개념화

교수학적 내용 지식은 교사가 "특정 내용을 특정 학생들이 어떻게 이해하는지를 알고 학습을 촉진할 수 있도록 가르치는 방법에 대한 지식"으로 Shulman(1986)이 처음 제안한 이후 교사 전문성의 주요 영역으로서 지속적인 연구가 이루어져 오고 있다. 〈표 3-1〉에서 보듯이, 교수학적 내용 지식 구성 요소를 탐색한 대표적인 선행 연구를 살펴보면 교수학적 내용 지식은 다양한 방식으로 개념화되고 그 구성 요소 역시 다양하게 제기되고 있다는 것을 확인할 수 있다.

그러나 융복합교육의 관점에서 볼 때, 기존의 교수학적 내용 지

〈표 3-1〉　교수학적 내용 지식 구성 요소에 대한 선행 연구

	교과내용	교육과정	학습자	교수전략	평가	교육목표	상황
이화진 외(2006)		○	○	○	○		
최승현·황혜정(2008)	○	○	○	○	○	○	○
김유경·방정숙(2012)	○	○	○	○			
오희진(2012)	○	○	○		○		○
김방희·김진수(2013)	○	○	○	○			○
최숙영·이재원·노태희(2015)	○	○	○				
Marks. (1990)	○	○	○	○		○	
Cochran et al. (1993)	○		○				○
Even. (1993)	○		○	○			
Hashweh. (2005)	○		○				
Hill et al. (2008)	○	○	○	○	○	○	

식은 개별 교과의 범위에서 논의되는 제한점을 갖는다. 따라서 교과를 포함한 다양한 경계를 넘나들며 학습하는 융복합교육에 적합한 교사들의 교수학적 내용 지식으로의 재개념화가 필요하다. 특히 1장에서 언급한 바와 같이 융복합교육은 자율성, 가교성, 맥락성, 다양성이 상호 의존적인 관계 속에서 작동하므로 교사의 교수학적 내용 지식 역시 이러한 요소들을 모두 아우르는 통합적 맥락에서 이해할 필요가 있다.

이러한 관점에서 이 장에서는 Ball, Thames, and Phelps(2008)에서 제시한 교사 지식 개념틀을 기본 틀로 하여 융복합수업에 요구되는 교사의 교수학적 내용 지식을 재개념화하고자 한다. Ball과 그의 동료들은 교수학적 내용 지식을 '교과 내용과 학생에 대한 지식' '교과 내용과 교육과정에 대한 지식' '교과 내용과 교수에 대한 지식'으로 범주화하였다. '교과 내용과 학생에 대한 지식'은 지도하고자 하는 교과 내용과 관련하여 학생들이 가지고 있는 이해의 특징과 대표적인 오개념에 대한 지식, 학생들의 흥미와 적성, 수준을 적합한 난이도와 표현 방식에 대한 교사의 지식을 포함한다. '교과 내용과 교육과정에 대한 지식'은 교육과정에 대한 이해를 바탕으로 하여 주어진 환경과 학생의 특성에 맞는 교수학습 자료를 선택하고 제작할 수 있으며, 이들의 장단점을 알고 사용할 수 있는 교사의 지식을 포함한다. '교과 내용과 교수에 대한 지식'은 교수에 대한 지식과 교과에 대한 지식을 통합한 것으로 과제를 어떻게 가르칠 것인가에 대한 교사의 지식을 포함한다.

Ball과 그의 동료들이 제안한 이상의 교수학적 내용 지식 범주는 교사의 교수학적 내용 지식을 세분화된 범주로 분절하여 다루기보다는 교수학습의 중요한 세 요소, 즉 교사, 학생, 교과 내용 간의

〈표 3-2〉 융복합교육에서의 교수학적 내용 지식

범주	하위 요소
교육과정 지식: ABCD를 고려한 교육과정 재구성 역량	학생들의 다양성과 실세계 맥락을 고려하여 교과 핵심 개념을 표현하고 설명함
	여러 교과의 교육과정에 제시된 핵심 개념 사이의 연계 가능성을 활용하여 교육과정을 재구성함
	학생들의 특성과 교육과정을 고려하여 수업의 주요 개념과 연관된 실세계 맥락을 선택하고 표현하고 설명함
	자율성과 다양성을 바탕으로 학생의 성장을 촉진하는 평가 방법을 활용함
교수 방법 지식: ABCD를 고려한 수업 실행 역량	자율적 지식 생산자로서의 역량을 촉진하는 교수-학습 방법을 개발하고 적용함
	다양한 의견과 방법에 대한 민주적 협의 과정이 이루어지도록 촉진하는 교수-학습 방법을 개발하고 적용함
	다양한 영역의 지식을 창의적으로 융합할 수 있도록 촉진하는 교수-학습 방법을 개발하고 적용함
	실세계 맥락과의 지속적 연계성을 촉진하는 교수-학습 방법을 개발하고 적용함
학습자에 대한 지식: 학습자의 특성을 고려한 수업 실행 역량	학습자의 선행 지식 및 오개념, 난개념 등 개념적 이해의 특징을 파악하고 개념의 표현과 설명에 도입함
	수업 맥락에서 나타나는 학습자의 개념 이해를 파악하고 이를 반영하여 수업 내용을 표현하고 설명함
	다양한 맥락에서의 학습 경험을 파악하고 효과적으로 통합할 수 있는 방법을 예측함
	학습자의 사회문화적 배경을 포함하는 개별적 특성을 파악하고 이를 수업에 수용할 수 있는 방법을 예측함

유기적인 연결성을 고려하여 종합적으로 보고 있다. 이 장에서는
Ball과 그의 동료가 제안한 교수학적 내용 지식 범주에 융복합교육

의 기본 원리에 해당하는 자율성, 가교성, 맥락성, 다양성을 통합하여 '융복합교육에서의 교수학적 내용 지식'으로 〈표 3-2〉에 나타난 바와 같이 재개념화하였다.

3. 융복합수업 맥락의 교수학적 내용 지식

이 절에서는 학교 현장의 융복합수업 사례에서 나타나는 교수학적 내용 지식의 특징을 살펴보고 융복합교육을 위한 교수학적 내용 지식 개발 방법을 논의하고자 한다. 이 절에서 소개할 융복합수업 사례는 수학 교사(이하 M교사)가 실행한 수업의 일부이다. M교사는 융복합수학수업 개발을 주제로 학위 논문 연구를 진행하며 이론적 문헌 분석과 현장 수학 교사 면담을 실행한 결과를 종합하여 20차시에 해당하는 융복합수학수업을 설계하였다.

M교사는 융복합교육을 "단순히 몇 개 교과의 내용을 통합하여 가르치는 게 아니라, 교육 내용과 방법을 통해 학생들이 창의적으로 생각하고 합리적이고 민주적인 의사 결정을 할 수 있는 태도와 역량을 함양하는 교육"이라고 생각하였다. 이러한 관점에서 M교사는 융복합교육의 ABCD 원리를 적용하여 다양한 활동을 통해 학생들이 주도적으로 참여하고 모둠 활동을 통해 소통하고 협력하며 학습이 이루어질 수 있도록 하였다. 또한 실세계 맥락의 과제를 통해 실생활과 수학의 연계성을 이해할 수 있도록 20차시의 수업을 개발·운영하였다. M교사가 개발한 20차시 수업의 개요를 정리하면 다음 〈표 3-3〉과 같다.

〈표 3-3〉 융복합수학수업의 주제와 개요

차시	주제	개요
1	수업 오리엔테이션, 마인드맵, 그래픽 계산기	수업 전 설문지를 작성한다. 변화율에 대한 개념도를 작성한다. 그래픽 계산기의 사용법을 이해한다.
2	직선 운동에서의 시간-위치, 시간-속도 그래프 표현하기	활동지에 제시되어 있는 시간-위치, 시간-속도 그래프를 보고 모둠별로 움직임을 예상하고 움직임을 통해 확인한다.
3	다양한 그래프 표현하기	다양한 상황을 만들어서 움직임을 통해 그래프로 나타내 본다.
4	내용 확인하기	시간-속도-위치, 시간-속도-가속도의 관계를 이해한다.
5~6	실제 자료를 활용하여 변화율 해석하기	모둠별로 관심 주제를 정하고 통계청 사이트에서 자료를 수집한다. 수집한 자료를 정리하여 그래프로 나타내고 변화율을 해석하여 앞으로의 변화를 예측한다.
7~8	곡선 운동에서의 시간-위치, 시간-속도 그래프 표현하기	ball-bouncing 활동을 통해 위에서 떨어지는 공의 움직임을 그래프로 표현하고 시간-위치, 시간-속도, 시간-가속도의 관계를 이해한다.
9	17세기 미적분학의 탄생 배경 이해하기	17세기 수학자, 과학자, 철학자의 관심, 생활방식, 문화 등 시대적 배경을 알아본다. 이를 통해 미적분학이 발전하게 된 학문적·시대적 배경을 이해한다.
10~11	베르누이 문제 해결하기	미적분학 연구의 발단이 된 베르누이 문제와 관련한 영상을 보고 모둠별로 해결 방법을 생각하여 발표한다.
12	미적분학의 발전에 기여한 수학자의 이야기	데카르트, 뉴턴, 라이프니츠와 관련된 영상을 보면서 미적분학의 발달사를 이해한다.
13~14	수학사 자료 탐구하기	변화율의 기본 개념이 극한의 문제를 해결하려고 했던 4명의 수학자(페르마, 배로우, 뉴턴, 라이프니츠)의 방법을 탐구한다.

15~16	미분과 관련된 주요 개념 이해하기	미분법의 기본 공식을 탐구 내용을 중심으로 귀납적으로 유도한다. 미분법의 공식을 활용하여 거리-속도-가속도의 관계를 이해한다. 극대, 극소, 최대, 최소, 미분 가능성, 연속 등 핵심 개념을 이해한다.
17	세계적 맥락에서의 탐구 주제 선정하고 자료 수집하기	모둠별로 세계적 이슈를 중심으로 탐구 주제를 정하고 관련 자료를 수집한다.
18	자료 정리 및 해석하기	도함수와 관련된 수학적 내용을 활용하여 자료를 정리하고 자료에 나타난 변화율을 해석한다.
19	결과 발표하기	모둠별로 탐구 결과를 발표하고 피드백과 성찰 시간을 갖는다.
20	수업 정리하기	변화율에 대한 개념도를 작성한다. 20차시 수업 전체에 대한 설문을 시행한다.

기존의 미적분학 수업이 교사의 강의식 설명을 통해 개념과 기능을 전달하고 그 개념을 응용해서 문제를 푸는 방식으로 진행되었다면, M교사는 미적분학의 개념이 실세계에서 어떻게 등장하게 되었고 실세계와 어떤 관련성이 있는지를 이해하고 해석하면서 문제도 해결할 수 있도록 지도하는 것을 시도하였다. 이를 위해 M교사는 학생들이 실세계 맥락에서 활동을 통해 수학적 개념의 의미를 이해할 수 있도록 과제를 제시하였다. 학생들은 과제가 주어지면 모둠 토론을 통해 과제의 해결 방안을 탐색하고 전체 학급 토론을 통해 모둠별 결과를 공유하고 질문과 논평을 통해 종합하는 토의를 하였다. 이러한 과정을 통해 M교사는 학생들이 생각하는 다양한 수학적 아이디어가 등장할 수 있도록 하였고, 학생들 각각의

의견을 존중하며 협력적으로 수학적 의미를 협상하도록 하였다.

미적분학은 역사적으로 변화하는 현상을 탐구하고 설명하기 위한 개념적 도구로 발달하였다. 그러나 현재 이루어지고 있는 미적분 수업의 대부분은 변화하는 현상을 다루기보다는 수식을 사용한 문제 해결만을 강조하고 있다. 그 결과, 학생들은 기계적인 계산을 통한 활용 문제는 오히려 쉽게 해결하면서도 변화율이 함의하고 있는 현실적인 의미를 이해하지 못하는 경우가 많다. 이와 같은 상황을 고려하여 M교사는 시간−위치−속도−가속도라는 물리적 현상과 연결하여 해석할 수 있는 경험을 제공함으로써 학생들이 움직임을 통해 변화율을 이해할 수 있고 수학−과학 융합의 가능성을 인식할 수 있는 기회를 제공하고자 하였다.

종합하면, M교사의 수업은 다음과 같은 측면에서 융복합적이라고 볼 수 있다. 첫째, 수학과 과학 교과의 개념이나 실세계 맥락을 연결하여 설명하였다. 둘째, 학생들에게 익숙한 실세계 맥락과 연결하여 수학적 개념과 원리를 탐구할 수 있도록 하였고 예측과 실험 결과를 비교, 분석, 추론하는 과정을 통해 수학적 개념의 의미를 발견할 수 있도록 하였다. 셋째, 모둠 토론과 전체 학급 토론을 통해 학생들의 다양한 수학적 아이디어가 등장하고 학생들이 서로의 의견을 존중하며 수학적 의미를 협력적으로 합의하도록 하였다.

M교사의 수업 지도안에서는 여러 가지 교수학적 내용 지식들을 찾아볼 수 있다. 다음에서는 M교사의 수업 지도안에 나타난 교수학적 내용 지식들을 범주별로 살펴볼 것이다.

1) 교육과정 지식

교수학적 지식 가운데 교육과정 지식이란, 교육과정에 대한 이해를 바탕으로 하여 주어진 환경과 학생의 특성에 맞는 교수학습 자료를 선택하고 제작할 수 있으며 이들의 장단점을 알고 사용할 수 있는 지식을 포함한다. 〈표 3-2〉에 따르면, 융복합교육의 교수학적 내용 지식에서 교육과정 지식은 '학습자의 다양한 배경과 실세계 맥락을 고려한 교과 핵심 개념 표현' '여러 교과 사이의 연계 가능한 개념 추출 및 연계' '학습자 특성과 교육과정에 기반하여 수업의 주요 개념과 연관된 실세계 맥락을 선택하고 표현하고 설명' '학생의 성장을 촉진하는 평가 활용'과 관련된 지식을 가리킨다.

M교사는 2차시에 학생들이 직접 걷거나 뛰면서 시간-위치 그래프를 그리고 시간-속도 그래프를 예측하며 두 그래프 사이의 관계를 정리하였다. 그리고 5~6차시에는 학생들이 관심 있는 주제를 선정하여 통계청 사이트에서 자료를 수집하고 그래프를 그린 후 그래프의 전체적인 특징과 평균 변화율을 생각하면서 그래프의 국소적 접근을 시도하였다. 그러나 6차시까지 학생들이 다루었던 그래프는 직선 운동의 궤적이었기 때문에 학생들이 평균 변화율과 순간 변화율의 차이를 확실하게 인지하기 어려웠다. 따라서 7~8차시에는 곡선 그래프 중에서 실제적인 실험이 가능한 포물선 운동을 통해 평균 변화율과 순간 변화율의 의미를 해석해 보고, 그래프의 국소적 접근을 통해 미분계수의 기하학적 의미를 살펴보기로 하였다.

M교사는 물리 I에서 처음 나오는 단원이 운동이고 수학 교과의 미분계수 도입 단계에서 평균 속도, 순간 속도가 등장하며 도함수

의 활용 부분에서도 시간에 따른 위치의 변화율에 관한 과제들이 많이 등장하기에 두 교과를 연계하면 학생들이 분과적으로 알고 있던 지식을 연결하는 기회가 될 것이라고 생각하였다. 그리고 기울기를 구할 때 (y의 변화량/x의 변화량)을 공식적으로 생각하던 것에서 벗어나 시간-위치 그래프에서의 기울기가 결국은 단위 시간에 따른 위치의 변화량인 속도가 된다는 교과 개념 간의 연결을 가능하게 해 줄 것으로 생각하였다. 또한 CBR과 그래픽 계산기를 활용하면 학생들의 움직임에 대한 실시간 데이터 전송이 가능하여 학생들이 즉각적인 피드백을 받을 수 있고 그래프를 컴퓨터에 저장하는 등 컴퓨터 교과와의 연계도 가능하기에 M교사는 공학적 도구들을 사용하기로 하였다.

이와 같이 융복합수업이 효과적으로 이루어지기 위하여 교육과정을 재구성하는 과정에서는 학년 급별 수학 내용 체계 사이의 내적 연결성과 수학과 타 교과 사이의 외적 연결성을 이해하는 지식이 필요하다. 이는 학생의 다양한 배경과 학습 경험에 관한 지식과 더불어 교과 간 효과적 연계가 가능한 교과별 핵심 개념과 그에 관련된 실세계 맥락을 교사가 적극적으로 탐색하고 연구해야 함을 시사한다. 예를 들어, M교사는 물리의 운동에 등장하는 위치, 거리, 속력, 속도, 중력 등의 개념을 수학 교과에서 정확하게 표현하고 계속 변화하는 공학적 도구를 사용하기 위해 인터넷 강의를 듣고 과학 도서를 참고하며 전공자에게 문의하는 방식으로 교과 간 연계 방법을 탐색하였다.

"융복합교육을 하려고 생각하다 보니까 사실 저도 미분적분 이렇게 배웠지 변화율로 배우지 않았잖아요. 그러니까 공부를 더 많이 해야겠다는 생각이 들었어요. 일단 교사로서 변화율이라는 핵심어를 가지고 자료를 찾으니까 봐야 할 자료도 점점 더 많아지고…… 교육과정에 따라서 제작된 교과서에서는 자료를 찾을 수가 없는 거예요. 학생들이 능동적으로 참여하려면 활동을 하면 좋겠는데 그것이 중점은 아니기 때문에 어떻게 하면 최소의 활동을 통해서 얻어 낼까, 그러다 보니까 이것저것 생각을 많이 하게 되는데, 교사가 공부한 만큼 나오는 것 같아요."

하지만 평가와 관련하여서는 M교사도 고민이 많았다. 융복합수업의 목표는 단순히 표준화된 평가를 통해 그 달성 여부를 측정하기 어렵기 때문이다. 학생이 성장했음을 어떻게 평가할 수 있을 것인가? 이와 관련하여 M교사는 다음과 같이 자신의 생각을 제시하였다.

"사실 평가 부분이 좀 문제인 것 같아요. 평가가 어떤 기준이 없고, 아주 주관적이잖아요. 주관적이고, 어떤 문항을 주고 시험을 보는 것도 아니기 때문에 학생 스스로가 자기가 어느 정도인지를 모를 것 같아요. 내가 어느 정도 알고 있는지, 왜냐하면 누군가 잘하는 학생의 설명을 들을 때는 다 아는 것 같지만 설명을 듣는다고 다 내 것이 되는 것도 아니고, 그래서 학생 개인이 자기가 어느 정도까지인지를 파악하는 것, 그것도 되게 필요한 것 같아요. 나는 이 정도 수준인데 다른 학생들은 그것을 가지고 어느 정도까지 끌어올렸는지를 들으면서 경험해 보는 것도 좋을 것 같아서 서로의 생각을 들을 수 있도록 수업을 구성했어요."

M교사는 융복합수업이 효과적으로 이루어지기 위해서는 단순히 수업 자료만 개발되는 것이 아니라, 재구성하는 과정에서 연구자들과의 협력이 필요하다고 제안하였다.

"처음에는 수업 자료 개발이 매우 필요하다고 생각했는데, 그게 아닌 거예요. 결국은 수업을 실행해야 하는 교사가 직접 자료 개발을 해야 하는 거예요……. 교사마다 가르치는 학생들의 배경, 인지적 수준 등이 다 다르니 그럴 수밖에 없겠더라고요. 그렇지만 연구자가 방향을 제시해 주고, 여기서도 연합이 일어나서, 정말 일대일로 교사와 연구자가 같이 어떤 자료를 사용했으면 좋겠다는 정보를 제공해 주고, 교사는 자기 학생들이나 교실 상황에 맞는 것을 선택할 수 있는 그런 틀을 연구자들이 만들어 줘야겠다는 생각이 드는 거예요."

이와 더불어 M교사는 자신의 타 교과에 대한 지식이나 경험이 제한적이어서 교사로서 두려움이 생겼는데, 이를 해결하기 위해서는 타 교과 교사나 전문가와의 협업이 필요하다고 제안하였다.

"융복합교육은 그런 교과뿐만 아니라 다양하게 다른 자료들을 사용할 수 있어야 하는데…… 교사들이 처음에는 저처럼 두려울 것 같아요. 이 수업이 성공할 것인가, 좋은 수업이 될 것인가에 대해서요. 그래서 시작하기까지가 너무 힘든 거 같아요. 하지만 전문가들이 안내를 잘 하고 타 교과 교사와의 협력이 이루어지는 환경이 조성된다면 많이 시도할 수 있을 것 같아요."

실제로 현장 교사들은 융복합수업을 위한 교육과정 지식을 학습하는 데 장애 요인 가운데 하나로 교과 간 협업의 어려움을 지적하며 융복합교육이 학교 현장에 정착하기 위하여 교과 간 교과협의회의 운영이 필요하고 제안하였다. 그리고 이를 위해 업무 및 수업 시간 조율, 협의회 공간 제공 등과 같은 행정적 지원과 함께 교사 사이에 교과의 경계를 넘어 각 교과의 전문성에 대한 존중을 기반으로 한 관계 형성이 시급하다고 지적하였다(주미경 · 김래영, 2016).

2) 교수 방법 지식

교수학적 지식 가운데 교수 방법 지식은 교수 방법에 대한 지식과 교과에 대한 지식을 통합한 것으로, 과제를 어떻게 가르칠 것인가에 대한 지식을 포함한다. 〈표 3-2〉에 따르면, 융복합교육의 교수학적 내용 지식에서 교수 방법 지식은 '자율적 지식 생산자로서의 역량을 촉진하는 교수-학습 방법을 개발하고 적용' '다양한 의견과 방법에 대한 민주적 협의 과정이 이루어지도록 촉진하는 교수-학습 방법을 개발하고 적용' '다양한 영역의 지식을 창의적으로 융합할 수 있도록 촉진하는 교수-학습 방법을 개발하고 적용' '실세계 맥락과의 지속적 연계성을 촉진하는 교수-학습 방법을 개발하고 적용'과 관련된 지식을 포함한다.

M교사는 학생들이 직접 해 봄으로써 느끼게 되는 성취감을 인정하게 되면서 점차 학생들이 자율적으로 탐구하는 기회를 확대하는 모습을 보여 주었다. 다음은 M교사의 수업 성찰 내용이다.

"학생들이 좀 더 주도적이고 능동적으로, 자율적으로 참여할 수 있으면 좋겠다는 것은 1차시 수업 설계 전부터 구상했어요. 실제 수업에서 제가 계획했던 부분을 학생들이 가이드라인에 맞게 실행은 했지만, 학생들이 컴퓨터 그래픽을 가지고 활동하는 것을 보면서 학생들이 더 참여할 수 있겠다, 더 능동적이고, 더 틀을 주지 않아도, 틀을 더 크게 잡아도 그 안에서 학생들이 움직일 수 있겠다는 생각을 하게 된 거예요. 사실, 교사의 입장에서는 일정한 틀 안에서 진행을 해야 여러 가지로 편하죠. 학생들에게 큰 틀을 주면 학생들이 어느 방향으로 움직일지 모르는 상황이기 때문에 교사의 입장에서는 실험적이고, 어찌 보면 불안한 수업을 계획하는 것과 같거든요. 그럼에도 불구하고 학생들이 그렇게 움직이는 것을 봤기 때문에 다시 한번 그런 경험을 학생들에게 하게 하고 싶었고, 그런 과정이 있어서 2차시를 그렇게 구성하게 되었어요."

M교사는 융복합수업을 진행하면서 학생에 대한 기대가 변화해 가고 있음을 발견하였다. 교사가 학생들에게 높은 기대감을 가질 때에만 학생들에게 권한 위임(empowerment)이 가능하다. M교사는 일반적인 교사보다 진보적인 관점을 가지고 있을 수도 있지만, 융복합수업을 실행하는 과정에서 학생들의 잠재력과 가능성을 경험하면서 기존의 신념 체계에 변화가 생긴 것으로 보인다.

수업에서 M교사는 학생들이 문제를 해결하는 과정에서 생각하는 다양한 의견들을 적극적으로 발표하도록 안내하였다. 이와 같이 학생들의 능동성과 다양성을 존중하는 수업 방법은 학생들의 역량에 대한 인식이 변화하면서 더욱 촉진되었다. 민주적인 협의 과정이 성공하면 좋지만 설득과 합의 과정에서 성공하지 못했다면 제기된 모든 의견을 발표하는 기회도 제공하였다. M교사는 이와 같이 진행된 자신의 수업에서 학생들이 다양한 경험을 했고 학생들 상호 간의 작용이 활발하게 이루어졌다고 평가하였다.

"[이번 수업에서] 효과적인 부분은 일단 학생들이 다양한 경험을 했다는 것과, 학생들 상호 간의 작용이 좀 더 활발했다는 거예요. 이제 두 명인데도 모둠 안에서 의견 통일이 안 되잖아요. 꼭 합의를 하는 것이 아니라 다르면 다른 채로 나와서 그냥 모든 구성원들이 어디까지는 논의가 됐는데 어디서부터 갈리기 시작했는지, 뭐 이런 것을 발표하게 하는 것이 서로 설득하는 과정을 거쳤지만 한쪽이 받아들이지 못할 때에 왜 그렇게 생각했는지를 다양하게 알아보는 것이 좋고…… 결국 그러다 보면 모둠 발표이면서 개별 발표처럼 되는 것이고, 그 과정에서 서로 다른 모둠인데 나도 저렇게 생각했었는데 그렇게 생각하면서 자기가 잘못 생각한 것을 고쳐 나가는 그런 과정이 되기도 하고…… 학생들이 스스로 들으면서 아는 것 같아요. 아 저것은 말이 된다, 아 내가 이 부분에서 조금 잘못됐다. 교사의 강의나 설명이 아니어도 학생들 자체에서 알아가는 것, 그런 것도 저는 일종의 융합이라고 보는 거거든요."

M교사의 이러한 관점은 학생들로 하여금 잘못된 생각을 수정하고 다양한 의견에 노출되게 함으로써 다양한 영역의 지식을 융합할 수 있도록 하려는 것으로 보인다.

학생: 저는 앞의 친구랑 비슷한 생각을 했는데 여기서는 멈췄다가

떨어뜨리니까, 아니 그니까 속도가 시간분의 위치잖아요.
여기서는 기울기를 뜻하니까 여기서는 기울기가 0이에요.
그래서 0부터 시작했는데 앞 친구가 발표한 걸 들으면 여기
도 0인거 같아요. 그래서 틀린 거 같기도 한데 일단 저는 여
기서 기울기를 보면 처음에는 완만하다가 점점 가팔라졌어
요. 그래서 저도 곡선 그래프를 그렸구요…….

교사: 여기 한 구간만 잘라서 봤을 때 여기 한 구간이 지금 여기에
해당하는 거잖아요.

학생: 네 네.

교사: 네, 그러면은 속도가 0인 곳이 다 두 개씩 나오네요?

학생: 그래 가지고 제가 틀린 거 같아요. 0이 나온 부분은요, 제가
생각을 못 한 거 같아요.

위의 수업 담화 사례를 살펴보면, 학생들은 농구공을 수직으로
떨어뜨리는 활동의 결과로 나온 시간-위치 그래프를 보고 시간-
속도의 그래프를 예측하여 그리고 발표하는 과제를 모둠별로 수행
하고 있다. 여기에서 학생들은 시간에 따른 위치의 변화율이 속도
임을 알아야 하고, 이것이 시간-위치 그래프의 각 점에서의 기울
기과 관련이 있음을 인식해야 한다. 그리고 식이 주어지지 않은 그
래프에서 각 점에서의 기울기가 양의 값, 0, 음의 값인지를 분석하
여 그래프를 완성해야 한다. 학생들은 동료나 교사와의 소통을 통
해 새롭게 배울 수도 있고, 자신의 지식을 확장할 수도 있으며, 기
존의 지식들을 연계하는 경험도 할 수 있다.

M교사는 물리적 활동을 중심으로 한 실세계 맥락을 활용하였는
데, 이는 수업 설계 당시부터 융복합적인 접근을 위해 계획되었다

고 하였다.

> "수학은 이유도 모르고 뜻도 모른 채 마구 풀어 나가는 것이 아니잖아요. 우리 주변에서 만나는 수 자체는 수학 시험에서처럼 정제된 것이 아닌데……. 결국은 그런 것들을 표현하는 하나의 모델로 함수들이 나오게 된 건데, 가장 기본적인 것들을 학생들에게 경험하게 하고 싶었어요. 하지만 맥락을 다양하게 주면 약간의 수학 지식을 가지고도 할 수 있고, 수학적으로 깊이가 깊어지면 맥락 면에서 좁아지는 듯하여 조금 균형을 맞춰야 한다는 생각을 했어요."

이상의 내용을 종합할 때, 교육과정 지식에 비하여 교수 방법 지식은 학생의 자율성과 다양성, 협력적 소통 등의 상황적 특성을 고려하여 맥락화되어야 하는 특성을 가지고 있다. 따라서 수업은 학습에 대한 교사의 신념과 체화된 역량을 바탕으로 한다는 관점에서, 융복합교육에 관한 이론적 원리와 실천 방법이 교사에게 실천적 수준의 교수학적 내용 지식으로 변환되는 것이 중요하다. 이를 위해서 융복합교육 이론과 방법에 대하여 현장에 적합한 표현과 설명, 그리고 경험을 제공할 수 있는 교사 교육과정이 일관성 있게 지속적으로 제공되어야 할 것이다. 또한 우리나라 학교 현장에서 교사, 연구자 등 다양한 배경의 교육 전문가 집단에 분포하는 분산적 전문성 사이의 소통과 협업의 중요성을 인식하고, 이를 바탕으로 하여 교사의 자율적 전문성을 존중하는 문화를 형성해 나가야 할 것이다.

3) 학습자에 대한 지식

교수학적 지식 가운데 학습자에 대한 지식이란 학습자에 대한 이해를 바탕으로 하여 학생의 인지적 · 경험적 · 정의적 특성을 고려하여 수업 내용과 교수 방법을 선택하여 수업을 실행할 수 있는 지식을 포함한다. 〈표 3-2〉에 따르면, 융복합교육의 교수학적 내용 지식에서 학습자에 대한 지식은 '학습자의 선행 지식 및 오개념, 난개념 등 개념적 이해의 특징을 파악하고 개념의 표현과 설명에 도입' '수업 맥락에서 나타나는 학습자의 개념 이해를 파악하고 이를 반영하여 수업 내용을 표현하고 설명' '다양한 맥락에서의 학습 경험을 파악하고 효과적으로 통합할 수 있는 방법을 예측' '학습자의 사회문화적 배경을 포함하는 개별적 특성을 파악하고 이를 수업에 수용할 수 있는 방법을 예측함'과 관련된 지식을 가리킨다.

M교사의 수업에서는 직선과 곡선 모양의 시간-위치 그래프를 보고 평균 속도와 순간 속도를 구하는 과제에서 학습자의 오개념이 많이 등장하였다. 학생들은 직선 모양의 시간-위치 그래프에서의 평균 속도와 순간 속도는 올바르게 구하였지만 곡선 모양의 그래프에서의 순간 속도는 제대로 구하지 못하였다. 식을 활용한 풀이에 익숙한 학생들은 식으로 표현되지 않은 그래프에서의 순간 속도를 구하기 위해 어떻게 접근해야 할지를 몰랐고, 이는 결국 순간 속도의 개념에 대한 정확한 이해가 부족함을 보여 주는 사례이다. M교사는 과제의 풀이 과정과 결과를 모둠별로 발표하게 하였고, 오개념이 등장함에도 모든 모둠의 발표가 끝난 후에야 설명을 시작하였다. M교사는 학생들의 발표를 통해 선행 개념, 오개념을 먼저 파악하고 개념의 적절한 표현을 사용하여 설명하는 것이 필

요하다고 제안하였다.

> 4조 학생: 그냥 5초일 때 위치가 1이니까 1/5 아니에요?
>
> 3조 학생: …… 이 기울기가 5초일 때의 속도라고 생각을 했는데, 솔직히 이거는 제가 수 II를 미리 선행해서 생각할 수 있었던 것 같아요. 저는 선행한 지식을 이용해서…….
>
> 2조 학생: …… 아까 변화율은 두 대상을 비교하는 거에서 시작한 다고 했으니까 두 대상이 있어야 된다고 생각했어요. 그렇 게 해서 4초하고 6초가 만난 거예요. 그럼 얘는 4초에서 6초 까지의 평균 변화율이 되겠죠? 그리고 또 얘를 이런 식으로 쪼개면 이 점이랑 이 점이랑 이을 수 있어요. 근데 얘를 무 한히 쪼갤 수 있어요. 그래서 양쪽의 간격이 0보다는 크지만 무한이 작은 수니까, 그런 a에 대해서 +a, −a 해서 그 함수 값을 잇는 거죠. 근데 그게 5는 아니에요. 왜냐면은 변화율 은 두 대상이 있어야 되니까…… 같으면 안 되니깐…… 네, 그렇게 하다 보니까 미분의 개념과 똑같이 나오더라고요.
>
> 교사: 네, 쉽지 않은 문제였어요. 자 여기서 다시 한번 짚고 가야 될 거는 우리가 속도를 자꾸 시간분의 거리, 시간분의 위치 라고 하고서는 여기에서 5일 때 1, 1/5이라는 말을 쓰는 거예 요. 그래프는 좌표축이 뭔가를 먼저 알아야 돼요. 시간에 따 라서 위치가 어디에 있는지를 알려 주는 그래프예요. 그거 말고는 외형적으로 봤을 때 이 그래프에서 알 수 있는 거는 없어요. 여기에서 알 수 있는 거는, 아 5초가 지나니까 1이라 는 위치에 가 있구나. 10초가 흘렀더니 4라는 위치에 가 있 구나. 그거를 아는 것뿐이에요. 그런데 우리가 지금 계속 변

화율을 배우고 있으니까. 그러면 시간이 변할 때 위치가 얼
마큼 변하지? 항상 변화량을 생각해야 돼요. 얼마, 얼마 숫
자가 아니구, 시간의 변화. 시간이 얼마큼 변화했느냐에 따
라서 위치가 얼만큼 변화했냐? 그거가 속도인 거예요. 그러
니까는 이거를 시간분의 거리라고 생각하면 안 돼요. 시간
의 변화량분의 거리의 변화량이에요.

M교사가 위의 사례와 같이 행동할 수 있었던 것은 학생들 사이
의 소통, 학생과 교사 사이의 소통을 중요하게 생각한 결과로 볼 수
있다. 학생들 사이의 소통은 대화와 설득을 통해 민주적으로 협의
할 수 있는 역량을 함양할 뿐 아니라 교사에게 학습자의 특성에 대
한 정보를 제공하기에 매우 중요한 교수 방법이라고 할 수 있다. 따
라서 M교사는 교과의 관점에서 도출될 수 있는 일반적인 오개념이
아니라 자신의 수업에 참여하는 학생들에게 구체화된 오개념을 이
해할 수 있었다.

M교사는 자신의 수업에 참여한 학생들이 수업의 맥락에서 나타
내는 개념 이해의 정도를 알아보기 위하여 정리 단계에서 학생들
이 본 수업에서 이해하기 어려웠거나 혼동되는 개념을 적게 하고
다음 차시 수업에서 이를 반영하여 확실하게 지도하고자 하였다.
또한 이를 위하여 좀 더 실제적인 맥락을 사용하여 학생들의 이해
를 돕고자 하였다.

교사: 지난 주 수업에서 어려웠거나 혼란한 점이 뭐가 있었나를
여러분들한테 물어봤어요. 그랬더니 딱 두 가지가 나왔어
요. 뭐가 제일 많을 거 같아요?

학생: 그래프.

교사: 그래프? 그래프 뭐 ? …… 첫 번째는 가속도, 속도, 속력, 위
치, 거리…… 뭐가 뭔지 모르겠어요. 그래서 처음에 활동하
기가 힘들었다는 얘기를 했어요. 또 하나는 어떻게 속도가
음수가 나오지? 그래서 그것이 혼란스러웠다고 얘기했습니
다 …… 선생님은 집이 용인이야. 여러분들을 만나러 용인
에서 여기까지 왔어요. 근데 선생님이 길을 잘 몰라서 내비
게이션이 가라고 하는 대로 왔어요. 지난번에는 순환도로를
타고 왔고…… 오늘은 고속도로가 더 직선거리고 빠르고 해
서 오다가 강북강변을 타고 왔어요. 어디가 더 길어 보여요?

학생: (반응) …….

교사: 첫 번째 경로하고 두 번째 경로하고 있는데 B가 조금 더 길
어. 근데 애네들은…… 이동하면서 온 거리예요. 그렇다면
선생님의 위치를 봤을 때 선생님이 집에 있었는데 어떻게
왔든지 상관없이 지금은 2학년 12반 교실에 있잖아? 이것이
선생님의 위치야. 위치가 이렇게 변했어 …… 나중 위치에
서 처음 위치를 찾아가는 직선거리가 바로 변위예요.

이상의 내용을 종합할 때 융복합교육은 학습자의 다양한 맥락
에서의 학습 경험을 통합하는 것을 지향한다. 또한 학습자의 사회
문화적 배경을 포함하는 개별적 특성을 파악하여 학생들의 관심과
흥미를 유발하는 수업을 실행할 수 있다는 장점도 가지고 있다. 이
러한 측면에서 융복합수업이 흔히 학업성취도가 우수한 학생들에
게 적합한 수업이라고 생각하는 경향과는 다르게 교사가 자신이
지도하는 학생들의 흥미, 필요, 수준을 파악하고 학습 개념을 이끌

어 낼 수 있는 적절한 자료를 구성할 수 있다면, 융복합수업은 모든 학생에게 적용 가능하며 모든 학생들이 수학에 대하여 긍정적으로 바뀔 수도 있다. 이를 위해서는 학생들을 개별적인 특성을 가진 개인으로 바라볼 수 있는 안목을 형성하고 학습자의 학습 경험과 현 상태를 빠르고 정확하게 파악하여 학생 눈높이에 맞는 수학 개념의 표현과 설명뿐 아니라 정서적으로도 친화적인 교수–학습 방법을 통해 학습 동기를 유발하는 역량을 함양할 수 있는 교사 교육과정이 제공되어야 할 것이다.

4. 융복합적 교사로의 변환

최근 들어 융복합교육에 대한 사회적 요구가 증가하면서 융복합교육을 위한 교사 전문성에 대한 관심이 높아지고 있다. 이 장에서는 교사 전문성의 주요한 요소에 해당하는 교수학적 내용 지식을 융복합교육의 관점에서 재개념화하고 융복합수업 맥락에서 등장하는 교수학적 내용 지식의 특징을 살펴보았다.

융복합교육의 기본 원리는 학습 과정과 결과가 모두 학생들의 삶과 밀접한 연결성을 가질 것을 강조한다. 실세계적 문제는 수학 교과의 지식과 기능만으로 해결될 수 없는 복잡성을 가지고 있다. 따라서 융복합수업은 교과 연계 수업으로 이루어지는 경우가 많고, 교사는 자신의 전공 교과 이외에 다양한 교과의 교육과정에 대한 이해와 지식을 필요로 한다. 이러한 관점에서 현재의 전공 교과 중심으로 이루어지고 있는 분과적 교사교육과정을 융복합적으로 재구조화할 필요가 있다. 뿐만 아니라, 기존의 교수학적 내용 지식

을 융복합적인 관점에서 해석하고 실천하기 위해서는 융복합교육
적 관점에서 지속적이고 일관적인 교사교육이 필요하다. 융복합교
육이란 자신의 전공 교과와 다양한 교과의 단순한 내용 통합 이상
의 현실적 · 학생 중심적 · 실세계적인 맥락이 함께 제공되어야 하
는데, 이는 실행과 성찰, 수정의 과정을 통해 이루어질 수 있기 때
문이다.

교사 교육과정의 개선과 함께 다양한 교과의 교사 사이의 협업,
나아가 학교 밖 전문가 집단과의 협업을 지원하는 체제가 마련되
어야 할 것이다. 교사가 모든 분야에 대한 전문 지식을 모두 갖추는
것은 현실적으로 불가능하다. 특히 융복합교육에서는 학생의 자율
적 탐구와 다양한 의견을 존중하므로 이에 유연하게 대응할 수 있
는 교사의 전문성이 더더욱 중요해지기 때문에 지속 가능한 교사
들의 협력이 필요하다. 교사의 협력은 학생들의 학습뿐만 아니라
교사들의 수업 실행 능력, 협력적인 교사 효능성, 의사소통 능력,
도덕성과 동기 향상 등 교사 개인의 발전과 함께 지속적이고 유연
한 협력적 교사 문화와 환경을 조성하는 데에도 기여하는 것으로
나타나서 학교교육 개선에서 협력이 갖는 중요성은 아무리 강조해
도 지나치지 않을 것이다(Vangrieken, Dochy, Raes, & Kyndt, 2015).

마지막으로, 융복합교육 확산을 위해서는 교사의 자율성을 확보
할 수 있는 사회적 · 제도적 담론 마련의 중요성을 간과해서는 안
된다. 이 장에서 소개한 수업 사례에서 볼 수 있듯이, 융복합수업을
실행하기 위하여 교사가 현행 교육과정을 학생들의 배경을 고려하
여 융복합교육의 실행 원리의 관점에서 재해석하고 자신의 수업에
적합한 교수-학습 과정으로 재구성할 수 있는 권한이 인정되어야
한다. 이러한 관점에서 교사교육은 교사에게 융복합교육에 관한

전문 지식과 기능을 전달하는 것을 넘어 교사가 자신이 가지고 있
는 융복합교육에 대한 전문적 배경과 자원을 발견하고, 다양한 배
경의 융복합교육 전문가와의 협력적 관계에서 이루어지는 반성적
실천의 맥락에서 지속적으로 개발하며, 교육을 변혁하는 주체로서
의 역할을 수행할 수 있는 환경을 제공해야 할 것이다.

　융복합교육이 학생의 자율성과 다양성을 존중하며 내용과 기능
전달을 넘어 학생들의 삶에 핵심적인 역량을 함양하는 개혁적 교
육 모델이라는 측면에서 볼 때, 융복합적 교수학적 내용 지식의 함
양은 교과 학습에 대한 교사 신념 체계의 재조직화와 밀접한 관계
를 갖는다. Hill, Ball, & Schilling (2008)은 교사의 교수학적 내용 지
식을 분석한 연구 결과를 바탕으로 하여 학생에 대한 교사의 지식
이 유리된 명제적 지식 형태로 존재하는 문제점을 가지고 있다고
지적하였다. 이는 교사가 인식하는 학습자가 실상과 유리되면서
융복합교육에서 강조하는 학습자의 능동적 · 자율적 · 창의적 학습
을 효과적으로 지원하기 어렵게 됨을 의미한다.

　따라서 융복합교육을 성공적으로 실천하기 위해서 융복합교육
역량이 학습자의 자율성과 다양성을 바탕으로 학습자의 개인적 ·
사회적 삶 속에 맥락화되어야 하듯이, 교사 역시 명제적 지식 차
원을 뛰어넘어 융복합교육 역량이 실천적 맥락에서 마음의 습관
(habit of mind)으로 내재화되고 체화되어야 함을 알 수 있다(유병규
외, 2014). 또한 교사의 신념 체계가 단기간에 변화하지 않는 특징
을 갖는 점을 고려할 때, 융복합교수학적 내용 지식 함양을 위한 교
사교육은 융복합교육의 확장적 재개념화를 바탕으로 하여 일관성
을 가지고 지속적으로 이루어질 필요가 있음을 시사한다.

참고문헌

교육부(2015a). 수학과 교육과정. 교육부.

교육부(2015b). 제2차 수학교육 종합 계획. 교육부.

김방희, 김진수(2013). STEAM 교육의 PCK 유형 탐색을 위한 분석 틀 개발. 한국기술교육학회, 13(2), 63-85.

김유경, 방정숙 (2012). 초등학교 수학 수업에 나타난 초임 교사의 교수학적 내용 지식 분석. 한국학교수학회논문집, 15(1), 27-51.

오희진(2012). 과학 교사의 STEM 교육에 대한 관심도와 STEM-PCK 변화 분석. 경북대학교 대학원 박사학위논문.

유병규(2014). 혁신중학교에서의 융복합교육 운영에 관한 질적 사례 연구. 한양대학교 박사학위논문.

유병규, 구하라, 김선진, 김시정, 문종은, 박영석, 안성호, 이선경, 이은연, 주미경, 차윤경, 함승환, 황세영, 신혜원(2014). 네 교사의 융복합교육 실행 경험의 이해. 학습자중심교과교육연구, 14(5), 339-371.

이선경, 황세영(2012). 과학교육에서 융복합교육에 대한 교사의 인식과 경험 탐색: 과학교사 포커스 그룹 논의를 중심으로. 한국과학교육학회지, 32(5), 974-990.

이화진, 오은순, 송현정, 전효선, 강대현, 권점례, 곽영순, 진의남, 유정애, 이경언, 양윤정, 이병천, 이미숙, 김명화, 오상철, 홍선주(2006). 수업 컨설팅 지원 프로그램 및 교과별 내용 교수법(PCK) 개발 연구. 한국교육과정평가원 연구보고서 RRI2006-1.

주미경, 김래영(2016). 융복합적 수학 수업에서 나타난 PCK 분석. 학습자중심교과교육연구, 16(4), 1029-1063.

최숙영, 이재원, 노태희(2015). 중등 예비 과학 교사의 STEAM 수업 시연에 대한 사례 연구. 한국과학교육학회지, 35(4), 665-676.

최승현, 황혜정 (2008). 수학과 내용 교수 지식(PCK)의 의미 및 분석 틀 개발에 관한 연구. 한국학교수학회논문집, 11(4), 569-593.

Ball, D., Thames, M. H., & Phelps, G. (2008). Content knowledge for teaching. *Journal of Teacher Education, 59*(5), 389-407.

Cochran-Smith, M., & Lytle, S. L. (1999). Relationships of knowledge and practice: Teacher learning in communities. *Review of Research in Education, 24,* 249-305.

Even, R. (1993). Subject-matter knowledge and pedagogical content knowledge: Prospective secondary teachers and the function concept. *Journal for Research in Mathematics Education, 24*(2), 94-116.

Hashweh, M. Z. (2005). Teacher pedagogical constructions: a reconfiguration of pedagogical content knowledge. *Teachers and Teaching: Theory and Practice, 11*(3), 273-292.

Hill, H. C., Ball, D. L., & Schilling, S. G. (2008). Unpacking pedagogical content knowledge: Conceptualizing and measuring teachers' topic-specific knowledge of students. *Journal for Research in Mathematics Education, 39*(4), 372-400.

Marks, R. (1990). Pedagogical content knowledge: From a mathematical case to a modified conception. *Journal of Teacher Education, 41*(3), 3-11.

Shulmann, L. S. (1986). Those who understand: Knowledge growth in teaching. *Educational Researcher, 15*(2), 4-14.

Vangrieken, K., Dochy, F., Raes, E., & Kyndt, E. (2015). Teacher collaboration: A systematic review. *Educational Research Review, 15,* 17-40.

제**4**장

융복합교육을 위한
내러티브 탐구와 교육과정 재구성[1)]

1. 융복합교육을 위한 내러티브적 사고

　'융합인재 육성'이나 '융복합교육'과 같은 단어는 더 이상 낯선 단어가 아니다. 이러한 용어들이 정확히 무엇을 의미하는지 그 실체를 한마디로 규정하기는 쉽지 않지만, 이의 필요성이나 방향에 관해서는 여러 교육 분야와 학교 현장에서 어느 정도의 공감이 이루어지고 있는 것으로 보인다. 이는 융복합교육이 일시적인 필요에 의해 개발된 특별한 프로그램이나 교수학습 모형이 아닌 학교개혁과 수업개선이라는 시대적 변화와 필요에 기인한 것이기 때문일 것

---

1) 본 장은 『조형교육 64집』(2017)에 게재된 「융복합교육을 위한 내러티브 교육과정에 관한 연구: 문화 다양성 미술 수업을 중심으로」를 재구성 것이다.

이다(노상우·안동순, 2012). 최근에는 과학기술, 미디어, 문화 등 사회 전반에서 일어나는 융합 현상으로 인해 익숙한 것들이 사라지고 새로운 삶의 형태들이 출현하는 것을 체감하게 된다. 이러한 변화 속에서 융합적 사고와 가치 창출 능력의 개발이 더 이상 간과할 수 없는 학교교육의 과제라는 인식이 확산되고 있는 것이다.

　융복합교육을 위한 변화가 당장의 처방책이 아닌 체질 개선을 위한 지속적 노력을 통해 가능하다는 점은 새로운 지식, 이해, 가치를 창조하는 학습자의 능력 및 잠재력을 개발하고자 하는 융복합교육의 속성과 밀접하게 관련된다. OECD에서 2011년 진행하였던「혁신을 위한 교육: 예술과 스팀교육의 역할」이라는 제목의 워크숍 보고서에서는 혁신을 위한 기본적인 역량을, ① 교과 기반의 지식과 기술, ② 사고와 창의성의 기술, ③ 호기심, 소통 등과 같은 사회·행동적 기술의 세 가지로 구분하면서 인지적·비인지적 능력과, hard·soft skills를 모두 포괄하고 있음을 강조하고 있다(OECD, 2011). 즉, 융복합적 역량은 지식의 습득 및 활용의 영역을 넘어서 정의적·심동적 측면을 아우르는 것으로 단순히 다양한 지식의 연결만으로는 도달할 수 없다. 한편, 기존의 교과 체제를 버리고 완전히 새로운 융합 교과를 만들어 내거나 혹은 교과의 틀을 벗어나 범교과로서 이를 다룰 수도 없는 것은 융복합교육이 여전히 기본 교과 안에서 습득하는 개념, 지식, 기술, 태도에 토대를 두고, 이를 연결하고 확장하는 창의적 사고를 추구하고 있기 때문이다. 이러한 딜레마를 극복하기 위해서는 기존의 교과를 구성하고 있는 지식을 융복합교육의 관점에서 낯설게 보고 새롭게 해석하여 학습자 주도의 교수학습 경험으로 재구조화하려는 노력이 요구된다.

　하지만 전문가에 의해 하나의 패키지로 구성된 융합적 교육 프로그램의 투입과 산출이라는 간단한 공식을 이용해서 융복합교육에 접근하는 것은 한계를 가질 수밖에 없다. 학교교육과정은 백지상태가 아니며 이미 교과 간의 높은 벽과 불균형이라는 제약을 가지고 있기 때문이다. 이는 융복합교육으로서는 척박한 환경이자 극복해야 할 장애 요인이 될 수 있다. 따라서 융복합교육을 실행하는 것은 현재의 학교교육이 가지고 있는 구조적인 한계에 대한 비판적 인식과 성찰로부터 출발하여야 할 것이다.

견고하게 위계화되고 체계화된 현재의 교육과정 안에서 지식의 전달자가 아닌 설계자로서 교사가 이를 새롭게 탐구하기 위한 방법론으로 내러티브 탐구는 유용한 개념적 틀을 제공한다. 하지만 내러티브 탐구는 절차적으로 따라할 수 있는 기술적 방법이기보다는 일종의 인식적 틀이라 할 수 있다. 즉, 교육 환경과 지식, 교수행위, 교사로서의 정체성 등을 '내러티브적'으로 사고하고 이해하고자 하는 노력인 것이다. 이러한 맥락에서 Bruner(2011)는 경험을 조직하여 실재를 만드는 서로 다른 인식적 방법으로서 '패러다임적 사고'와 '내러티브 사고'의 두 가지 사고 양식을 제시한 바 있다. 기존 학교교육의 지식관에서 벗어나 융복합교육에서 추구하는 앎의 방식을 형상화하기 위해 각각의 차이를 보다 구체적으로 살펴볼 필요가 있다.

패러다임적 사고는 여러 진실 중 보다 객관적인 것 하나를 선택하고 확증한다. 이에 반해 내러티브적 사고는 삶과 유사한 이야기를 사실로 확신시킨다. 패러다임적 사고는 궁극적으로 논증적 구조와 절차에 호소하며, 논리적 일관성을 규준으로 하여 진실을 확인한다. 이에 반해 내러티브적 사고는 "인간 상태에 대한 관심에서 확립"되는 것으로 설득력 있는 이야기를 통해 다양한 관점을 만들어 내고 "믿을 수 있는 역사적 설명"으로 이끌어 가는 데 중점을 둔다(Bruner, 2011, p. 37). 이는 내러티브적 사고로의 전환이 지식을 삶과 통합하고 학습을 인간의 문제에 대한 탐구로 재개념화할 수 있는 방안이 될 수 있음을 시사한다.

융복합교육과정이 내러티브적 사고를 통해서만 가능한 것은 아닐 것이다. 하지만 외부에서 개발된 융복합교육 '프로그램'을 투입하는 경우, 내러티브적 사고보다는 패러다임적 사고에 기초한다고 볼 수 있다. 이와 같은 프로그램에서는 하나의 주제를 중심으로 추상화된 개념들을 여러 교과에서 선별하여 논리적 구조 안에 재조립하는 방식으로 학습 내용이 구성된다. 또한 교사는 복잡한 지식을 쉽고 효율적으로 처리할 수 있는 작동 체계를 만들어 학생들이 절차적으로 사고하고 결과를 산출할 수 있도록 지도한다. 하지만 이러한 접근은 여전히 패러다임적 사고 안에서 움직이기 때문에 Bruner(2011)가 패러다임적 사고의 결과로 지적한 것과 유사한 결론에 이르기 쉽다. 즉, 내러티브 양식의 상상적 적용과는 달리 이는 무엇인가를 증명하는 데 가능한 '형식적 관련성'을 이해하는 것에 그칠 수밖에 없는 것이다.

Bruner의 내러티브 사고로의 전환은 지식의 발견적 · 생성적 특성에 주목하도록 한다는 점에서 중요한 의미를 갖는다(전현정 · 강현석, 2011). 지식을 추상화된 개념이 아닌 인간의 의도가 담긴 변화의 과정으로 서술함으로써 교사와 학습자 모두를 또 하나의 이야기를 만드는 주인공으로 초대하고 있기 때문이다. 따라서 인간 경험의 구성적 성격과 의미 소통 행위를 강조하는 내러티브 교육과정은 이야기를 통해 자신의 경험을 재조직하고 인간의 삶에 관심을 갖도록 한다(오승민, 2016). 이러한 측면에서 내러티브 교육과정은 지식을 다양한 이야기로 풀어 갈 수 있도록 하며, 학습 개념들을 삶의 장면에 놓아 맥락화하기에 유용하다. 또한 잘 짜인 논증이 아닌 이야기를 만드는 과정은 자신에게 중요한 사건, 지점들을 선별하여 의미 있는 방식으로 재조직하는 것으로, 개별적인 현상들 간의 관계를 발견하고 새로운 시공간 안에 재현하여 종합하는 것을 포함한다.

강현석(2009)은 내러티브를 "지식을 조직하기 위한 구조(p. 28)"라고 역설하면서, 과거의 단일한 지식 구조로서가 아니라 다원적으로 구성된 구조로서 인간 경험에 관계성과 통일성을 부여하는 것이라고 주장한다. 학생들의 경험에 기초한 서로 간의 의사소통과 공유를 통해 이루어진다는 측면에서, 내러티브 교육과정은 역동적인 동시에 자연스러운 접근이라 할 수 있다. 융복합교육의 측면에서도 단일한 지식의 구조가 외부 어딘가에 존재한다고 상정하고 이를 다양한 교과 지식을 활용하여 발견하도록 한다면, 이는 패러다임적 사고 안에서 또 다시 기술적이고 형식적인 이해에 머무르는 한계를 가진다. 반면, 내러티브에 기반한 교육과정은 융복합교육에서 추구하는 자율성(autonomy), 가교성(biridgeability), 맥락성(contexuality), 다양성(diversity)의 교육 원리(차윤경 외, 2016)를 구현하는 데 보다 유용한 사고 양식을 제공한다.

무엇보다 내러티브가 가지는 생성적 지식관은 창조와 혁신을 위한 융복합교육이라는 측면에서 보다 신중하게 논의될 필요가 있다. 김선아(2012)는 통합교육과 융복합교육의 차이를 "이해를 넘어선 창조(p. 89)"에 있다고 주장한 바 있다. 융복합교육은 서로 합쳐서 무엇인가 새로운 것을 끊임없이 만들어 내는 융합 현상에 기초하고 있거니와, 불확실성이 지배하는 미래사회의 문제 해결을 위한 혁신적 역량 개발을 위해 간과할 수 없는 교육 개혁의 과제이기 때문이다. 융복합교육 안에서 내러티브에 기반을 둔 교육과정은 상상력을 통해 서로 다른 실재를 새로운 방식으로 재구성하고, 잘 짜인 의미 있는 이야기를 만들기 위해 교과 지식을 활용할 수 있도록 하는 것이다. 이를 위해 먼저 자신의 경험 안에서 교과 지식을 반성적으로 되돌아보고 교육과정을 탐구하는 노력이 교사에게 요구된다.

2. 융복합교육에서 교육과정 재구성의 의미

융복합교육에서 교육과정의 재구성은 교과라는 장벽을 넘어서 새로운 교육의 내용과 방법을 탐구하는 출발점이다. 하지만 이때 융복합교육이 단순히 여러 교과의 개념이나 활동을 병렬적으로 결합해 놓은 형태가 되지 않도록 하기 위해서는 일정한 목표 혹은 기준에 따라 내용을 선별하고 조직하는 과정이 필요하다. 이를 위해 교사는 습득해야 할 객관적 개념이나 기술이라는 지식적 측면 너머에 있는 학습 내용의 의미를 탐색해야 한다. 이에 관해 이미순(2013)은 '지식의 느낌과 감정 들여다보기'를 제안한다.

교사는 여러 학문 및 교과를 동등한 위치에서 수용하고, 교과를 통합하는 혁신 지향적인 공통의 언어를 사용하여 학문과 교과들의 '활용'과 '소통'을 강조해야 한다. 이때 교사는 공감각적(통합적) 이미지를 창조하는(융합하는) 방법으로 학문 및 교과 지식의 느낌과 감정을 들여다보아야 한다(이미순, 2013, p. 261).

위의 인용에서 볼 때, 융복합교육을 위한 교육과정 재구성 과정에서 지식은 교사가 학생에게 전달하여야 할 독립된 개체(entity) 이상의 의미로 다가온다. 가르칠 지식에 대해 교사가 느낌과 감정을 갖는다는 것은 "나는 이 학습 내용이 왜 가르칠만한 가치를 갖는다고 생각하는가?" 혹은 "이 내용에서 학생들이 발견하기를 기대하는 것은 무엇인가?"를 되돌아보면서 대상화된 지식을 다시 개인화하는 작업으로 설명할 수 있다. 다시 말해, 교사가 이미 내면화되어서 당연하게 여기는 지식의 의미를 다시 지각의 수준으로 끌어올리고 새로운 눈으로 탐구함으로써, 학생들이 흥미를 느끼고 학습 내용과 삶의 연결 고리를 발견할 수 있도록 하는 그 지점에서 수업 설계를 시작할 수 있는 것이다. 이는 Dewey가 제시한 '교과의 심리학'과 일맥상통하는데, 즉 "아동 바깥에 존재하는 교과를 아동의 일상적 삶 속으로 가져와 일상적 삶과 유리되지 않는 방식으로 재구성하는 것(p. 410)"을 의미한다(이승은, 2017 재인용). 이와 같이 교사가 가르치는 지식에 대해 느낌과 감정을 회복하는 것은 학습 내용을 학생들의 정서, 흥미 등 일상적 삶 속에서 통합할 수 있는 기초가 될 것이다.

융복합교육에서 교육과정을 재구성하는 것은 교과의 경계 밖에서 자신의 교과를 들여다보는 계기가 된다. 이는 지식에 대한 경계적 사유라 할 수 있는데, 박만주(2010)는 이를 "경계 안에서 머물지 않는다는 것은 경계 밖으로 나간다는 것이며, 경계를 넘는다는 의미는 두 영역의 지식을 함께 보는 것(p. 121)"이라고 설명한다. 이와 같은 경계 넘기는 오랫동안 가르쳐 온 교사의 지식을 교과라는 울타리 너머에서 다시 읽도록 안내한다. 서로 다른 6개 교과의 교사들로 구성된 집단 심층 면담을 통해 융복합교육에 관한 교사 인식을 분석한 연구에서 김선아(2014)는 "융복합교육은 교육적 (pedagogical) 관점에서 교과를 성찰하고, 교과로서의 고유한 특성을 재발견하는 기회를 제공(p. 96)"한다고 주장한 바 있다. 이와 같은 관점에서 교육과정 '재구성'에는 '회복(recovery)'의 의미가 있다는 Connelly와 Clandinin(2007)의 지적에 주목할 필요가 있다. 교사가 자신의 경험 속에서 교과 지식에 부여했던 가치 혹은 강렬하게 느꼈던 감정 등에 대한 느낌을 회복하고, 객관적 지식만이 아닌 그 지식의 의미를 학생들에게 가르칠 수 있는 방법을 모색하도록 하는 것이다. 이는 곧 교육과정의 의미를 회복하는 일이기도 하다.

내러티브 교육과정의 개념과 방법은 이와 같은 지식에 대한 의미 구성과 교사의 경험에 기반한 교육과정을 개발하는 데 유용한 틀을 제공한다. 강현석과 조인숙(2013)은 내러티브 교육과정을 학생들이 "교육 체제의 거대 담론으로 구성된 표준화된 지식을 깨고 자신의 입장에서 외적 경험과 내적 사고 작용을 거쳐 적극적이고 능동적으로 지식을 추구하는(의미를 구성하는) 과정 혹은 그 결과(p. 201)"라고 설명한다. 즉, 내러티브 탐구를 통한 교육과정 재구성은 고정적으로 존재하는 지식들을 찾아 연결하는 것을 넘어서 자신의 경험과 지혜 안에서 지식을 새롭게 추구해 나가는 과정이라 할 수 있다.

3. 교육과정 재구성을 위한 내러티브 탐구 방법

내러티브 교육과정을 개발하는 것은 교사로서의 자신의 경험을 이야기로 다시 읽어 내는 것에서 시작한다. '교사로서의 나'

를 형성해 온 다양한 기억, 사건, 환경들을 의미 있는 방식으로 연결하고, 현재 자신이 가지고 있는 교직, 교과, 학생에 대한 생각과 태도들을 성찰할 수 있는 텍스트를 만드는 것이라 할 수 있다. Freire(1998/2000)는 세계 읽기의 중요성을 역설하면서, "읽는 방법을 배우는 것은 우리가 사회적으로 구성한 이야기를 쓰기 위한 준비를 하는 것(p. 83)"이라고 설명하고 있다. 또한 비판적 세계 읽기 안에서 진보적인 변화를 기대할 수 있다고 강조한다. 이러한 맥락에서 내러티브를 통한 교육과정 재구성은 교과 지식, 수업 환경, 학교 문화 등 자신의 교수 행위를 둘러싸고 있는 세계에 대한 비판적 읽기와 함께 새로운 내러티브 쓰기로부터 출발한다고 볼 수 있다. 이에 다음에서는 교육과정 재구성을 위한 방법론으로서 내러티브 탐구의 개념에 대하여 텍스트 읽기와 3차원적 내러티브 탐구 공간의 측면에서 살펴보고자 한다.

1) 교육과정을 텍스트로 읽기

내러티브 구축을 통해 자신의 수업과 교육과정을 다시 읽고, 해석하고, 재구성하는 것은 교사의 자율성을 침묵하게 하는 기술적·도구적 합리성을 극복하기 위한 방안이라 할 수 있다. Giroux (1988/2001)은 외부에서 잘 짜 놓은 프로그램을 전달하도록 하는 '교사용 교육과정 패키지'에 대해 다음과 같이 비판한다.

　　이런 패키지 대부분에 깔려 있는 생각은 내용과 수업 절차는 결정되어 있으니 교사는 따르기만 하면 된다는 것이다. '교사용' 교육과정 패키지의 방법과 목적은 내가 말한 관리 교육학

(management education)을 합법화했다. 즉, 지식은 낱낱이 쪼개져 관리와 소비를 한결 쉽게 하기 위해 표준화되며, 미리 결정되어 있는 평가 형식에 따라 평가받는다. 이런 교육과정 접근법이 관리 교육학이다(Giroux, 2001, p. 240).

자신의 교과 영역에 함몰되지 않고 자신의 경험을 중심으로 다른 교과와의 새로운 연결을 통해 교사가 지식을 생산하고 학생들과 함께 탐구하는 교육과정 재구성의 과정은 교사에게는 가르치는 일이, 학생들에게는 배우는 일이 각자의 삶에 어떤 의미를 갖는지를 이해하는 또 다른 경험이 될 수 있을 것이다.

다양한 교육과정 이론 가운데 내러티브 탐구에서는 경험주의적인 접근을 취한다. 여기에서 '경험으로서의 교육과정'은 다음의 다섯 가지 전제에 기초한다(Connelly & Clandinin, 2007). 첫째, 교실에서의 상황은 환경 속에서 사물과 사람이 상호작용하는 특정한 과정이다. 둘째, 사람, 사물, 과정 사이의 역동적인 상호작용은 적절한 시점의 특정한 지점에서 일어난다. 셋째, 교실 상황은 이전의 교실 상황에서 기인한다. 넷째, 상황은 미래를 포함한다. 즉, 과거와 미래라는 두 가지 시간적 차원에 대한 감각을 요하는 것이다. 마지막으로, 상황은 방향 지시적인 것으로 목적을 위한 방향성에 영향을 받는다. 이처럼 경험을 중심으로 한 교육과정은 다차원적인 시공간 안에서 사람과 개념, 사물과 환경이 역동적으로 상호작용하는 과정에 중점을 둔다.

경험으로서의 교육과정 개념에 기초하여 Connelly와 Clandinin (2007)은 교육과정을 계획하는 데 사용되는 은유로서 자신의 내러티브를 구축하여야 한다고 주장한다. 이와 같이 내러티브로서 교육과정을 이해하는 것은 다음 4가지 측면에서 자신의 교수 행위에 대한 새로운 '배우기'를 통해 가능해진다. 첫째는 '학습자가 되는 것으로부터 배우기'로서, 교사 이전에 학생이었던 자신의 기억들을 재구성하는 것이다. 어린이로서 나는 어떤 생활 습관을 훈련받았는가? 학교에서 나는 어떤 학습 양식을 형성하였는가? 성인이 된 이후에도 교사 연수, 워크숍 등의 상황에서 나는 어떤 학습자인가? 지속적으로 제공되는 교육에 관한 새로운 이론적 지식들을 나는 어떻게 재구성하고 있는가? 이와 같은 질문들을 통하여 학습자와 교사의 위치를 상호적 관계에 놓음으로써 가르침에 대한 새로운 관점을 획득할 수 있다.

둘째는 '교사가 되는 것으로부터 배우기'이다. 이것은 가르침에 대한 대부분을 교사 양성 과정보다는 학교 현장에서의 교수 행위와 시행착오로부터 배우게 되는 교직의 특성과 관련되어 있다. 즉, 많은 교사들은 학생들을 가르치면서, 다른 교사들과 경험을 공유하면서, 학교 안에서 다양한 역할을 수행하면서 그 가운데 교사가 되어 가는 것이다. 따라서 새로운 교수학습 상황에서 수업을 계획하고 실행해 내는 과정, 그 안에서 학생들의 반응, 동료 교사와의 대화 등 자신이 교사로 발전해 가는 과정에서 발생한 의미 있는 경험들에 대한 반성적 사고를 토대로 나의 교사되기 내러티브를 구성할 수 있다.

셋째는 '환경으로부터 배우기'이다. 이는 교사가 경험한 교육 환경이 가지고 있는 다양한 형태의 문제점들을 비판적인 관점에서 성찰하고 그 안에서 자신이 가지고 있는 문제 인식을 명료화하는 것을 의미한다. 이를 통해 교사가 현재 위치한 상황 안에서의 경험을 통해 가르치고자 하는 지식의 의미를 되돌아보는 기회를 가질 수 있다. 또한 속한 환경 안에서 자신은 어떤 역할을 가지고 있으며, 다양한 요인들이 복합적으로 얽혀 있는 학교 안에서 자신에게 어떠한 경험이 일어나고 있는가를 살펴보는 노력도 포함된다.

넷째는 '교과로부터 배우기'이다. 여기에서는 교과 지식이 가지는 개인적 의미를 성찰하고 이를 가르칠 수 있는 새로운 방법들을 모색하는 것을 포함한다. 특히 융복합교육에서의 교육과정 재구성은 다른 교과와의 관계 속에서 교사가 먼저 자신의 교과를 새롭게 배우는 과정으로부터 출발할 수 있을 것이다. 또한 교과 영역은 단순히 학생들에게 가르칠 내용 체계를 제공하는 것을 넘어 지식과 세상을 바라보는 교사의 관점을 형성하는 데 영향을 미치게 된다. 따라서 교사가 지식적으로 가지고 있는 교과 내용 지식 이면에 교과의 특수성이 어떻게 교사 자신의 인식론적 틀을 형성하였는가를 되돌아볼 필요가 있다. 교육과정 재구성을 위한 교과에 관한 이러한 성찰의 과정은 자신이 가르치고 있는 교과가 인간의 정신과 경험을 형성하는 데 어떻게 관여하는가를 새롭게 발견하는 기회가 될 수 있다.

2) 3차원적 내러티브 탐구 공간

앞서 논의한 바와 같이 내러티브 교육과정은 Dewey의 경험이론에서 출발한다(Clandinin & Connelly, 2007; 이승은, 2017). 즉, Dewey가 설명하고 있는 '하나의 경험'을 이루는 원리가 하나의 내러티브로 교육과정을 재구성하는 데에도 적용된다는 것이다. Dewey(1934)는 하나의 경험(Experience)을 삶 속에서 계속적으로 일어나는 산발적인 경험(experience)과 구별하면서, 하나의 경험을 이루는 중요한 속성으로 연속성과 통일성을 강조한다. 이를 토대로 이승은(2017)은 Dewey의 경험 이론과 내러티브를 다음 세 가지 차원에서 연결 지어 설명하고 있다. 첫째는 연관과 맥락을 형성하는 내러티브의 지평이다. 이는 인간의 삶과 경험의 존재 양식이 내러티브라는 전제하에 이전의 경험이 현재의 내러티브를 만드는 맥락이자 지평이 된다는 것이다. 둘째는 연속성과 상호작용으로 대표되는 내러티브의 운동이다. 이는 교육적인 내러티브와 그렇지 않은 내러티브를 구분하는 하나의 기준이 될 수 있는데, 계속적인 경험이 일어나고 내적 조건과 외적 조건이 끊임없이 상호작용하는 동시에 내러티브적 '상황' 속에서 성장이 가능하기 때문이다. 마지막으로, 내러티브의 재구성이 가지는 순환성이다. 내러티브는 개별적인 사건을 연관성 있는 시간과 공간에 조직함으로써 의미를 구성하는 과정이다. 또한 부분적인 내러티브가 모여 전체 내러티브를 형성할 때 하나의 의미 구조가 만들어진다. 이처럼 내러티브 안에서 개별적인 행위나 사건들은 순환적인 의미의 관계망을 이루게 된다.

Clandinin과 Connelly(2006)가 제시한 '3차원적 내러티브 탐구 공간'은 내러티브 탐구를 통해 교육과정을 재구성하는 데 유용하게 활용될 수 있다. 여기에서 3차원은, ① 개인적·사회적 상호작용, ② 과거·현재·미래의 계속성, ③ 장소의 상황성으로 구성되는데, 이는 자신의 내적 지향과 외적 지향, 과거에서 미래로 연속적으로 흐르는 시간성, 그리고 장소의 맥락성을 포괄하는 것이다(김대균, 2011). 이는 일종의 내러티브 도식이라 할 수 있는데, 이를 통해 "내러티브의 배열은 각 요소들이 속해 있는 전체를 파악함으로써 개별 사건들을 이해(p. 152)"할 수 있도록 한다(강현석, 2013). 융복합교육과정 재구성의 관점에서 3차원적 내러티브 탐구 공간의 세부 요소를 살펴보면 다음과 같다.

첫째, 상호작용의 차원은 사람, 행동, 의미 구성 등을 포함한다. 즉, 교사가 가르침의 의미를 지식의 차원이 아닌 사람, 즉 학습자와의 상호작용과 실천적 교수 행위의 경험 속에서 새롭게 구성해 나가는 과정을 살펴보는 것이다. 융복합교육을 위해 교육과정을 재구성하는 과정은 경계를 넘어서 다른 교과의 개념, 주제 혹은 교사들과 상호작용할 수 있는 기회를 제공한다. 이러한 상호작용 안에서 교사가 자신의 위치를 발견하면서 적극적으로 의미를 구성할 때 융복합적 교육과정이 새로운 내러티브로 형성될 수 있다.

둘째, 시간의 차원은 과거, 현재, 미래의 계속성과 함께 지금 이 순간이라는 현시성을 동시에 갖는다. 이는 교사의 경험을 현재의 시점에서 조망하되 교사로 완성되어 가는 경험을 과거로부터 미래로의 연속선상에서 그려 내고자 하는 것이다. 삶의 연속성에서 본다면 융복합교육은 교사로 하여금 이미 잘 알고 있는 지식에 안주하는 편안함을 벗어나서 새로운 탐구를 시작하는 출발점에 서도록 한다. 이는 교사의 전문성 개발을 과거-현재-미래의 선형적으로 진행되는 시간의 흐름이 아닌 출발-탐구-익숙함-새로운 출발의 순환적 과정으로 전환하는 계기가 된다.

셋째, 장소의 차원은 학교라는 공간과 함께 그 안에서 맞닥뜨리는 상황의 측면이다. 장소로서의 '학교'는 교사에게 물리적인 공간 이상을 의미한다. 학교 안에서 공유되는 문화, 신념 등은 교사의 교육과정과 무관하지 않다. 따라서 학생, 동료 교사, 운영 체제, 학교 문화 등이 복잡하게 얽혀 있는 학교라는 맥락 안에서 협력과 상호작용에 기초한 융복합교육과정이 만들어질 수 있는 가능성을 탐색하여야 한다.

박병기 · 김지영 · 박현아 · 김영미(2015)는 3차원적 내러티브 탐구 공간을 활용하여 교사가 교수 활동에 대한 자신의 내러티브를 만들어 가는 것을 "개인이 한 장소(상황) 안에서 자신을 둘러싼 사회(사람들)와의 지속적인 상호작용을 통해 삶을 살아가고 그 의미를 찾아가는(p. 391)" 과정으로 설명한 바 있다. 같은 맥락에서 내러티브 탐구를 통한 융복합교육과정 재구성은 변화하는 학교교육과정 안에서 교사 스스로 자신을 둘러싼 다양한 지식, 교과, 동료교사들, 그리고 학생들과의 지속적인 상호작용을 통해 새로운 의미를 찾아 나가는 과정으로 요약할 수 있을 것이다.

4. 내러티브 탐구를 활용한 융복합교육 교육과정 재구성 사례[2)]

내러티브의 관점에서 교육과정 재구성은 교사가 책상 위에서 수업 계획을 마무리하는 시점에 완성될 수 있는 것이 아니다. 교사의 경험 안에서 구축된 내러티브 교육과정은 교실 안에서 학생들과의 상호작용을 통해 학생들의 내러티브로 확산되고 지속된다. 이러한 내러티브 교육과정의 연속성을 박병기 · 김지영 · 박현아 · 김영미(2015)는 다음과 같이 상세하게 서술하고 있다.

교육과정 재구성은 교사가 교과를 매개로 학생을 만나는 장면인 수업 활동 속에서 이루어진다. 교사의 내러티브와 학생의 내러

---

2) 경기도 소재 낙생고등학교 정세환 교사의 수업 사례에 기초하였다.

티브가 교육과정을 매개로 서로 만나는 과정에서 교사의 내러티
브와 학생의 내러티브는 밀도 높은 상호작용을 한다. 교사 편에
서 보자면, 교사는 교육과정을 자신의 내러티브 안에서 해석하고,
자신의 내러티브를 학생의 내러티브 구조에 적합한 형태로 변경
하며, 전달에 가장 적합한 내러티브 유형을 선택하는 등의 재구성
활동을 한다. 학생 편에서 보자면, 학생은 교사가 전달하는 내러
티브를 자신의 내러티브와 대조하고, 그 과정에서 내면화를 위해
조절, 동화, 변경, 수정, 수용, 거부 등의 상호작용적 활동을 하며,
결국 교육과정이 자기 자신의 경험과 이해의 구조 속에서 연관성
을 갖고 통합될 수 있도록 노력을 기울인다(박병기 · 김지영 · 박
현아 · 김영미, 2015, p. 401).

위와 같은 내러티브 교육과정의 특성을 볼 때, 교육과정 재구성
의 과정과 결과를 도식화하거나 정형화하는 것은 쉽지 않다는 것
을 알 수 있다. 교육과정 재구성과 수업 실행이 절차적으로 진행되
기보다는 개인적이고 구체적인 이야기를 통해서 전개되기 때문이
다. 이에 다음에서는 문화 다양성을 주제로 한 단원을 중심으로 융
복합교육과정 재구성에서 나타나는 교사의 내러티브 탐구 과정을
살펴보고자 한다. 미술 교사의 수업 이야기를 하나의 모티브로 삼
아 융복합교육을 위한 내러티브 교육과정 재구성의 사례로 제시함
으로써, 앞서 고찰한 융복합교육과 내러티브의 개념적 관련성을
실제적 모습으로 구체화하고 가시화하는 데 목적이 있다. 다음에
서 논의되는 내용은 서울 지역 소재의 한 고등학교에 재직하는 한
미술 교사의 수업과 관련한 일지, 자료, 수업 지도안들을 분석, 재
조직하여 하나의 사례로 제안한 것이다.

1) 경험 텍스트 만들기

미술 교사는 삶의 의미 있는 경험들 속에서 발견한 자신의 성찰적인 지식들을 활용하여 교육과정을 보다 교육적으로 가치 있는 수업으로 재구성할 수 있다. 특히 교사의 경험에서 배태되어 설계된 수업은 가르치는 지식과 개념에 대한 교사 수준의 의미 만들기가 선행된 것으로서 보다 생생하고 설득력 있는 수업이 될 수 있다. 이러한 수업 만들기의 과정은 학생들의 공감을 이끌어 내기 위한 교사의 적극적인 노력을 촉진하며, 교사의 경험 자체가 흥미로운 수업 구성을 위한 내용적 토대를 제공한다. 수업의 구체적인 내용을 계획하기에 앞서 교육과정 재구성을 위한 교사의 경험 텍스트를 생성하는 것은 가르치고자 하는 지식의 '느낌과 감정'을 회복하고 자신의 경험에 기초한 미술의 지식, 개념, 기능을 발견하는 기회가 된다. 다음은 문화 다양성 수업과 관련된 한 교사의 현장 텍스트이다.

오래전부터 나는 사회적·문화적·환경적 변화 또는 우리 교육 현실에서 필요로 하는 미술 교육을 하고 싶다는 생각을 하고 있었다. 그러던 중 문화 다양성에 관한 수업을 떠올리면서 다양성에 대한 나의 경험이 무엇인지를 되짚어 보기 시작하였다. 아마도 이 주제에 대해 관심을 갖게 된 계기는 대학생이었던 십여 년 전으로 거슬러 올라간다. 2007~2008년 모교에서는 세계화 시대를 맞이하여 예비 교사들이 갖춰야 할 역량과 학교 현장에서 다양한 국적·인종·문화를 지닌 학생들을 경험할 때 갖춰야 할 감각과 소양을 갖추기 위해서 국제 교육 실습을 실시하고 있었다.

2007년 일본과 필리핀의 학생들이 차례로 한국을 방문하여 한국의 학생들과 팀을 이루어 수업을 함께 듣고, 다양한 한국 문화를 체험하는 시간을 가졌다. 또한 2008년에는 필리핀 산토 토마스 대학(University of Santo Tomas)을 직접 방문하여 필리핀의 교육 현장을 탐색하고, 한국의 복 주머니를 주제로 미술 수업 실습을 진행하였다. 뿐만 아니라 일과 시간 이후의 자유 시간에는 내내 한국의 학생들과 필리핀의 학생들이 함께 어울리며 필리핀의 다양한 문화를 함께 체험하며 각국의 문화에 관하여 대화를 나누면서 우정을 쌓을 수 있었다.

이러한 경험들의 공통점은 서로 다른 국적을 지닌 학생들이 얼굴과 얼굴을 마주하고 교류하기 시작하는 순간부터 언어와 문화적 차이, 정치적 이해관계를 넘어 세계 시민으로서 함께 살아가는 친구로 서로를 인식하게 되는 변화들을 직접 체험할 수 있었다는 것이다. 무엇보다 의미 있었던 점은 그동안 '축구할 때 꼭 이겨야 하는 나라 일본' 혹은 '더운 나라 필리핀' 등과 같이 내가 가지고 있던 지식이 얼마나 단편적인가를 분명히 느낄 수 있었다는 것이다. 이 경험은 간접적으로 들어서 알게 된 타인에 대한 지식이나 나도 모르게 가지고 있던 오해와 편견들이 깨어지면서, 조화를 이루며 현재를 함께 살아가기 위해 서로가 갖춰야 할 태도와 역할들에 대해서 고민할 수 있는 시간이 되었다.

위의 글에서 교사는 자신과 다른 문화적 배경을 가진 예비 교사와의 직접적인 만남과 교류의 경험을 '친구'로서 '우정'을 쌓아 가는 과정으로 설명하고 있다. 즉, 한국사회의 문화 다양성의 이슈를 한국, 일본, 필리핀이라는 공간을 넘나드는 그리고 단편적인 지식과 편견이 깨어지는 자신의 경험과 연결시키면서 교사로서 가진 지금의 관심이 어디에서 시작되었는지를 발견하고 있는 것이다. 이는 어쩌면 개별적으로 존재했을 현재와 과거의 경험 간에 관계 짓기를 통해 자신의 수업에 대한 의미 있는 설명을 만들어 가는 것이라 할 수 있다. 하지만 이러한 교사의 경험이 수업으로 그대로 이어지는 것은 아니다. 자신의 경험을 수업으로 변환하기 위한 미술 교사의 고민은 다음과 같이 나타난다.

그렇지만 교사에게 의미 있는 경험들이 교육적으로 가치를 갖고 있다고 해도 학생들의 지지를 받지 못한다면 의미 있는 학습으로 이어질 수 없을 것이다. 특히 나와 동일한 경험을 가지지 않은 학생들이 수업을 통해 문화 다양성의 가치를 내면화하고, 문화 다양성에 관한 감수성을 향상시킬 수 있을지는 미지수이다. 특히 개인주의가 심화되고 자기 자신을 우선시하는 사회적 흐름과 입시 경쟁이 가속화되며 대학 진학을 위해 필요한 과목들에 힘을 쏟는 우리 학교 현실에서, '학생들이 자신과 직접적으로 관련이 없는 문화 다양성에 관한 수업에 적극적으로 참여하지 않으면 어쩌지?'라는 고민을 하지 않을 수 없었다.

교육과정을 재구성하는 과정에서 교사는 학습 주제를 자신의 경험이 가지는 3차원적 공간에 배치할 뿐만 아니라, 자신과 학생, 학교와 사회라는 다차원적인 시대적 공간 안에서 자신이 가르치고자 하는 내용을 점검하게 된다. 위의 글에서 나타나듯이 수업의 주제를 자신의 삶의 내러티브로 구성해 보는 과정은 교사로 하여금 문화 다양성에 대해 가르치는 것보다 이와 같은 주제를 학생들도 자신의 삶과 관련짓도록 하는 것에 보다 관심을 기울이도록 하며, 학생들의 참여가 중심이 되는 수업의 형태를 적극적으로 모색하도록 한다. 즉, 환경 속에서 사회적 요구, 학생들의 관심, 교사의 교육 목표 등이 상호작용하면서 하나의 수업 상황을 만들어 가기 위한 노력이 시작되는 것이다.

2) 교육과정 재구성을 위한 경계 넘기

문화 다양성을 위한 수업을 구성하는 데에 있어 교사는 자신의 경험과 현재의 학교, 학생들의 환경을 연결하고 자신의 수업 의도를 정리하면서 교육과정 재구성의 방향을 설정하게 된다. 다음에 제시된 수업의 목적을 설명하는 교사의 글에서는 가르치고자 하는 지식, 개념, 기술이 인지적 · 정서적 측면에서 통합되고 다양한 측면에서 경험되어야 하는 이유가 설명되어 있다.

학교 현장에서 학생들에게 주인공의 자격으로 사회적 문제들에 참여할 수 있는 역할과 권한을 알려 주는 일은 무척 드문 일이다. 여러 교과 학습을 통해서 문화 다양성 또는 사회적 현상과 문제들에 대해 배우지만, 이러한 사실과 지식을 머리로 이해하는 것으로는 충분하지 않을 것이다. 하지만 미술 활동을 통해서 이러한 이슈에 대한 자신의 마음을 담아낸 작품을 만들고 공유한다면 다른 사람들과 소통하며 긍정적 변화를 이끌어 내는 경험을 가질 수 있을 것이다. 이와 같은 학습 과정에서 내면화된 지식과 실천은 학생들의 삶 속에서 의미 있는 또 하나의 경험으로 기억될 수 있다. 이와 같이 지식과 정보를 정서적 · 심미적으로 탐구, 표현하는 일은 세상 속을 살아가며 자신이 발견한 가치들에 대해 발언하고 주변과 우리 사회를 바꿀 수 있는 주인공으로 성장하는 밑거름이 될 것이다.

이와 같은 필요성은 사회 안의 문화 다양성이라는 주제를 미술을 통해 탐구하는 데 활용될 수 있는 다른 교과의 개념, 지식, 기술을 확인하고 분석하는 과정으로 이어진다. 이는 교사가 미술과 교육과정 안에서 가지고 있던 다양성의 내러티브를 확장하는 과정이기도 하지만, 학생들에게는 자신의 내러티브를 구축하고 새로운 이해에 도달하는 여정에서 참고할 수 있는 개념 지도를 구축하는 일이기도 하다. 2015 개정 교육과정에서 문화 다양성은 고등학교 일반선택「미술」과목의 '체험' 영역 중 '연결'의 핵심 개념에 해당될 수 있다. "미술은 타 학습 영역, 다양한 분야 등과 연계되어 있고, 삶의 문제 해결에 활용된다."라는 일반화된 지식 안에서 '미술을 통한 사회 참여'의 내용 요소가 제시되어 있으며, 해당 성취 기준은 "현대의 사회 현상과 문제를 이해하고 미술을 통한 참여 방안을 모색할 수 있다."로 기술되어 있다(교육부, 2015d). 특히 성취 기준에서 참여 방안을 강조하고 있음은 미술을 통한 문화 다양성의 탐구가 이를 사회적 문제로 인식하고 아는 것을 넘어서 문제 해결을 위한 다양한 실천 노력에 주의를 기울이도록 함을 보여 준다.

다른 교과의 교육과정 분석을 통해 교사는 문화 다양성의 주제를 보다 다층적으로 탐구하도록 하는 수업의 개념과 기능을 찾을 수 있다. 고등학교의 공통과목 및 일반선택과목의 교육과정을 전체적으로 살펴보면 사회, 도덕, 국어 등의 교과에서 밀접하게 관련된 성취 기준을 포함하고 있음을 알 수 있다. 〈표 4-1〉에 제시된 여러 교과의 교육과정에서 볼 수 있는 바와 같이 문화 다양성의 주제가 사회과에서는 정의로운 사회를 위한 제도적 측면뿐만 아니라 문화의 속성, 갈등, 사회 불평등, 차별 등의 내용 요소를 통해 구체적으로 다루어지고 있다(교육부, 2015c). 또한 도덕과에서는 '문화

〈표 4-1〉 문화 다양성 관련 타 교과 교육과정 분석

과목	영역	핵심 개념 및 내용 요소		성취 기준
통합 사회	인간과 공동체	정의	• 사회 및 공간 불평등	[10통사06-03] 사회 및 공간 불평등 현상의 사례를 조사하고, 정의로운 사회를 만들기 위한 다양한 제도와 실천 방안을 탐색한다.
	사회 변화와 공존	문화	• 다문화사회	[10통사07-04] 다문화사회에서 나타날 수 있는 갈등을 해결하기 위한 방안을 모색하고, 문화적 다양성을 존중하는 태도를 갖는다.
사회·문화	문화와 일상 생활	• 문화의 속성 • 문화를 보는 관점 및 이해 태도		[12사문03-01] 문화에 대한 이해를 바탕으로 문화를 바라보는 여러 관점을 설명하고, 문화 다양성 존중 및 조화를 추구하는 태도를 가진다.
	사회 계층과 불평등	• 사회 불평등 양상		[12사문04-03] 다양한 사회 불평등 양상을 조사하고, 그와 관련한 차별을 개선하기 위한 방안을 모색한다.
도덕	문화와 윤리	1. 예술과 대중문화 윤리: 예술과 도덕은 갈등할 수밖에 없는가? ① 미적 가치와 윤리적 가치 ② 대중문화의 윤리적 문제		[12생윤05-01] 미적 가치와 윤리적 가치를 예술과 윤리의 관계 차원에서 설명할 수 있으며, 대중문화의 문제점을 윤리적 관점에서 비판하고 그 개선 방안을 제시할 수 있다.
		3. 다문화사회의 윤리: 문화를 초월한 보편적 가치는 존재할까? ① 문화 다양성과 존중 ② 종교의 공존과 관용		[12생윤05-03] 문화의 다양성을 존중해야 하는 이유를 다문화 이론의 관점에서 설명하고, 오늘날 종교 갈등을 극복하기 위한 방안을 제시할 수 있다.
	평화와 공존의 윤리	오늘날 우리 사회의 대표적인 갈등으로는 이념 갈등, 지역 갈등, 세대 갈등이 있으며, 진정한 사회 통합을 이루기 위해서는 상호 존중과 신뢰를 바탕으로 하는 윤리적 소통과 담론이 필요하다.		[12생윤06-01] 사회에서 일어나는 다양한 갈등의 양상을 제시하고, 사회 통합을 위한 구체적인 방안을 제안할 수 있으며, 바람직한 소통 행위를 담론 윤리의 관점에서 설명하고 일상생활에서 실천할 수 있다.

국어	쓰기	쓰기의 본질	• 사회적 상호 작용	[10국03-01] 쓰기는 의미를 구성하여 소통하는 사회적 상호작용임을 이해하고 글을 쓴다.
언어와 매체	매체 언어의 탐구와 활용	• 대중 매체 • 복합 양식성	• 매체 자료의 생산	[12언매03-03] 목적, 수용자, 매체의 특성을 고려하여 다양한 매체 자료를 생산한다.
				[12언매03-04] 매체 언어의 창의적 표현 방법과 심미적 가치를 이해하고 향유한다.

와 윤리' 영역에서 미적 가치와 윤리적 가치의 문제를 다루면서 다문화사회의 보편적 가치에 대하여 탐구하는 내용이 포함된다(교육부, 2015b). 더 나아가 '평화의 공존 윤리' 영역에서는 사회 갈등을 넘어서 사회 통합을 위한 실천적 방안 모색과 관련된 내용 요소가 제시되어 있다. 마지막으로, 국어과에서는 쓰기를 통한 의미와 소통의 사회적 상호작용 측면을 강조하면서, 언어와 매체 과목 안에서 다양한 매체 자료의 생산과 창의적 표현 방법 및 심미적 가치를 다루고 있어 복합 양식성을 활용한 심미적 표현을 위한 내용 요소를 포함하고 있다(교육부, 2015a).

융복합적 접근을 통한 다른 교과 교육과정 분석은 미술 교사의 경험에서 출발한 문화 다양성의 주제가 갖는 복합성을 발견하고, 이를 다면적으로 탐구할 수 있는 다양한 개념과 기능을 제공한다. 또한 다른 교과에서도 다양한 관점과 심미적 표현, 실천 방안의 탐색 및 일상생활에서의 실천을 성취 기준에서 명시하고 있음을 볼 때 미술 활동을 통해 실천적이고 창의적인 의미를 구성하는 것의 가치를 다시 한번 확인할 수 있다.

3) 상호작용적 내러티브 쓰기

미술 교사는 자신이 대학 시절에 가졌던 경험이 문화적 다양성에 대한 '깊이 있는 경험'임에 주목하였다. 이는 Dewey(1934)가 강조한 '하나의 경험'에 가까운 것으로, 지속적이고 연속적인 문화적 환경과의 상호작용이 차이와 다양성에 대한 자신의 인식을 변화시킬 수 있음을 보여 준다. 하지만 교사와 동일한 직접적이고 체험적인 상황을 제공하는 데 한계를 가질 수밖에 없는 교실 상황에서 두 가지 방향으로 수업을 재구성함으로써, 교사의 텍스트가 학생들과 함께 쓰는 상호작용적 내러티브로 확장될 수 있다. 첫째, 개념을 소개하기보다는 학생들이 생각하고 대화하며 다시 정리하는 반복적인 과정을 학습 활동을 통해 제공하는 것이다. '우리 주변에서 쉽게 발견할 수 있는 편견과 차별은 무엇이 있을까?' '편견과 차별이 우리에게 미치는 영향은 무엇일까?' '문화 다양성에 대해 그동안 알고 있었던 일반적인 지식에는 무엇이 있을까?' '문화 다양성에 대한 사람들의 인식을 높이기 위한 노력에는 어떤 것이 있을까?' 등의 질문에 대한 다양한 답을 활동지와 미술 활동을 통해 탐구하고 토론하도록 하는 것이다.

둘째, 미술 교사는 자신의 문화적 경험에 대한 이야기가 학생들의 이야기로 새롭게 만들어 이어질 수 있도록 해야 한다. 교사의 경험에 기초하여 문화 다양성의 문제에 있어 사람들 간의 상호작용성, 맥락을 제공하는 장소성, 과거-현재-미래의 시간성의 측면에 관해 학생들이 직접 고민하도록 함으로써 학생들은 학습 주제를 자신의 문제로 인식하고 참여할 수 있도록 한다. '내가 경험한 문화적 다양성의 순간은 언제, 어디서 일어났을까?' '오늘 우리의 차별과 편견의 문제는 어디에서 목격되는가? 또 누가 관여하는가?' '문화 다양성에 대한 우리의 목소리와 미적 표현이 어디에서 들리고 보이길 원하는가?' 등의 문제를 학생들이 자신들의 경험과 상상력을 통해 새로운 이야기로 만들어 가도록 하는 것이다. 다음은 문화 다양성 수업에 참여한 학생들의 경험에 대한 이야기 일부이다.

> 사회적인 문제에 저는 참여할 수 없다고 생각했어요. 하지만 미술 시간을 통해서 제가 직접 참여를 할 수 있다고 생각하니 감정이 이입되고, 수업 내용에 대해 더욱 많이 알고 싶어서 스스로 찾아보게 되었어요. 또 미술을 통해서 이런 문제들을 해결하기 위한 제 역할에 대해서 다시 생각하게 되었어요.
>
> 미술 작품을 봐도 어차피 미술은 내가 잘할 수 없는 것이기 때문에, 나와는 관계가 없다고 생각해서 관심이 없었어요. 하지만 내가 작품 속에 담아낸 마음이 사회에 기여할 수 있다고 생각을 하니 재미가 있더라고요. 그래서 제가 가장 잘 표현할 수 있는 방법들을 찾다가 보니 이번에 사용한 재료와 매체에 대해 꽤 잘 알게 된 것 같아요.
>
> 개인의 문제가 아닌 사회 전체의 문제를 미술 수업을 통해서 다루면서, 내가 미술 작품으로 사람들에게 도움을 줄 수 있다는 자체가 새로웠어요. 특히 머리로 생각하는 공부가 아니라 마음을 표현하는 것이라 더욱 수업에 참여하게 되었던 것 같아요.

수업을 되돌아보면서 미술 교사는 자신의 경험이 다른 형태로 학생들과 공유되고 새로운 표현으로 나타남을 보게 된다. 다음의 수업 성찰에서 미술 교사는, 특히 고등학생들이 사회에 대한 발언의 기회를 즐거워한다는 점을 새롭게 인식하게 된 것에 주목하고 있다. 이러한 점은 교사의 다음 교육과정 구성에 있어 또 하나의 경험으로 영향을 미치게 될 것이다.

> 그렇지만 놀랍게도 학생들은 자기 자신에 관한 문제를 다루거나 개인 작업을 통해 작품을 제작할 때보다 더욱 적극적이고 능동적으로 미술 활동에 참여하는 모습을 보여 주었다. 더욱 놀라웠던 사실은, 미술을 통해서 문화 다양성의 시대를 살아가는 사람들이 겪고 있는 다양한 사회적 문제들에 대해 공감하는 존재로 성장하는 학생들의 모습을 볼 수 있었다는 점이다.

본 교육과정 재구성의 사례 안에는 Connelly와 Clandinin(2007)이 제시했던 '학습자가 되는 것으로부터 배우기' '교사가 되는 것으로부터 배우기' '환경으로부터 배우기' '교과로부터 배우기' '내러티브로서 교육과정으로부터 배우기'의 요소가 복합적으로 얽혀서 수업 설계에 영향을 미치고 있음을 보여 준다. 또한 다양한 개념을 연결하고 삶의 문제를 해결하기 위한 융복합교육과정의 개발이 교사가 자신의 경험을 내러티브 교육과정으로 재구성해 가는 과정 안에서 가능함을 알 수 있다.

융합인재 육성, 핵심 역량 강화 등의 사회적 요구와 함께 교육과정에 기초한 수업의 질을 개선하는 데 있어 어느 때보다 교사의 역량이 강조되고 있다. 더욱이 교육과정 재구성 등 교육의 내용을 선정, 조직하는 데에 있어 실제 교수 맥락을 파악하고 있는 교사의 전문성이 요구되고 있는 실정이다. 급변하는 사회와 복잡한 이해관계가 얽힌 '학교'라는 상황 속에서 학습자와의 상호작용을 통해 자신의 지식을 교육학적으로 변환해 가는 과정에 관심을 기울여야 할 때이다. 이에 내러티브 탐구 방법은 교사의 실제적 경험을 시간, 장소, 상호작용의 차원에서 분석하고 교육과정을 재구성할 수 있는 유용한 방법이라 할 수 있다. 융복합교육에서 강조하는 바와 같이 학습자의 다양하고 새로운 사고가 수업의 과정에서 발현될 수 있는 가능성을 열어 놓기 위해서는 교사의 입장에서 스스로 가르치고자 하는 지식, 개념, 기능에 대한 다시 읽기가 먼저 이루어져야 할 것이다.

참고문헌

강현석(2009). Bruner의 교육과정 이론에서 지식의 재해석: 지식의 구조와 내러티브의 관계. 교육철학, 38, 1-34.

강현석(2013). 듀이와 브루너의 교육 이론에서 내러티브의 가치 탐구: 통합의 관점에서. 교육철학, 50, 141-171.

강현석, 조인숙(2013). 브루너의 내러티브 이론에 따른 교육과정 개발 방향의 탐색. 초등교육연구, 26(3), 187-2013.

교육부(2015a). 국어과 교육과정. 교육부 고시 제2015-74호 [별책 5].

교육부(2015b). 도덕과 교육과정. 교육부 고시 제2015-74호 [별책 6].

교육부(2015c). 사회과 교육과정. 교육부 고시 제2015-74호 [별책 7].

교육부(2015d). 미술과 교육과정. 교육부 고시 제2015-74호 [별책 13].

김대균(2011). 교육연구에서 내러티브 탐구. 현상·해석학적 교육연구, 2(2), 53-72.

김선아(2012). 21세기 융복합교육을 위한 미술교육의 역할과 특성 탐색.

조형교육, 43, 81-99.

김선아(2014). 융복합교육에서 미술교육의 역할과 특성: 교사 FGI를 중심으로. 조형교육, 51, 93-110.

노상우, 안동순(2012). 학문융합 관점에서 본 현대교육의 이론적–실천적 변화 모색. 교육종합연구, 10(1), 67-88.

박만주(2010). 지식의 융합과 경계적 사유. 철학연구, 116, 111-132.

박병기, 김지영, 박현아, 김영미(2015). 교육 연구에서 내러티브 탐구의 적용: 최근 5년간 연구의 내용 분석과 하나의 실제 연구. 교육심리연구, 29(3), 383-408.

오승민(2016). 내러티브에 기반한 초등학교 안전 교육과정 설계 가능성 연구. 내러티브와 연구, 4(1), 91-107.

이미순(2013). 융합교육의 장애 요소가 융합교육의 미래 적용 가능성에 미치는 영향. 한국교원교육연구, 30(4), 259-278.

이승은(2017). 교육과정 재구성 경험과 내러티브의 형성에 관한 연구. 학습자중심교과교육연구, 17(8), 391-416.

전현정, 강현석(2011). 내러티브 중심의 교육과정 재구성 방향 탐색. 교육철학, 44, 287-325.

차윤경 외(2016). ABCD 기반 융복합교사교육 모형 개발 연구: 창의인성교육 전문성을 중심으로. 학습자중심교과교육연구, 16(6), 847-876.

Bruner, J. (2011). 교육 이론의 새로운 지평. (강현석 등 역). 서울: 교육과학사. (원저 1986 출판).

Clandinin, D. J., & Connelly, F. M. (2006). 내러티브 탐구. (소경희 등 역). 경기: 교육과학사. (원저 2004 출판).

Connelly, F. M., & Clandinin, D. J. (2007). 교사와 교육과정. (강현석 등 역). *Teachers as curriculum planners*. 경기: 양서원. (원저 1988 출판).

Dewey, J. (1934). *Art as experience*. NY: Perigee Books.

Freire, P. (2000). 프레이리의 교사론. (교육문화연구회 역). *Teachers as*

cultural workers: Letters to those who dare teach. 서울: 아침이슬. (원저 1998 출판).

Giroux, H. (2001). 교사는 지성인이다. (이경숙 역). Teachers as intellectuals: Toward a ctitical pedagogy of learning. 서울: 아침이슬. (원저 1988 출판).

OECD(2011). Education for innovation: the role of arts and STEM education. Retrieved from http://www.oecd.org/edu/ceri/47672384.pdf

제5장

융복합수업을 위한
거꾸로 학습 방법

1. 서론

'거꾸로 학습(Flipped Learning)'은 미국의 지방 교사들이 시작하여 세계 도처의 교육 현장에서 각광을 받고 있는 교육 개혁의 한 예이다. 우리나라에서는 방송의 힘을 입어 이슈가 되었고[1] 각종 교원 연수를 통해, 그리고 실천 교사 단체에 의해 확산되고 있다. '미래교실네트워크'[2]에 따르면, 거꾸로 교실을 실천하는 교사가 2016년 3,256명에서 2019년 3월 19,363명에 이른다.

---

1) 2014년 3월 20일부터 5월 30일까지 KBS 파노라마 〈21세기 교육 혁명 ― 미래교실을 찾아서〉, 2015년 3월 19일부터 4월 3일까지 특별기획 〈거꾸로 교실의 마법 ― 1,000개의 교실〉이 방영되었다.
2) 이들(www.futureclassnet.org)은 교육 혁신을 추구하는 현직 교사들의 커뮤니티이다.

그들에 따르면, 거꾸로 교실은 형식이 단순하고 학생들의 변화
속도가 '거꾸로 교실의 마법'이라 불릴 정도로 빠르다. 또한 교사
와 학생들에 따라 변화가 용이하여 수업 형태는 교사의 수만큼이
나 다양하고, '미래교실네트워크' 커뮤니티에서 이루어지는 교사들
간의 소통과 협력을 통해 지금 이 순간도 계속 진화하고 있다. 미국
의 경우, 초 · 중등학교에서 거꾸로 학습을 적용한 교사가 2012년
48%에서 2014년 78%로 증가하였고, 열에 아홉은 학생 참여에 있
어 긍정적인 변화가 있었음을 보고하였다(Sophia & Flipped Learning
Network, 2014). 우리나라에서는 2013년 KBS '미래교실프로젝트'
팀과 부산의 초 · 중학교 두 곳의 교사들이 한 학기 동안 거꾸로 교
실 수업을 최초로 적용한 것이 한국적 모델의 성공 사례였다. 대학
사례로는 UNIST(울산과학기술대학교)의 'e-Education'과 KAIST(한
국과학기술원)의 'Education 3.0 프로그램'이 대표적이다.[3]

이러한 거꾸로 학습은 미래교육 성공을 위해 시대적 · 사회적 요
구로 만들어진 새로운 교육적 패러다임인 융복합교육과 상보적 관
계로 더 발전할 수 있을 것이다. 융복합교육이 앞으로 우리 교육의
나아갈 방향과 원리를 제시하면서 교육적 생태계 전반의 체질 개
선을 지향한다면, 거꾸로 학습은 테크놀로지의 혜택을 활용하여
다양하게 접붙임할 수 있는 '도구 상자'로 교육 현장의 생태계를 바
꿔 놓을 수 있을 것이다. 따라서 본 장에서는 거꾸로 학습을 융복합
교육과 연관 지어 그 특징을 종합해 보고, 이 교수학습 방식이 어떻
게 융복합교육적으로 모양 지어질 수 있을지 탐구하고자 한다.

---

3) 'e-Education'은 2009년에, 'Education 3.0 프로그램'은 2012년에 도입되었다.

2. 거꾸로 학습

1) 거꾸로 학습의 개념과 배경

거꾸로 학습은 초창기 '거꾸로 교실(flipped classsroom, inverted class)'에서 출발하였으며 현재 '플립(드/트) 러닝' '뒤집힌 학습' '거꾸로 학습' '역전(반전) 학습' '역진행 수업' 등 여러 번역으로 회자되고 있다.[4] 교실에서 강의하고 집에서 숙제하게 하는 전통적 학습 과정의 흐름에 대한 역발상으로 전개되는 거꾸로 학습은 오히려 "강의는 집에서, 숙제는 학교에서"라는 표어를 내건다. 즉, 수업 전에 '디딤 영상/수업'[5]이라는 사전 동영상 강의를 숙제로 집에서 시청하여 지식을 습득하고, 학교 수업 시간에는 미리 공부한 동영상 강의 내용을 더 발전시켜 심화 · 응용 학습을 한다. 다시 말해, 교사가 혼자 전달해도 되는 강의는 교실 밖 온라인으로 빼내어 학습자들이 편리하게 언제 어디서나 개인의 수준대로 여러 번 반복할 수 있도록 해 주고, 이로 인해 생긴 확대된 교실 수업 시간에는 토론이나 문제 해결 학습, 연습 문제 혹은 시간을 더 요하는 활동이나 실험 등을 교사와 또 또래 학습자들과 함께할 수 있는 것이다. 이는

---

4) 학술 연구 제목에 역진행이나 역전 학습이라는 용어가 쓰이고 있지만 본 장에서는 이미 일반에도 널리 알려진 '거꾸로 학습'으로 지칭하기로 하며, 우리나라에서 행해지며 발전하고 있기에 외래어 사용도 지양하고자 한다.

5) '사전 영상' '동영상 강의' '거꾸로 영상' 등 여러 용어가 있으나 널리 쓰이고 있는 '디딤 영상' 혹은 '디딤 수업'으로 통일하고자 한다. 디딤 영상은 보통 교사의 설명식 강의를 교실 수업 이전에 교실 밖에서 이행하는 동영상 강의의 형태를 말하며, 이를 토대로 교실에서는 학생 중심의 상호작용적 활동이 이어진다.

Bloom의 행동 목표 분류표를 거꾸로 뒤집는 것이기도 한데, 가장 하위 단계인 기억과 이해 부분을 디딤 영상으로 달성하고, 교실 수업에서는 고차원적이고 혼자 하기 어려운 적용, 분석, 평가, 창안에 관련된 학습 목표를 함께 성취할 수 있는 것이다(Bergmann & Sams, 2014). 그래서 교사 중심의 일방적인 모형과는 달리 거꾸로 학습은 집에서는 학습자 주도로, 그리고 교실에서는 교사가 상호작용의 피드백을 통해 면대면 시간을 늘릴 수 있어 개별 맞춤형 학습자 중심 교육을 실현하게 되어 더 완전학습에 근접하는 환경을 구축하게 된다.

초기의 거꾸로 교실은 거꾸로 학습으로 발전하였으며, 이를 실천하는 Flipped Learning Network 단체의 공식적 개념 정의는 다음과 같다.

거꾸로 학습은 직접 교수가 그룹 학습 공간에서 개별 학습 공간으로 옮겨지고, 그 결과로 생겨나는 그룹 공간이 역동적이며 상호작용적인 학습 환경으로 변모되어, 교육자가 학생들로 하여금 주제에 대해 개념을 적용하고 창의적으로 참여하도록 안내하는 교육학적 접근 방법이다(Bergmann & Sams, 2014, p. 6).

이러한 거꾸로 학습의 이해를 위해서는 그것이 출현할 수밖에 없었던 역사적·시대적 배경과 그 속에 담긴 요소들을 알 필요가 있다. 거꾸로 학습은 미국 한 지방의 고등학교에서 수업 준비를 공유하던 화학 교사 Bergmann과 Sams가 스포츠 활동 등으로 생긴 학생들의 수업 결손 문제를 해결하기 위해 수업 동영상을 제작하여 온라인에 올린 것이 계기가 되어 시작되었다. 이 방법이 많은 학생과 교사에게서 환영을 받게 되었고, 이는 거꾸로 교실의 본격적인 태동으로 이어졌다(Bergmann & Sams, 2012). 개척자인 그들은 테크놀로지와 디지털 인터넷 환경을 활용하여 교사와 함께하는 학습 공간을 교실뿐만 아니라 교실 밖으로도 확장했다. 또 교실 환경을 전달식 강의 대신 다양한 활동들로 채움으로써 학습자와 교수자의 요구를 충족시켰다.

역사적 배경에서 빼놓을 수 없는 또 하나는 하버드 대학교 Eric Mazur 교수의 '동료 교수(Peer Instruction)'이다. 이 교수법에서는 교수자가 수업 전에 학습 자료를 미리 제공하고, 수업 중에는 짧은 핵심 강의를 한 후 도전적인 '개념 문제(Concept tests)'를 낸다. 그리고 학생들의 응답을 즉시 집계한다. 그리고 그에 따른 상호 설득적인 토론과 교사의 피드백을 통해 학생의 참여를 향상시켜 교사와 학생 간, 그리고 학생 간 상호작용을 증진한다(Mazur, 1997). 주로 과학 관련 교과에서 초 · 중 · 고 · 대학교에 걸쳐 개념과 내용 이해를 촉진하고 학습에 대한 흥미와 동기를 높이는 데 효과를 나타내었다(김규환, 2012; Crouch & Mazur, 2001; Lorenzo, Crouch, & Mazur, 2006 참조). 심지어 그룹에서 아무도 처음에 정답을 몰랐을 때조차 어려운 개념을 이해하는 데 효과가 있었고(Smith et al., 2009), 무기력한 학생들에게 흥미 진작과 동기 유발이 되기도 했다(박찬기, 2014). 과학 외에도 정보 교과와 컴퓨터 수업에서(김혜진 · 봉미미 · 박성희, 2009) 학습 동기/자기 효능감과 성취도 향상에 긍정적 효과를 보였고, 수학(지상화, 2016)과, 영어(Jeong, 2011)에서도 마찬가지였다.

이 외에도 학생 중심성이 강한 '능동적 학습(Active Learning)'이 거꾸로 학습의 기저에 깔려 있다. 이는 "학생들을 아이디어와 그 아이디어를 활용하는 방법에 대하여 성찰하도록 '강요'하는 활동에 참여시키는 과정"으로 정보 수집과 사고, 문제 해결 등의 활동을 통해 그들을 정신적으로 종종 신체적으로도 계속 활발함을 유지하도록 한다(Collins & O'Brien, 2003; Michael, 2006, p. 160 재인용). 이 과정에서 학생들은 말 그대로 적극적이고 능동적이 된다(Bonwell & Eison, 1991). 이 교수법은 크게 보면 거꾸로 학습뿐만 아니라 '실천학습(Action Learning)',[6] 사례/목표/팀/문제/프로젝트 중심 학습법 등을 아우를 수 있다고 하겠다(임영규 · 배은숙 · 이경미 · 임삼조 · 박일우, 2007).

또 거꾸로 학습은 새로운 교육 환경 및 도구로 인하여 가능해졌다. 산업혁명 시대 학교 건물에서의 교육이 제4차 산업혁명의 온라인 교육이라는 새로운 교육 환경으로 확장되어 마침내 '대규모 공개 온라인 강의(Massive Open Online Course: MOOC)'와 한국판인 K-MOOC로 나타났다. 그 선두에는 지구촌 어디에 있는 누구에게나 세계적 수준의 교육을 무료로 제공하는 것을 사명으로 삼는 칸아카데미가 있으며, 상호작용하는 현대 교실 학습의 보완책으로 자리 잡았다(Khan, 2011).

이상에서 볼 때 거꾸로 학습은 교사 중심에서 학습자 중심으로 전환하는 교육적 개혁의 바탕 위에 '강단 위의 현인(sage on the stage)'에서 '옆에 있는 안내자(guide on the side)'로 교사의 역할 변

---

6) 실천 학습은 Action Learning의 번역이다. 대표적인 학자인 Marquardt 교수와 Boshyk 교수의 두 논의를 종합하여 봉현철(2007, p. 3)은 실천 학습을 "교육 참가자들이 학습팀을 구성하여 스폰서(Sponsor) 또는 자기 자신이 꼭 해결하고자 하는 실존하는 과제를 팀 전체 또는 각자가 주체가 되어 러닝 코치(Learning Coach)와 함께 정해진 시점까지 해결하거나 과제 해결 방안을 도출하는 동시에, 그 과정에서 지식 습득, 질문, 피드백, 그리고 성찰을 통하여 과제의 내용 측면과 과제 해결의 과정 측면을 학습하는 프로세스"로 정의한다.

화를 주문하고 있다. '조력자로서의 교사' 역할을 실행하며(Baker, 2000; King, 1993), 현대의 정보 기술력을 활용하여 교육의 생태계 전반을 이롭게 하자는 시대적·사회적 요구가 발현된 것으로 볼 수 있겠다. 이러한 거꾸로 학습이 잘 적용되면, 교사와 학생, 학생과 학생의 교실 상호작용이 증가할 뿐 아니라 학습자 개별 맞춤형 완전학습을 가능하게 하고 능동적 학습 경험을 유발하는 교육 환경을 조성할 수 있게 된다.

2) 거꾸로 학습의 특징

거꾸로 학습은, 첫째, 학습자의 자율성을 중시하는 '학습자 중심'의 교육철학과 교육 생태계 조성을 지향한다. 진정한 학습을 위해서는 학습의 주도권이 교사로부터 학생에게로 넘어가야 한다는 것이다. 거꾸로 학습에서는(Bergmann & Sams, 2012), 교수자가 학생과 '소통'할 수 있고 바쁜 학생들과 공부에 뒤처진 학생들을 도울수 있다. 학습 능력에 차이가 나는 학생들 모두가 잘할 수 있고, 학생들이 교사의 강의를 멈추고 되감을 수 있다. 학생과 교사의 교류가 활발해지며, 교사는 학생들을 더 잘 알게 되고, 학생들 간의 교류도 늘어난다. 그에 따라 제대로 된 수준별 학습이 가능해지며 수업 분위기도 좋아진다. 학부모와 대화 내용이 달라지고 학부모를 교육할 수 있다. 수업이 투명해지고 결근하는 교사에게도 도움이되며, 결국 완전학습에 도달할 수 있게 된다.

거꾸로 학습의 혜택을 제대로 누리려면, 융복합교육에서 강조하는 교수자와 학습자의 자율성은 반드시 요구되는 것이다(차윤경 외, 2016). 교수자는 전통적인 전달식 강의나 교사 중심 수업 대신, 강의를 디딤 영상으로 제작하여 제공한다. 그리고 그 강의와 연계되는 수업 활동들을 추가로 설계하여 상호작용적 참여를 이끌어 내어 '능동적 학습'의 분위기를 조성한다. 그리고 학습 자료 및 평가를 이에 맞춰 재구성한다. 학습자는 디딤 영상을 통하여 내용을 익히고 본 수업을 위한 준비를 한 후, 수업에서 개인별·모둠별·전체 과업, 활동, 토론, 실험 등 응용 연습과 심화 학습에 충실히 적극적으로 참여하여야 한다.

둘째, 거꾸로 학습은 이러한 학습자 중심성에 따라 학습 과정과 방법에서 개방성을 가진다. 즉, 융복합교육의 다양성의 원리를 충족하는 것이다. 모든 교사와 학생에게 맞는 일률적 수업 전략은 존재하지 않기에, 또 학습자를 중심에 두는 거꾸로 학습에는 개별 학습이 있기에 이렇게 열려 있는 거꾸로 학습을 현장에 적용함에 있어서는 저마다의 스타일과 방법, 환경, 내용 등에 맞추어 차별화된 강의, 문제 중심, 프로젝트 중심, 탐구 학습 등 다양한 변형된 방법을 적용하며, 교육자로서 자신의 장점을 활용할 수도, 학습자의 학습을 개별화할 수도 있다(Bergmann & Sams, 2014).

셋째, 거꾸로 학습이 융복합교육의 다양성의 원리를 충족함은 가용성(availability)이 큼을 의미한다. 거꾸로 학습 그 자체가 최종 목표가 아니고 이론으로, 접근법으로, 전략으로, 교수법으로 다양하게 사용될 수 있다. 근본적으로는 '뒤집기 사고방식(the flipping mindset)'을 요하는데, 수업에서 학생들과 면대면 시간을 최대로 활용하며, 학생 중심성을 유지하고, 기계적 암기보다는 고등 사고 기술에 의도적으로 집중한다는 세 가지 요소를 포함한다(Morris et al., 2012; Fulton, 2014, pp. 5-6 재인용). 이는 강의 시간 뒤집기에서 생겨난 더 여유 있는 수업 시간 이용에 대해 교사들이 던졌던 "학생들

과 마주하는 시간을 가장 잘 활용하는 방법은 무엇인가?"라는 핵심
질문에서부터(Bergmann & Sams, 2012, p. 3), Bloom의 교육 목표 분
류를 뒤집어 적용, 분석, 평가, 창안하기 같은 고등 사고 능력을 수
업 시간에 할당하여 배양하는 것까지 무엇을 뒤집고 어떻게 활용
할지에 대한 대답이다. 이 과정에서 학생들과 소통하고 상호작용
하는 방식도 바뀌게 된다. 학습자의 입장에서는 접근성이 용이하
다는 점인데, 즉 디딤 영상 강의는 그들에게 공간과 시간과 횟수의
제약에서 자유롭게 해 준다. 교사의 입장에서 사전 동영상 강의는
비록 제작하기에는 힘이 들어도, 그 후에는 다용도로 오래 사용할
수 있으므로 편리성이 배가된다고 볼 수 있다.

　게다가 거꾸로 학습은 한 교과나 내용에 국한되지 않으므로 현
장에 범교과적으로, 혹은 교과 통합적으로 적용 · 실현될 가능성
이 높다. 융복합교육의 가교성의 원리가 교과 간에 충족될 수 있
는 것이다. 『거꾸로 학습 시리즈』에는 이미 수학, 과학, 사회, 영
어 등 핵심 내용 교과와 초등 수업을 위한 지도서들이 나와 있으며
(Bergmann & Sams, 2015 참조), 우리나라에서는 미래교실네트워크
(2015)에서 지은 「거꾸로 교실 프로젝트」에 국어, 수학, 사회, 화학,
생명과학, 영어, 가정 등의 교과목들이 초 · 중 · 고에 어떻게 실제
로 적용되었는지 소개되어 있다.

　넷째, 거꾸로 학습은 그 배경, 이론, 방법의 넓은 스펙트럼으로
인해 형태와 구현에 있어 최적의 유연성을 발휘할 수 있다. 교육
내용 구성, 교재의 배열, 교육과정 설계 및 교육 행정과 테크놀로
지 활용 등에서 변화하는 미래교육 환경 및 21세기 역량 함양에도
탄력 있게 대처할 수 있다. 그래서 반드시 전체 강의를, 전 과목과
전체 내용을 거꾸로 학습으로 획일적으로 전환할 필요는 없으며

(Bretzmann et al., 2013), 동영상 강의 제작에 학습자들도 유연하게 참여시킬 수 있고 동영상이 아닌 다른 교수·학습 매체를 활용하거나 이미 제작된 자료를 삽입할 수 있다.

실제 사례로(미래교실네크워크, 2015), 부산 동평중학교 안영신 영어 교사는 서너 명의 학생들을 앉혀 놓고 과외를 하듯이 수업을 하고, 영상 중간에 학생을 교사로 참여시키는 동영상을 제작하여 높은 시청률을 보이기도 하였다. 최명숙 교사는 실패를 무릅쓰고 '정년이 다 된' 교사도 거꾸로 교실을 한다고 보고하였으며, 김은정 국어 교사는 '고3도 춤추게 하는 거꾸로 교실'이라며 사례를 소개했다. 미래교육에 요구되는 학생들의 역량 측면에서는 거꾸로 교실의 일상적 활동 속에 디지털 문식력, 정보 활용력, 문제 해결력, 협업 능력 등 21세기 필수 역량이 자연스럽게 녹아 있어(Fulton, 2014), 교실 안팎에서 최적의 미래교육 환경을 지원할 수 있다. 다음 절에서 거꾸로 수업의 기획/실천 사례들을 좀 더 구체적으로 살펴보자.

3. 거꾸로 학습의 기획과 실천

앞 절에서 본 바와 같이, 거꾸로 학습에서는 '핵심 내용(지식, 태도, 기량)'을 디딤 수업으로 제공하고, 이를 학생 스스로 학습한다. 그 후에 이에 대한 연습, 적용, 응용 등을 교실에서 다른 학생들과 함께 수행한다. 그래서 교수자의 당면 과제는 크게 2가지인데, 디딤 수업 핵심 내용을 어떻게 학습 자료화할 것인가와, 교실에서 학생 중심의 어떤 활동을 어떻게 구안하여 실행할 것인가이다. 본 절에서는 이 두 가지에 대해 실제적인 '요령(know-how)'과 사례를 통하여 탐색해 보겠다. 그 세부 절차는 다음 〈표 5-1〉과 같이 나타낼 수 있다.

〈표 5-1〉 거꾸로 학습의 기획과 실천

절차	세부 단계	교수학습 활동
디딤 수업 준비	핵심 내용 선정	강제적 순위 정하기, 항목 간 선후/연결 관계 설정하기, 개념 위계화
	디딤 수업 자료 제작	PPT 및 기존 파일 활용, Explain Everything 등 활용
교실 수업 활동	디딤 수업 확인	퀴즈, 내용 이해 확인 질문, 디딤 수업 활동지(예: '지식 발전소' 활동)
	중심 수업 활동	질문하기, 문제 제기/해결, 역할 교체식 토의 및 글쓰기, 협동 학습, 역할극과 시뮬레이션, 브레인스토밍과 동료 지도 학습
평가 및 마무리	수업 활동	활동 평가표 등
	수업 마무리	활동을 핵심 내용과 연결하기, 핵심 내용 강화하기(예: '이야기 뼈대' 활동)
	과제 부여	개별 과제, 팀별 과제 전달하기(예: 역할극 온라인 탑재)

1) 디딤 수업 준비

학습자들이 자학자습할 핵심 내용을 잘 선정하기 위해서는 우선 해당 교과에서 다루는 내용 요소들을 우선순위에 따라 그 중요도를 결정하고, 그 요소들의 제시 순서를 결정하는 것이 필요하다. 이는 사실 다룰 내용을 잘 조직하기 위하여 모든 교수자가 기본적으로 해야 할 일이기도 하다(Fogarty, 2009).

(1) 핵심 내용 선정

수업 내용 중 핵심 내용 선정을 위해서는 소위 다음의 '강제적 순위 정하기'를 실시한다(Fogarty, 2009, p. 25). 이는 '세포 모형'에서 권하는 것인데, 교수자가 한 학기의 교육과정을 계획함에 있어 필요에 따라 선택적으로 포기하거나 신중하게 포함해야 할 요소들을 선별할 기초가 된다. 거꾸로 학습 구안에서 핵심 내용의 선정, 제시 순서 등에도 잘 사용될 수 있다.

- 자신이 가르치는 교과목 하나를 선택한다.
- 그 교과목의 성취 기준들(curriculum standards)에 대하여 고찰한다.
- 모든 학습 주제(topics of study)를 나열한다.
- 어느 것이 가장 중요한지 그리고 어느 것이 가장 덜 중요한지를 고찰한다.
- 학습 주제 항목에 번호를 매기면서 우선순위를 정한다. 가장 중요한 항목을 '1'로 한다.
- 결정이 끝난 후, 같은 교과나 학년의 동료 교사와 교육과정 우선순위에 대하여 의견을 나눈다. 자신이 어떻게 그 우선순위들을 정했는지, 무엇을 고려하였는지를 말하고 코멘트를 받는다.

또한 그녀가 제시하는 '연결 모형'을 위한 준비도 유용하다. 수업 내용이 되는 항목들을 검토하면서, 기본적으로 "내가 ＿＿ 다음에 ＿＿을 가르치려는 이유는 ＿＿이다.”라는 진술을 통하여, 어떤 요소들을 어떻게 다룰지를 가늠하여 그 항목 간의 선후 관계, 논리적 연결 관계를 따져 보라는 것이다(앞의 책, p. 37). 즉, 두 개의 주제, 단원, 개념 등을 상호 연결하는 ‘매개’ 개념·기량·태도 등의 연결 요소를 찾아서 그 둘을 관련지어 보는 것이다.

연결 관계의 매개가 되는 개념들은 대개 ‘상위 개념(meta-concept)’이 된다. 이 단계에서, 우리는 수업 내용이 되는 개념들이 포괄성에 있어서 위계 관계에 놓일 수 있음에 주목하자. Tarshis (1982)는 ‘생각’을 네 가지 위계적 단계로 나눈다. 첫째, 가장 포괄적인, 소위 ‘우산 생각(umbrella thoughts)’이다. 글이 전달하는 일반적인, 핵심적인 최상부의 아이디어를 말한다. 둘째, 그 밑에 있는 ‘큰 생각(big thoughts)’은 우산 생각을 강화·명확화·상세화하는 세세한 아이디어나 이미지이다. 셋째, 다시 그러한 큰 생각을 강화하는 아이디어나 이미지들이 있는데, 이들은 ‘작은 생각(little thoughts)’이다. 마지막으로, ‘이정표 생각(road-sign thoughts)’이 있다. 이는 독자가 곁길로 빠지지 않도록 아이디어를 조직화하고 개인의 관심을 붙들어 두는 생각들로서, 논문에서는 글의 목적·가설 진술문, 연구 질문, 장이나 절의 도입과 마무리 문단 등에 담긴 생각들이다 (Creswell, 2009, pp. 82-83). 이와 마찬가지로 핵심 내용을 구성하는 생각들도 유사하게 구분할 수 있는 것이다.

(2) 디딤 수업 자료 제작

핵심 내용이 선정되었다면 이를 학생들이 미리 자학자습할 수 있도록 알맞은 디딤 수업 학습 자료로 만들어 제시할 필요가 있다. 디딤 수업 자료에는 동영상도 있지만, 그에 따른 활동지/학습

지도 포함될 수 있다. 31편의 거꾸로 학습 연구를 메타분석한 서미옥(2016)에 의하면, 디딤 수업 자료를 제작하고 탑재하는 방식은 매우 다양했다. 대표적 디딤 영상 제작은 스마트폰과 컴퓨터로 가능하며, 다양한 소프트웨어와 애플리케이션을 활용하거나 직접 촬영을 하기도 한다. 쉽게는 PPT 슬라이드에 오디오를 삽입하거나 기존 파일을 오캠(oCam)으로 녹화할 수도 있고, 스마트폰을 거치대에 놓고 녹화하여 동영상을 만들 수도 있다. 동영상을 캡처하고 녹화하는 스크린캐스팅(screencasting) 소프트웨어로는, 오캠 외에도 반디캠(Bandicam), 캠타시아(Camtasia Studio), Screencast-O-Matic 등과 기능이 더 다양하고 전문화된 Explain Everything과 Numberkids[7] 등의 앱이 있고, 와콤 태블릿 펜으로 판서 기능을 활용할 수도 있다.

　디딤 수업을 탑재하고 공유하는 방법은 YouTube와 인터넷 카페, 블로그, 밴드, 클래스팅(classting)[8]과 미래교실네트워크 같은 온라인 커뮤니티와 SNS 그리고 대학에서는 무들(Moodle) 같은 LMS(Learning Management System, 학습 관리 시스템)가 활용되고 있었다. 본 절에서는 이러한 다양한 도구 중에 가장 쉽게 이용 가능한 PPT와 좀 더 전문적이면서 편리한 인터페이스를 가진 앱인 Explain Everything 활용법을 소개하고자 한다.

---

7) 수학 과목에 특화된 애플리케이션이다.

8) 초등 교사가 만든 교사 · 학생 · 학부모의 소통을 원활히 하는 교육용 SNS로 교사가 클래스팅에 반을 개설해 학생과 학부모에게 코드를 보내 초대하고 학급 공지, 수업 자료 공유, 비밀 상담 등의 기능이 있으며, 2012년에 개시해 4년 만에 사용자 300만 명을 기록했다(http://blog.naver.com/jobarajob/220856209473).

① PPT 및 기존 파일 활용법

먼저 이미 만들어진 PPT 슬라이드 학습 자료를 이용하여 디딤 영상을 제작해서 YouTube에 올려 보자. 신기술과 도구의 앞선 사용자(early adopter)가 아니더라도 기존에 사용하던 PPT를 활용하기에 쉽게 접근하고 제작할 수 있다. 다음은 MS PowerPoint 2010 버전을 사용한 것이다.

▣ 디딤 수업을 위해 미리 내용을 편집해 놓은 슬라이드 열기

▣ '슬라이드 쇼' 메뉴 ⇒ '슬라이드 쇼 녹화'⇒ '처음부터 녹음 시작' 또는 '현재 슬라이드에서 녹음 시작' 선택: 필기하면서 목소리 설명 녹화 가능

• 쇼 화면에서 오른쪽 버튼 클릭 ⇒ 포인터 옵션 ⇒ 펜 또는 형광펜을 사용하여 밑줄을 치거나 간단한 필기 가능(단축키: Ctrl + p)

• 화면 넘기기는 화살표로 하며 녹화 종료는 ESC 키 사용

• 녹화가 된 슬라이드는 우측 하단에 스피커 모양(🔊)이 표시됨

▣ 녹화 종료 후 비디오 파일로 변환(wmv 파일): 디스플레이 해상도와 시간 간격 조정 가능

• '파일' 메뉴 ⇒ '저장/보내기' ⇒ '비디오 만들기' ⇒ '비디오 만들기' 후 저장

• 변환하는 데 시간이 걸리므로 기다려야 하며, 다른 비디오 파일로 바꾸고자 할 때는 다음 팟 인코더 같은 동영상 변환 프로그램을 활용할 수 있음

▣ YouTube 계정에 로그인하고 페이지 상단에 '업로드' 클릭 ⇒ 컴퓨터에서 업로드할 파일 선택 ⇒ '게시' 클릭하여 업로드 완료: '공유' 클릭하여 동영상을 비공개로 공유할 수 있음

• 업로드가 완료되면 알림 이메일이 전송되며 이를 학생들에게 전달하여 공유할 수 있음

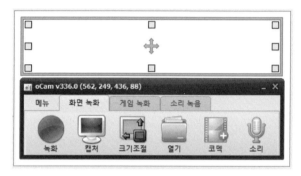

[그림 5-1] 오캠 화면

이 방식은 맥(Mac)용 PC와 아이패드에서의 프레젠테이션 프로그램인 '키노트(Keynote)'에서도 가능하다.

이렇게 프레젠테이션 파일을 거치지 않고도 가지고 있는 파일(한글, 워드, PDF, PPT, 동영상 등)을 그대로 이용해 오캠 같은 스크린캐스팅 프로그램으로 동영상을 제작할 수 있다.

설치 후 열면 녹색 네모 상자와 메뉴가 나타나는데, 녹화할 영역에 녹색 상자를 대고 소리도 클릭하여 선택하고, 메뉴에서 녹화 버튼을 클릭하거나 F2 키를 눌러 녹화를 시작하면 빨간색 상자로 바뀐다. 녹화를 중지(중지 버튼: F2, 일시 정지: Shift+F2)하면 자동으로 저장되며, 파일은 열기 메뉴에서 확인할 수 있다.

② Explain Everything 활용법

Explain Everything은 아이폰, 아이패드, 안드로이드 폰, 안드로이드 패드에 설치할 수 있는 스크린캐스팅과 전자칠판 기능 등을 결합한 콘텐츠 제작 도구로, 주로 스마트패드에서 사용한다. 초보자에게도 어렵지 않으며 통합 디자인 인터페이스를 통해 상호작용적인 수업 활동, 평가, 튜토리얼 등이 가능하다. 해설이나 애니

메이션 등을 디자인하여 영상 제작을 할 수 있고, 강의 화면에 직접 그리거나 설명하는 장면을 녹화할 수 있으며, 사진, PDF, PPT, Keynote, Dropbox, Evernote, Email 등을 불러들일 수 있고, MP4, PNG, XPL 프로젝트 파일 등 다양한 포맷으로 활용할 수 있다(배지혜, 2012 참조).[9] 특히 다양한 웹 서비스와 연계가 잘 되어, 파일을 공유하며 함께 협업하는 것이 용이하다.

먼저 앱을 내려받아 실행시키고 난 후 좌측 상단의 + 버튼을 클릭하여 새 프로젝트를 만드는 배경 화면을 선택한다. 좌측 두 번째 버튼을 통해 사진과 그림을 다양한 클라우드에서도 불러올 수 있으며, 세 번째 버튼은 만들어진 동영상을 저장하거나 YouTube나 다른 클라우드로 내보낼 수 있게 해 준다. 가령, 칠판 배경 화면 모드를 선택해 보면 좌측에 수직으로 툴바가 만들어지는데, 세 번째 A 버튼을 눌러 텍스트를 입력할 수 있고, 펜 버튼으로 직접 쓰고 그릴 수 있으며, 그 아래 +로 다양한 자료의 삽입도 가능하고, 지우기, 되돌리기도 할 수 있고, 레이저 포인터로 강조하는 것도 가능하다. 또 개체 복사/붙이기 등 많은 기능이 있으며, 무엇보다 하단에 녹화 버튼으로 녹화할 수 있다. 재녹화 및 수정은 하단 우측에 있는 숫자 부분을 눌러서 할 수 있다. 또한 스마트 패드의 특징을 겸비해 손가락으로 오므리고 벌리며 크기 조정도 하고, 원하는 위치에 마음대로 다양한 자료들을 불러와 학습 콘텐츠를 만들 수 있다.[10]

---

9) 배지혜(2012)는 이 앱을 기반으로 학습 콘텐츠 제작 프레임워크 설계를 하였다.

10) 관련된 튜토리얼 동영상도 많이 올라와 있고, 인터넷으로 쉽게 자세한 활용법을 찾을 수 있다(https://www.futureclassnet.org/hkUOLoXWTU.hp ; https://www.youtube.com/watch?v=GmWZ2U9at_w; http://21-edu.blogspot.kr/2014/08/explain-everything.html 등)

지금까지 디딤 영상 제작을 위한 도구 활용법을 살펴보았다. 여기서 거꾸로 학습의 성패는 디딤 수업의 기술적 완성도에 있는 것이 아니기에, 교사가 처한 상황에서 접근이 가능하고 스스로 혹은 도움을 받아 다룰 수 있어야 한다. 무엇보다 중요한 것은 디딤 수업과 수업 활동을 얼마나 잘 연계하여 설계하느냐 하는 것과 수업에서의 상호작용 그리고 학생들이 디딤 수업을 잘 이행하도록 활동지나 퀴즈, 평가 또는 활동에 반영, 학생 참여 동영상 제작 등 다채로운 아이디어로 독려하는 것이 바람직하다. 대체로 디딤 수업은 10분 이내 분량이 권장되는데, Sams는 '(학년)×(1분~1분 30초)'의 규칙을 적용하여 4학년은 4~6분, 10학년은 10~15분이라고 예를 들어 설명하였다.[11]

2) 교실 수업 활동

본 소절에서는 선행 연구에 보고된 실제 수업 사례를 중심으로 하여 교실 활동 방안을 소개하고, 그러한 예들이 융복합교육에 얼마나 합당하며 또 어떤 방향으로 개선될 수 있을지를 논의한다.

(1) 디딤 수업 자학자습 확인

거꾸로 학습에서는 학생들이 디딤 수업을 통하여 스스로 학습하여야 한다. 그러나 학생들이 개별적으로 학습하지 않은 채 수업에 오는 경우도 많았다. 이렇게 학생 준비가 부족하게 되면 의도한 수업 활동을 진행할 수가 없다. 따라서 학생이 스스로 학습한 바를 확

---

11) http://www.edutopia.org/blog/flipped-learning-toolkit-common-hurdles-jon-bergmann을 참조하라.

인할 필요가 있으며, 위에서도 언급했듯이 여러 아이디어를 내서 '격려'해야 한다. 퀴즈나 미리 제시한 내용 질문으로 혹은 디딤 수업을 시청하면서 활동지를 작성하게 하여 확인 학습을 하고, 필요 시 핵심 내용을 요약하거나 반복 제시할 수 있다.[12] 예를 들어, 장지혁 초등 교사는 역사 수업에서 디딤 영상에 대한 확인 및 복습을 위해 '지식 발전소' 활동을 하였다(미래교실네트워크, 2015).[13] 이는 모둠별로 지식을 생산해 내는 활동으로, 모둠별로 칠판에 나와 한 명씩 영상 내용을 적고 관련 질문에 답하기도 하며 학생들과 합의하여 차등의 점수를 준다. 여기서 질문은 학습 목표와 연관된 질문과 지식의 실제 적용, 다른 과목과의 연결을 포함하여 구성할 수 있으며, 이는 융복합교육이 실현되는 것이기도 하다.

(2) 중심 수업 활동

① 질문하기

질문은 여러 가지 기준에 의하여 구분될 수 있다. 기억한 내용이나 정해진 정답을 묻는 질문도 있지만,[14] 수렴적 · 발산적 · 평가적

---

12) 2절에서 소개한 '동료 교수' 요소를 응용할 수 있다. 학생들에게 학습한 내용 중 핵심 내용에 대하여 질문이나 퀴즈를 준비해 오게 한다. 매시간 무작위로 2명 단위의 '학습 조(learning cells)'를 편성하고 상대방의 답변에 대하여 필요시 수정하는 피드백을 주게 한다. 교사는 교실을 순회하면서 필요한 코치를 해 준다.

13) 이는 본격적인 중심 활동인 '지식 시장' 활동으로 자연스럽게 연결되는데, 상호작용을 매개하여 내용 지식 습득과 응용을 돕는다.

14) Cho & Lee(2016)는 토익 시험을 준비하는 124명의 대학교 학생을 대상으로 하여 거꾸로 수업을 실시하고 그 결과를 보고하였다. 학생들이 모둠 동료들과 답을 맞혀 본 후, 교수자는 학생들의 어휘 숙제를 점검한다. 그리고 남은 시간에 토익과 관련한 질문과 답변의 시간을 가졌다.

사고를 촉발하는 다음과 같은 질문도 있다(Bonwell & Aison, 1991, p. 25). 모두 학습자의 고등 사고 능력을 함양하기에 유용하다.

- '적용'의 질문: 배운 바를 실생활에 어떻게 적용할 수 있을지를 묻는다.
- '분석'의 질문: 부분/전체, 분류, 개요/도식화, 비교/대조, 증거 수합을 요구한다.
- '종합'의 질문: 예측/추론, 새로운 장치/디자인/해결안 제시 등을 요구한다.
- '평가'의 질문: 개인적 동의 여부, 자신의 의견/평가, 우선순위 정하기, 결정하기, 평가 기준 묻기 등이 있다.[15]

이러한 고등 사고를 촉발하는 질문은 사고의 8요소, 즉 사고의 목적/목표, 문제/쟁점, 정보/사실/관찰, 해석/추론, 개념/원리/이론, 가정/전제, 시사점/결과, 관점/정향 등에서 출발할 수도 있다.[16]

사고 촉진 질문들은 비판적 사고자들의 마음속에서 전개되는 추상적인 사고 과정을 좀 더 구체적으로 보여 줌으로써, 학습자들이 그것들을 수용하고 상호 실천하면서 '비판적 사고 공동체'를 만들어 갈 수 있게 한다(Golding, 2011). 교수자 입장에서는 자신이 하는 사고 과정을 거꾸로 추적해 봄으로써 학생들에게 제시할 질문을 추려 낼 수 있다(안성호, 2016).

---

15) 구체적인 예는 http://mdk12.msde.maryland.gov/instruction/curriculum/ mathematics/quality_thinking.html에서 수학과 관련하여 볼 수 있다.

16) 구체적인 질문 예들은 https://www.criticalthinking.org/ctmodel/logic-model1.htm 에서 볼 수 있다.

② 문제 제기 및 해결

이러한 질문을 통하여 교수자는 학습자에게 '실질적' 문제를 제기할 수도 있다. '문제 제기(problem-posing)' 질문을 통하여 학습 내용을 학습자의 가치관/태도/생활 습관 등이나, 지역사회/국가/세계 등 삶의 맥락과 관련시킬 수 있다. 학습자의 관심거리가 파악되었을 때, 그것을 그림, 사진, 대화, 신문 기사 등을 통하여 학습자에게 제시한다. 그 자체는 학생 수준에서 실행 가능한 여러 가지 해결책이 있어야 한다. 교수자는 제시된 상황을 기술하고, 문제를 찾아내며, 그 문제를 학생 자신의 경험과 연결하고, 그 문제의 원인을 분석하고, 해결책을 추구하도록 안내한다(Schleppegrell & Bowman, 1993). 이러한 방안은 융복합교육의 자율성 원리를 충족하여 학습자가 개인적 · 사회적 삶을 개선하는 의사 결정을 하도록 돕고, 나아가 문제 해결 학습과 관련 프로젝트 학습의 발단이 되기도 한다.

이와 맥을 같이하여 웨스트버지니아대학교에서는 Dewey(1924)의 의사 결정 모형의 '해결 방안 모색' 단계를 상세화하여 다음과 같은 '안내되는 디자인(Guided Design)'을 제공하였다. ① 문제 진술과 목표 설정, ② 관련 정보 수집, ③ 가능한 해결안들 생성, ④ 제약 목록화, ⑤ 가능한 해결안 선택, ⑥ 상세한 해결안 개발 시의 중요 요인들 분석, ⑦ 상세한 해결안 창출/종합, ⑧ 최종 해결안 평가, ⑨ 적절한 행동 방안 추천 등이 그것이다. 과목과 관련 문제에 따라 수정하여 사용할 수 있고 과제로 내 줄 수도 있으며, 차시와 시간 배분, 개인/모둠, 역할 등을 고려하여야 한다.

'세월호 사태' 같은 실세계 사건을 다루는 소위 '사례 연구'를 본격적으로 한다면 역할극 등을 포함할 수도 있다(제6장 참조). 부여된 역할로 정해진 대본을 소화할 수도 있고, 자유 대본을 짜서 할

수도 있으며, 교육연극으로 발전시켜 포럼연극(Forum Theater)으
로 설계하여 학생들이 세월호 문제 상황에서 여러 대안을 제시하
고 적용하면서 다양한 역동성을 경험해 볼 수도 있다(김선희·임철
일, 2016 참조). 실제적 문제를 다루기 때문에 융복합교육적 관점에
서 '맥락성'의 원리를 충족하며 학생들의 관여와 흥미 수준이 높아
지고, 그에 따라 태도나 가치 변화를 경험할 가능성이 높다.

③ 역할 교체식 토의와 글쓰기

김백희와 김병홍(2014)은 수업 활동인 토의에 20분을 할애하였
고, 학생들 4~5명을 1개 조로 편성하였으며, 3주마다 재편성하여
학생들이 한 학기에 5개의 상이한 조에서 다음과 같은 방법으로 토
의하게 하였다.

〈표 5-2〉 역할 교체식 토의 방법(김백희·김병홍, 2014, p. 9)

번호	방법
1	4명이 1팀을 이룬다. 기록과 진행(사회)은 1명이 맡는다. 3명은 토의에 참여한다
2	사회자를 뺀 나머지 3명은 3분 동안 자유 발언을 한다.
3	사회는 매시간 돌아가면서 맡도록 한다.
4	토의가 끝나면 세 사람의 의견 가운데 하나를 선택하여 합의한다.
5	합의가 이루어지지 않을 때는 진행자가 조정하거나 합의 불가로 기록한다.
6	토의가 끝나면 사회자는 합의 내용을 발표한다.
7	단 토의 시, 다른 사람의 의견을 끝까지 듣고 질문은 하되 반론을 제기하지 않는다.

토의를 마치면, 학생들은 진행한 토의 주제에 대하여 10~15분에 걸쳐서 의견과 감상을 적었다. 대개 당일의 토의 내용이나 강의 주제를 고려하여 적되, 토의와 관련하여 자신의 변화 사항들을 중심으로 적었다. 연구자들이 얻은 결과는, 스마트폰과 인터넷을 활용하여 습득한 선행 학습을 바탕으로 학생들이 직접 토의와 글쓰기에 할애하는 시간이 많아지면서 학습자 주도의 활발한 수업이 가능해졌다는 것이다. 대부분의 학생은 의사소통, 글쓰기, 자신감의 향상을 보고하였고, 토의 과정에서 자신의 논리성 결여, 합의의 어려움 등을 깨달았다고 보고했다. 이 활동의 특징은 토의와 글쓰기를 통하여 학습자들이 의견의 다양성을 교류하게 하여 '자율성' '가교성' 그리고 '다양성'의 원리를 충족한다. 그리고 학생들의 삶과 밀접한 토의 주제를 제시하거나 자율적으로 선정하게 함으로써 '맥락성'의 원리도 충족하였다. 이 활동을 포함한 수업은 융복합교육적 관점에서 이질 집단에서의 상호작용 역량과, 자율적 행동 역량의 함양에 기여할 것이다.

이 외에도 학생들 참여를 유발하는 능동적 학습과 관련해 많이 회자되는 토의 기법에는 Think-Pair-Share와 Fishbowl도 있다. 토론 문제에 대해 학생들이 개별적으로 생각하도록 한 후(Think) 2~5분 동안 적어 보고, 옆 사람과 짝을 지어(Pair) 공유하고 최상의 답을 이끌어 내며, 그 후 학급에 발표도 하고 가장 좋은 아이디어를 적어 함께 공유하도록 한다(Share). 또한 일명 '어항(Fishbowl) 토론'에서는 그룹 팀원들이 원 모양으로 앉고 나머지는 그 원을 둘러앉아 어항을 관찰하듯 토론 진행을 본 다음, 나중에 이에 대해 피드백을 주는 식으로 번갈아 가면서 하게 된다.

④ 협동 학습

이러한 역할의 부여와 교체를 좀 더 다양하게 설정하면서, 교수
자는 교과목에 따라 다양한 '협동 학습'을 하게 할 수 있다. 이는 학
습 성과의 향상뿐 아니라, 의사 결정하기, 갈등 관리, 의사소통 같
은 사회적 기량의 향상에 도움이 된다. 학생들이 소집단 협동 학습
에 준비하고 올 수 있도록, 시청하는 동영상의 학습 내용과 관련하
여 몇 가지 질문을 미리 활동지/학습지로 제시하여 답을 적어 오게
한다.

'무임승차자' 문제를 해결하기 위하여 상이한 좀 더 구체적인 역
할을 학생들에게 부여할 수 있다. 몇 가지 추가적인 역할들을 소개
하면 다음과 같다.

〈표 5-3〉 협동 학습 역할들(김백희 · 김병홍, 2014, p. 9)

역할	기술
요약자	토론 책임자는 주요 요점, 요약 제공, 토론 시작 전 그룹원들에게 줄 공식 개요 작성, 각 구성원의 토론 참여 독려
배경(지식) 조사자	배경 조사자는 책 내용 주제/용어에 대한 배경 정보 찾기, 그룹의 더 나은 읽기를 위해 도움이 되는 정보나 자료 찾기, 당황스럽거나 호기심이 많거나 특이한 것으로 학습자를 놀라게 한 내용과 그룹에 제공할 정보에 대한 간략한 요약 준비
구절 강조자	그룹의 관심을 끌고, 특히 중요하거나 흥미롭거나 이해하기 어려운 부분 찾아내기, 구절은 대개 한 단락 정도이지만 때로 한두 문장 정도이고 그룹에서 공유하고 토론하기 위해 논란의 여지가 있거나 고려해야 할 부분 선택
연결자	본문의 내용과 자신의 인생 경험, 다른 사람들의 이야기, 비슷한 사건 등 바깥세상을 연결, 교과서의 어떤 부분이 자신의 맥락의 상황/사건을 상기시키는지 생각

매 차시에서 새로운 토론 리더와 기록자를 선출하게 하고, 제시된 주요 아이디어들, 소그룹 안에서 발생한 의견 불일치의 내용, 의견 일치를 본 내용에 대한 요약을 포함하여 토론 요약문을 제출하게 한다(Bonwell & Eison, 1991). 대학교에서 사용된 것이지만, 초·중등 수업에서도 응용될 수 있을 것이다.

⑤ 역할극과 시뮬레이션

주어진 상황에서 대사에 따라, 혹은 창작하여 역할극을 하게 하는 것도 매우 훌륭한 수업 활동이 된다. 이동한(2015)은 중학생을 대상으로 한 영어 수업에서 영화를 활용하여 거꾸로 학습 수업 구안을 다음과 같이 제안하였다. 우선 수업 전에 소개된 영화에 대한 이해를 바탕으로 숙지와 연습을 위한 수업 활동을 하였다. 즉, ① 주요 내용을 파악하고 어휘 요소를 위한 학습지 완성하기, ② 대사의 발음 분석/연습하기, 그리고 ③ 내용, 주제, 배경, 인물, 표현 등에 대한 교수자의 질문에 대한 답을 비교, 토의하기이다.

게다가 이를 바탕으로 역할극을 하였다. 먼저 영화 대사를 활용하여 역할극을 해 보게 하고, 그다음에 주어진 장면에 이어질 대화를 창작하여 팀별로 역할극을 만들어 연습해 보게 한다.[17] Bonwell 과 Eison(1991)에 따르면, 역할극 수업에서 교사는 배경 상황과 관련 역할을 전반적으로 스케치하여 상황을 설정하고, 관중에게는 그 역할극의 목표를 설명하여 지켜본 후 토론에 참여하게 한다. 그 후 극의 전개에서 조력자로, 사후 평가에서 안내자로, 전체적 전개의 요약자로 기능한다. 이 활동은 설정에 따라서 인터뷰하기, 상담

---

17) 그는 수업 중 익힌 표현을 정리하여 발표하기도 제안한다.

하기, 협상하기 등 기량을 함양하도록, 또 "다른 사람이나 상황에 대한 자신의 태도를 점검하도록 강요하는(Ibid., p. 47)" 장점이 있다. 융복합교육의 관점에서는 이질 집단에서의 상호작용 역량이나 자율적 역량의 함양에 도움이 될 것이다.

실세계의 재현인 영화를 이용한 영어 수업은 학습자들이 목표 문화에 '몰입'할 수 있는 계기를 마련해 준다. 그래서 이를 거꾸로 학습에서 실천하자는 제안은 맥락성의 원리를 충분히 충족하게 된다. 또한 대사의 발음 분석하기, 주어진 질문에 대한 각자의 답을 비교하고 토의하기, 창작 역할극 만들기 등의 활동으로 '자율성의 원리'를 어느 정도 충족하고, 온라인/오프라인에서 교수자와 학생 간의 토의와 역할극 만들기 등의 활동을 통하여 '가교성의 원리'를 충족하며, 토의를 통하여 다양한 입장과 해석을 접하게 함으로써 '다양성의 원리'를 만족시키는 우수한 융복합교육적 수업 기획으로 평가된다.

내용 측면을 살펴보면, 학생 입장에서는 재미있는 영화를 수업 전에 볼 수 있고 아는 내용으로 수업한다는 의미에서 부담 없이 사전 학습을 진행할 수 있겠다. 또 역할극 창작 등을 통하여 창의성을 발휘할 기회가 충분히 주어지겠다. 개선을 제안해 보자. 영화 내용에 대한 '평가'의 기회나 목표 문화와 학습자 문화를 비교할 기회가 주어진다면, '평가적 사고'를 하면서 문화적 다양성에 대하여 더 깊이 이해할 기회를 제공할 수 있을 것이다.

시뮬레이션은 역할극보다 좀 더 긴 호흡을 가지고 진행된다. Elliot(1973)은 소위 '차별의 날'을 정하여 시뮬레이션 수업을 하였다. 눈의 색깔에 따라 반을 둘로 나누고, 발표 기회를 안 주는 등 조직적으로 한쪽을 차별한 것이다. 이를 통하여 학습자들이 사회적 편견이 얼마나 부당한지를 체험하게 하였다.

이런 활동은 융복합교육적 측면에서 이질 집단에서의 상호작용 역량의 중요한 요소인 공평하고 개방적인 태도를 기르게 할 수 있을 뿐 아니라, 학습자 자신이 속한 사회문화적 체제라는 '상자' 밖에서 성찰할 수 있도록 도와줌으로써 문제에 대한 민감성을 기르고, 궁극적으로는 자율적인 행동으로 개인이나 공동체의 실재를 개선할 수 있는 변혁적인 역량을 기르는 데 도움이 되는 것으로 평가할 수 있겠다.

⑥ 브레인스토밍과 동료 지도 학습(Peer Tutoring)

'동료 지도 학습' 혹은 '동료 평가'가 수업 활동으로 이용될 수도 있다. 가령, 주어진 주제에 대하여 브레인스토밍을 하게 한다. 그리고 그 내용을 바탕으로 하여 개별적으로 영작을 하게 한 후, 서로의 글을 '비평'하게 한다. 필요시에는 가르침을 주고받을 수 있도록 할 수 있다. 교수자의 시간이 절감된다. 서로의 '논평'에 더 잘 경청한다. 칭찬도 포함하게 하면 영작에 대한 자신감을 높일 수도 있다(Bonwell & Eison, 1991, p. 51). 또한 서로 가르치고 배우는 상호작용과 피드백을 공유하도록 하여 양측 학습자들의 협력을 강화할 수 있다. 많은 양을 나눠서 준비하여 번갈아 가르치도록 할 수도 있다.

3) 평가 및 마무리

수업에서의 학생 주도적 활동에 대한 평가는 여러 방면에서 행해질 수 있다. 김백희와 김병홍(2014)는 다음과 같은 평가 기준을 제시하여 학생들로 하여금 스스로 평가하게 하였다.

〈표 5-4〉 **토의 평가표**(김백희 · 김병홍, 2014)

토의 평가표		
강의 시간:	학과:	학번 및 이름:
범주	평가 항목	점수
토의의 목표	절차에 맞게 진행되었는가?	① ② ③ ④ ⑤
	사회자의 역할은 적절했는가?	① ② ③ ④ ⑤
	합의점이 될 만한 해결책은 찾았는가?	① ② ③ ④ ⑤
자기 점검	나는 토의 참여자의 역할을 잘 수행했는가?	① ② ③ ④ ⑤
	나는 주제에 적합한 내용을 말했는가?	① ② ③ ④ ⑤
	다른 사람의 말을 성실하게 들었는가?	① ② ③ ④ ⑤
	나는 언어 예절을 지키며 말했는가?	① ② ③ ④ ⑤
	나는 상대방의 반응을 살피며 말했는가?	① ② ③ ④ ⑤
타인 점검	주제에 적합한 내용을 말했는가?	① ② ③ ④ ⑤
	절차에 맞게 말했는가?	① ② ③ ④ ⑤
	언어 예절을 지켜 말했는가?	① ② ③ ④ ⑤
토의를 통해 달라진 점이 있다면 자유롭게 써 보세요.		

이 평가표는 토의 활동에서의 적절한 절차, 성실한 역할 수행, 합의점 도출을 위한 협상, 토의 초점 유지, 상대에 대한 예절 등을 익히도록 구조화되어 있다. 학습자들이 검토하여 수정하고 '동의'하는 과정을 거치는 것이 '민주적'이다. 필자의 경우는 "부여된/동의한 책임을 완료했다." "문제에의 접근에서 창의적이고 과학적이었다." "토론에 적극적이고 협조적으로 기여하였다." "영어로, 예의 바르게 소통하려고 노력하였다." "비판이나 논평을 품위 있게 수용하였다." 등을 평가 기준으로 삼고 있다.

이러한 평가는 점수 차이가 크게 나지 않지만, 토의 참여자들이 소위 '무임승차(free riding)'하는 것을 막아 주는 효과가 있다. 토의 활동을 통하여 학습해야 할 중요한 21세기 핵심 역량인 이질적인 집단에서의 상호작용 역량을 함양하도록 '강요'하게 된다. 다만 〈표 5-4〉의 토의 평가표를 검토해 보면, 대개 기술적이고 형식적인 측면을 평가 대상으로 하고 있다. 21세기 역량 함양을 직접적인 목표로 하여 평가하게 한다면 더 융복합적인 거꾸로 학습을 할 수 있겠다.

수업 마무리에서 중심 수업 활동과 디딤 수업을 포함한 학습 내용의 핵심 개념을 다시 한번 '연결' 짓고 정리하는 과정이 필요하다. 본 수업 활동을 통하여 학습한 것이 무엇을 의미하는지, 핵심 내용에 대해 요약하거나, 다음과 같은 과제를 부여할 수도 있다. ① 익힌 표현 재점검하기, ② 다음 시간의 수업 목표, 개별 과제, 팀별 과제 전달하기, ③ 창작 역할극 만들어 온라인상에 올리기 등이다(이동한, 2015). 박영민 초등 교사는 모둠별로 '이야기 뼈대(story spine)' 활동을 하게 해 학습 내용을 스스로 자기만의 용어로 정리할 수 있는 틀을 활동지로 제공하여 주었는데, 그 뼈대는 "오늘 우리가 배운 내용은 ……, 그중에 가장 중요한 것은 ……, 예를 들면……, 주의할 점은 ……(미래교실네트워크, 2015, p. 60)" 등을 포함하였다.

이상으로 거꾸로 수업의 흐름을 '핵심 내용 선정 ⇒ 학습 자료화(디딤 수업) ⇒ 수업 중 디딤 수업 이행 확인 ⇒ 중심 수업 활동 ⇒ 수업 활동 평가 ⇒ 수업 마무리 활동 및 수업 후 과제'로 고찰해 보았다. 이는 정형화된 모형은 아니기에 교과와 내용의 수업 차시 구성에 따라 유연하게 적용해 볼 수 있을 것으로 사료된다. 매 차시 전에 디딤 영상을 제공할 수도, 혹은 필요에 따라 여러 차시를 하나의 큰 거꾸로 학습 단위로 보고 기획을 할 수도 있겠다.

4. 거꾸로 학습 관련 교사 전문성 함양을 위한 제언

거꾸로 학습 모형은 ICT 기술이 발달한 우리나라 상황에 매우 적합한 '혼합 학습(blended learning)'의 한 변이형라고도 볼 수 있으나, 적어도 그 초점은 상당히 다르다. 혼합 학습이 온라인 학습과 면대면 수업을 조합하여 학생들의 흥미와 참여도를 높이는 데 주력한다면, 거꾸로 학습은 조력자와의 실제적인 상호작용을 통해 고차원적인 학습 과업을 수행할 수 있도록 해 주며 이를 위해 디딤 영상을 이용하는 것이다(Bergmann & Sams, 2014; Lankford, 2013). 따라서 제4차 산업혁명으로 인해 초연결성이 증대되고 학생의 자율성과 융복합 역량이 점점 강조되는 21세기에 더 필요한 교수·학습 패러다임이라고 할 수 있다. 거꾸로 학습의 시대적 탄생 배경에 녹아 있는 학습자 중심 교육철학, 능동적 학습(Active Learning), 칸 아카데미의 "누구나 언제 어디서나 무료로 교육받을 수 있게 한다."라는 이념과 기술, 동료 교수의 상호작용 교실 생태계가 이를 증명한다고 하겠다. 그래서 거꾸로 학습은 학습자 중심의 능동성이 효과적 특징으로 부각되며, 학습 과정과 방법, 현장 적용에 있어 개방성, 가용성 및 통합적 실현 가능성과 유연성을 갖추고 있다고 볼 수 있다.

이혜옥과 민찬규(2016)는 거꾸로 교실 연수를 받고 6개월 이상 거꾸로 교실을 운영한 경험이 있는 중등 영어 교사 100명을 대상으로 거꾸로 교실 수업에 대한 중등 영어 교사의 인식을 조사하였다. 그 결과에 따르면, 교사들은 '교사 중심 수업'에서 벗어나 '학생 활동 중심 수업'으로 개선하고자 거꾸로 교실을 적용하였고, 학생들의 흥미와 수업 참여도, 학업성취도 향상을 경험하였다. 그리고 디딤 영상 시청이 학습 동기와 수업 참여도에 긍정적인 영향을 주며, 의사소통의 기회를 늘리고자 다양한 활동을 활용하면서, 참여 교사들은 거꾸로 교실이 '수업의 개별화'에 많은 도움이 된다고 인식하고 있었다.

수업 전에 디딤 영상을 시청하지 않고 등교하는 학생이 많다는 문제가 발견되었는데, 시청률 향상을 위해 수행 평가 점수에 반영하였고, 시청한 학생들에게 보상을 제공하였으며, 시청하지 않은 학생들에게는 별도의 과제를 부여하였다. 또 지속적으로 시청을 독려하고, 수업 활동 과제의 난이도 상향 조정을 통해 동영상 시청에 대한 더 큰 동기를 부여하려고 노력하였다. 수업 시간에는 모둠 활동/개별 활동 등 디딤 영상에서 학습한 내용을 응용하고 심화할 수 있도록 수업을 운영함으로써 수업 참여도 향상, 개별화 학습 기회 제공, 상호작용 증진, 산출물과 협업 기회의 증대를 가져왔으며, 그 결과 의사소통 능력 및 창의적 사고 능력 함양을 꾀할 수 있었다.

그럼에도 거꾸로 학습을 우리나라의 특수 상황에 맞춰 성공시키기 위해서는 몇 가지 숙제가 남겨져 있다. 거꾸로 학습은 21세기형 융복합교육의 달성을 위한 유용한 접근이므로, 교과, 학교, 교실, 교수자/학습자 등에 맞게 또 여타 훌륭한 교수법과 접목하여 탄력 있게 활용되어야 할 것이다. 획일화로 부작용이 양산되지 않게 해야 할 것이며, 아직 이에 익숙하지 않은 교수자와 아웃라이어 (outlier) 학습자들에 대해 '배려'를 통하여(서미옥, 2016) 완전학습에 더 다가갈 수 있어야 할 것이다.

융복합교육은 교사 자율성의 보장을 지향한다. 이는 자신이 가르치는 학생들을 위한 최선의 수업 방안을 마련하기 위한 '도덕적' 자율성인 것이다. 거꾸로 학습의 도입과 같은 개혁을 혼자서 실현하기는 쉽지 않다. 따라서 비슷한 의지를 지닌 교사 공동체에 참여하여 가교성을 높이는 것이 절대적으로 필요하다. 거꾸로 학습은 협업적 작품이며 융복합교육도 협업을 발판으로 한다. 이미 실천하고 있는 주변의 동료들에게서, 혹은 미래교실네트워크 같은 커뮤니티나 교원 학습 공동체 등에서 도움을 받을 필요가 있다.

교사의 자율성은 현장 교사들과 학생이 주체가 되어 거꾸로 상부의 학교 관리자들에게 그리고 교육정보기술 지원 부서의 적극적 지원을 요청함을 통하여도 발휘될 수 있다. 그에 적극 호응하여 학교와 지역 교육청은 행정적으로 거꾸로 학습 모델을 실천하는 교사들의 과외 업무에 대해 다양한 보상을 해야 한다(Bergman & Sams, 2014).

거꾸로 학습은 궁극적으로 '방과 후 학원'에 묶여 있는 우리나라의 교육 문화 개선에 기여할 것이다. 특히 영어 교과처럼 선행 학습이나 영어 사용 기회의 차이로 인하여 학습자들이 학습준비도에서 큰 격차를 보일 수 있는 과목에서는, 디딤 영상의 효율적 활용으로 그 격차를 줄일 수 있을 것이다. 그리고 학습자 모두에게 더 의미 있는 학습 경험을 할 수 있게 해 줄 것이다. 또 장기적으로 개별 학습과 교육 주체 간의 상호작용을 강화하여 교수학습의 질을 개선함으로써 교수학습의 생태계가 공교육을 중심으로 건강하게 회복되는 데 도움이 될 것이다. 학생들은 필요시 교사가 준비한 디딤 영상을 반복 시청하여 핵심 지식을 익히고 수업에서는 모르는 부분을 묻고 답하면서 이해를 확인·강화하고, 이를 '창의적'으로 응용하는 '주도성'을 발휘함으로써 교육으로부터의 소외에서 벗어나 교육의 소유권을 회복할 것이다. 이런 수업 건강성의 회복은 수업 시간에 자는 학습자들의 감소로 표출될 것이다.[18]

　거꾸로 학습을 위해 각 과목에서 준비하는 디딤 영상은 교사 간의 가교성 진작에도 적지 않은 도움이 될 것이다. 필요시 서로 다른 교사가 가르치는 내용을 익힐 수 있을 것이기 때문이다. 거꾸로 학습이 '보장'하는 융통성으로 인하여 교수 내용의 융복합을 위한 디딤 영상을 나중에 얼마든지 보충·추가할 수 있다.

　이와 같이 거꾸로 학습은 새로운 방식으로 '뒤집어서' 생각함을 진작한다는 철학과 정신적 태도에서 융복합교육이 추구하는 도구 사용의 '상호작용성'의 고양에 적합할 뿐 아니라, 학습 주체들 간의 협력과 소통을 극대화한다는 점에서 이질 집단에서의 상호작용 역량 함양에 가장 적합한 교육 경험을 제공할 수 있다. 그 교육과정의 결과로서 의사 결정에 이르거나 문제 해결을 발견하고, 그 결과로 학습자 자신들이 속한 삶의 모습을 이모저모로 '개혁'해 나갈 수 있도록 실천된다면, 거꾸로 학습은 융복합교육에 가장 적합한 수업 형태가 될 수 있을 것이다. 그러한 긍정적 결과는 거꾸로 학습의 접근이 융복합교육의 자율성, 가교성, 다양성, 그리고 맥락성의 원리를 충족하도록 프로그램의 평가와 개선을 계속해 나갈 때 얻어질 것으로 보인다.

---

18) 김지혜(2016. 3. 29.). "거꾸로 교실엔 자는 아이가 없다." 인천 포스코 고교 혁신 교육 현장. 사이언스 타임즈.

참고문헌

김규환(2012). 초등 과학 수업에서 주제에 따른 Peer Instruction의 효과. 한국교원대학교 박사학위논문.

김백희, 김병홍(2014). 플립드 러닝을 기반으로 역할 교체식 토의 수업 방안 연구. 우리말연구, 37, 141-166.

김선희, 임철일(2016). 디지털 매체 활용 포럼 연극 수업 설계의 개념 모형 개발. 교육공학연구, 32(3), 453-486.

김혜진, 봉미미, 박성희(2009). 중학교 컴퓨터 수업에서 동료 교수 짝짓기 방식이 컴퓨터 활용 자기 효능감과 실습 성취도 및 실습 만족도에 미치는 영향. 교육공학연구, 25(4), 187-212.

미래교실네트워크(2015). 거꾸로 교실 프로젝트: 대한민국 교육 혁신의 새로운 바람. 서울: 에듀니티.

박찬기(2014). Peer Instruction을 활용한 수업이 고등학생의 수학적 흥미도에 미치는 영향. 한국교원대학교 석사학위논문.

배지혜(2012). 포스터: 스마트패드를 활용한 학습 콘텐츠 제작 프레임워크 설계. 한국컴퓨터교육학회 학술발표대회논문집, 16(2), 277-280.

봉현철(2007) 한국 기업 액션러닝 프로그램의 핵심 성공 요인 탐색: 요인의 내용과 요인 간의 관계에 관한 고찰. 경상논총, 25(3), 1-34.

서미옥(2016). 혼합 연구를 통해 본 플립드 러닝의 영향과 인식. 교육공학연구, 32(3), 535-570.

안성호(2016). 비판적 교수법을 통한 비판적 사고 함양. 비판적 교수법과 영어교육(정숙경 외 공저, pp. 251-314). 서울: 한국문화사.

이동한(2015). Flipped Learning을 통한 영화 활용 영어 수업 모형 개발 방안 연구. 중등영어교육, 9(1), 99-122.

이혜옥, 민찬규(2016). 거꾸로 교실 수업에 대한 중등 영어 교사 인식 조사 연구. 중등영어교육, 9(3), 99-122.

임영규, 배은숙, 이경미, 임삼조, 박일우(2017). 액티브러닝의 효용에 관한 실증적 연구. 교양교육연구, 11(1), 475-500.

지상화(2016). Peer Instruction을 활용한 수업이 일차함수 개념 이해에 미치는 영향. 한국교원대학교 석사학위논문.

차윤경, 안성호, 주미경, 함승환(2016). 융복합교육의 확장적 재개념화 가능성 탐색. 다문화교육연구, 9(1), 153-183.

Baker, J. W. (2000). The "classroom flip": Using web course management tools to become the guide by the side. Paper presented at the 11th International Conference on College Teaching and Learning, Florida Community College at Jacksonville, FL.

Bergmann, J., & Sams, A. (2012). *Flip your classroom: Reach every student in every class every day*. Eugene, OR: International Society for Technology in Education.

Bergmann, J., & Sams, A. (2014). *Flipped learning: Gateway to student engagement* (1st ed.). Eugene, OR: International Society for Technology in Education.

Bergmann, J., & Sams, A. (2015). *Flipped learning for math instruction*. Eugene, OR: International Society for Technology in Education.

Bonwell, C. C., & Eison, J. A. (1991). *Active Learning: Creating excitement in the classroom*. (ASHE-ERIC Higher Education Report No. 1. ED 336 049). Washington, D.C.: The George Washington University.

Bretzmann, J., Bennett, B., Witten, H., Seigel, M., McLaren, A., Stevens, J., & Peppler, C. (2013). *Flipping 2.0: Practical strategies for flipping your class*. New Berlin, WI: Bretzmann Group.

Cho, Young Sang & Lee, Yoo-Jean. (2015). Can flipped learning be applied to a test-based English classroom? *Modern English Education*, 17(4), 181-200.

Creswell, J. (2009). *Research design* (3rd ed.). Los Angeles, CA: Sage.

Crouch, C. H., & Mazur, E. (2001). Peer Instruction: Ten years of experience and results. *American Journal of Physics, 69*(9), 970-977. doi:10.1119/1.1374249.

Dewey, J. (1924). *Democracy and education.* New York: Macmillan.

Elliot, J. (1973). "Discrimination Day": An experience in modal education. *People Watching, 2*(2), 17-21.

Fogarty, R. (2009). *How to integrate the curricula.* Thousand Oaks, CA: Corwin.

Fulton, K. (2014). *Time for learning: Top 10 reasons why flipping the classroom can change education.* Thousand Oaks, CA: Corwin.

Golding, C. (2011). Educating for critical thinking: Thought-encouraging questions in a community of inquiry. *Higher Education Research & Development, 30*(3), 357-370.

Jeong, K.-O. (2011). Cooperative and Collaborative Learning through Reciprocal Peer Tutoring in EFL University Reading Instruction. *English Language & Literature Teaching, 17*(4), 75-95.

Khan Academy. (n.d.). Retrieved from https://www.khanacademy.org/.

Khan, S. (2011). Let's use video to reinvent education. Retrieved from https://www.ted.com/talks/salman_khan_let_s_use_video_to_ reinvent_education.

King, A. (1993). From sage on the stage to guide on the side. *College Teaching, 41*(1), 30-35.

Lankford, L. A. (2013). Isn't the flipped classroom just blended learning? Training Pros: Leighanne's Learning Notes. Retrieved from https:// ileighanne.wordpress.com/2013/ 01/24/isnt-the-flipped-classroom- just-blended-learning/.

Lorenzo, M., Crouch, C. H., & Mazur, E. (2006). Reducing the gender gap in the physics classroom. *American Journal of Physics, 74*(2),

118-122.

Mazur, E. (1997). *Peer instruction: A user's manual.* Upper Saddle River, NJ: Prentice Hall.

Michael, J. (2006). Where's the evidence that active learning works? *Advances in Physiology Education, 30*(4), 159-167. doi:10.1152/advan.00053.2006.

Schlepperell, M. J., & Bowman, B. (1993) Problem-posing: a tool for curriculum renewal. *ELT Journal, 49*(4), 297-307.

Smith, M. K., Wood, W. B., Adams, W. K., Wieman, C., Knight, J. K., Guild, N., & Su, T. T. (2009). Why peer discussion improves student performance on in-class concept questions. *Science, 323*(5910), 122-124.

Sophia, & Flipped Learning Network. (2014). Growth in flipped learning. Retrieved from http://www.sophia.org/flipped-classroom-survey.

Tarshis, B. (1982). *How to write like a pro: A guide to effective nonfiction writing.* New York: New American Library.

제6장

융복합수업을 위한
테크놀로지 기반의 교수 · 학습 환경

1. 융복합교육과 교수 · 학습 전문성

지식의 끊임없는 생산이 이루어지며 다양한 사회문화적 관점이 서로 융합하는 복잡한 지식정보화사회에서는 학습자들에게 단순히 많은 지식을 습득하는 것을 요구하는 것이 아니라 다양한 영역의 지식을 융합하여 창의적으로 문제 해결을 해 나갈 수 있는 융복합적 역량을 요구한다(차윤경 · 안성호 · 주미경 · 함승환, 2016). 또한 현대사회의 급속한 정보화, 세계화, 다원화는 교육 현장에도 변화를 가져와 기존의 전통적인 교육 방식이 지식의 전달과 지식의 수용에 기반을 두었다면 지금은 자율성(autonomy), 연계성(bridgeability), 맥락성(contextuality), 다양성(diversity)을 강조하는 융복합교육을 기반으로 학습자 중심의 역동적 학습 활동에 초점을 두고 있다(차윤경 외, 2016).

　이와 같은 다층적 · 다면적인 교육 현장으로의 변화는 학습자와 교수자가 갖추어야 하는 역량에도 변화를 요구하고 있다. 구체적으로 학습자의 경우에는 문제 해결력과 더불어 창의적 지식 생산, 민주적인 의사 결정, 자기 주도성, 협력적 의사소통 등이 미래사회의 핵심 역량으로 요구되고 있으며(윤현진 · 김영준 · 이광우 · 전제철, 2007; 이광우 · 민용성 · 전제철 · 김미영 · 김혜진, 2008; 이선경 외, 2013; 임언 · 최동선 · 박민정, 2008; 조대연 · 김희규 · 김한별, 2008; 차윤경 외, 2016; 최상덕 · 김진영 · 반상진 · 이강수 · 이수정 · 최현영, 2011; 함승환 외, 2013; Trilling & Fadel, 2009), 교수자의 경우에는 학습자가 융복합적 역량을 함양할 수 있도록 내용 전문성, 협동 능력, 교육과정의 재해석 및 재구성 능력, 학습자와의 소통 능력을 요구하는 것 외에도 테크놀로지 활용 능력과 창의적 문제 해결을 위한 수업 설계 능력을 요구하고 있다(신동희 · 김정우 · 김래영 · 이종원 · 이현주 · 이정민, 2012; 정효정, 2014; 허희옥 · 임규연 · 서정희 · 김영애, 2011). 이와 같이 학습자에게 요구하는 미래사회의 역량이 변화함에 따라 교수자의 전문성에 대한 관점도 기존의 전통적인 교사 전문성에서 더 나아가 테크놀로지 활용 및 교수 · 학습 설계 항목에 중점을 두어 변화를 요구하고 있음을 알 수 있다.

　그러나 많은 교수자가 학습자의 융복합적 역량 향상을 촉진하고 융복합교육을 효과적으로 실행하기 위한 실천적 교수 · 학습 전문성의 필요성을 느끼고 있음에도 불구하고 실제적인 교수 방법 지식은 교육과정 지식에 비해 상대적으로 덜 발달한 것으로 나타나고 있다(주미경 · 김래영, 2016). 이와 같은 결과에는 다양한 원인이 있을 수 있지만, 그중 하나는 교수자가 실제적으로 다양한 교수

방법을 직접 경험하고 현장에 적용할 수 있는 기회가 충분하지 못
한 것에서 그 원인을 찾을 수 있으며, 교수 방법 지식에 대한 교사
전문성은 교사가 실제적으로 그러한 교수 · 학습 방법을 경험할 때
효과적으로 습득할 수 있다는 점에서(정효정, 2014; 주미경 · 김래영,
2016) 새로운 교수 · 학습 전략을 적용한 다양한 융복합적 학습 상
황을 교수자가 직접 경험하고 적용할 수 있는 기회를 제공하는 것
이 중요하다는 것을 알 수 있다.

　융복합적 수업의 특성을 반영한 '융복합교육에서의 교사의 교수
내용 지식(Y-PCK)' 연구에서는(주미경 · 김래영, 2016), 융복합교육
의 ABCD 원리에 기반하여(차윤경 외, 2016) 자율성(autonomy), 가
교성(biridgeability), 맥락성(contexuality), 다양성(diversity)에 초점
을 두고 교수 방법 지식을 재개념화하여 제시하고 있다. 연구에 의
하면, 교수 방법 지식은 학습자가 자율적 지식 생산자가 될 수 있도
록 촉진하며, 다양한 의견과 방법에 대한 민주적 협의 과정이 이루
어질 수 있도록 돕고, 다양한 영역의 지식을 창의적으로 융합할 수
있도록 지원하며, 실세계 맥락 속에서 학습이 이루어질 수 있도록
이끌어 줄 수 있는 역량을 포함해야 한다고 제시하고 있다. 이에 본
장에서는 교사 전문성 관련 선행 연구 중 '융복합교육을 위한 교사
전문성' 요소를 다루고 있는 Y-PCK를 기반으로 학습자의 융복합
적 역량 함양을 촉진하기 위한 교수 · 학습 전문성에 초점을 두고
자 한다. 그중에서도 테크놀로지 기반의 학습 환경을 기반으로 다
양한 교수 · 학습 전략을 제시하고 학습자가 자율적 지식 생산, 민
주적 협의, 다양한 지식 융합, 맥락적 지식 습득을 성공적으로 이룰
수 있도록 지원하는 교수 · 학습 전문성을 살펴봄으로써, 이를 통
해 융복합교육을 위한 교수 · 학습 전문성을 증진하고 학교 현장에

서 학습자 중심의 융복합교육이 효과적으로 이루어지는 데 기여하
고자 한다.

2. 융복합교육과 테크놀로지 기반 교수 · 학습 전략

본 절에서는 학습자의 자율성, 연계성, 맥락성, 다양성 함양을 촉
진하기 위한 교수 · 학습 전문성을 습득하기 위한 방안으로 테크
놀로지 기반의 교수 · 학습 전략을 소개하고자 한다. 테크놀로지
를 활용한 학습 환경에는 동영상 학습 자료, 학습용 게임 소프트웨
어, 학습용 모바일 앱, 소셜네트워크 서비스(SNS), 컴퓨터 기반 온
라인 토론 도구, 오픈 소스 전자학습 플랫폼 등에 이르기까지 다양
한 도구들이 적용될 수 있다. 교육 현장에서의 테크놀로지 활용 관
련 선행 연구를 살펴보면, 테크놀로지의 역할을 학습 활동을 위한
정보 제공원, 학습자들의 사고 과정을 촉진하는 탐구 학습 촉진자,
정의적 특성 형성자, 사회적 상호작용 및 협동 학습 도구, 학습 평가
도구 등으로 제시하고 있으며(이인숙, 1997; 임정훈, 1999; Jonassen,
1995), 이를 통해 멀티미디어나 인터넷과 같은 매체를 어떤 학습 상
황에서 활용하면 효과적일 것인지에 주목하여 그 효과성을 연구하
였다.

그러나 대부분의 연구는 일반적인 교육 현장의 첨단 교수 · 학습
매체의 활용 전략에 초점을 두고 있으며, 융복합교육의 ABCD 원
리(자율성, 연계성, 맥락성, 다양성)에 초점을 두고 융복합교육을 성
공적으로 이끌기 위한 효과적 · 효율적인 교수 · 학습 방법과 연계
하여 테크놀로지 활용을 탐구한 연구는 찾아보기 어렵다. 테크놀

로지를 활용한 학습 환경은 학습자의 융복합적 역량 함양을 촉진할 뿐만 아니라, 융복합교육 목표의 세 가지 범주에서 제시하는 도구의 상호작용적 활용 역량, 이질적인 집단에서의 상호작용 역량, 자율적인 행동 역량을 학습자가 함양할 수 있는 기회를 제공할 수 있다(정재원, 2015a). 이와 같이 테크놀로지를 활용한 융복합교육의 교육적 유용성이 다양하다는 점에서 실제 융복합교육을 실행할 때 어떤 교육적 상황에서 어떤 전략을 가지고 테크놀로지를 활용하는 것이 효과적일지 탐구할 필요가 있다. 이에 선행 연구를 바탕으로 자율적 지식 생산의 촉진 도구, 민주적 협의 과정의 지원 도구, 다양한 지식의 융합 지원 도구, 맥락적 지식 습득의 지원 도구의 측면에서 테크놀로지를 활용한 융복합교육을 위한 교수 · 학습 교사 전문성을 살펴보고자 한다.

1) 자율적 지식 생산의 촉진 도구

테크놀로지의 활용은 시 · 공간을 초월한 학습이 가능하게 하고 자유로운 정보의 생산과 공유를 지원하며 학습자의 참여를 확대할 수 있다는 점에서, 기존 면대면 학습에서의 제한점을 극복하고 학습자의 자율적 지식 생산을 촉진하는 역할을 한다. 인터넷을 기반으로 하는 다양한 데이터베이스와 멀티미디어 학습 자료, 소셜네트워크 서비스를 활용한 커뮤니티 등은 학습자 중심의 정보 탐색 활동을 기반으로 자율적인 지식 생산을 가능하게 하는 교수 · 학습 매체들이다. 이와 같은 다양한 교수 · 학습 매체는 학습자의 능동적인 학습을 촉진하는 데 효과적으로 이용되는데, 학습자 중심의 학습 모형 중 하나인 '자원 중심 학습(Resource-Based Learning)'에서 강조하고 있는 것처럼, 학습 동기를 촉진하고 학습자 중심의 학습 능력을 습득하기 위해 다양한 학습 자원을 통해 정보를 탐색하고 학습자 스스로 원하는 정보에 접근해 학습 활동을 수행할 수 있는 기회를 제공하는 것은 매우 중요하다(임정훈, 1999). 따라서 다양한 교수·학습 매체를 활용한다면 학습자 중심의 보다 역동적이고 자율적인 학습을 가능하게 할 뿐만 아니라, 학습자 스스로 생각하고 탐구하는 능력을 습득할 수 있도록 지원할 수 있다. 이와 같이 테크놀로지의 활용은 학습자 중심의 자율적 지식 생산을 촉진하며, 이는 융복합교육의 ABCD 원리 중 자율성과 연계되어 학습자가 능동적 탐구를 통해 유의미한 지식을 생산할 수 있는 기회를 제공할 수 있다. 따라서 교수자는 융복합교육에서 학습자의 자율적 지식 생산을 지원하고 촉진하기 위한 방법 중 하나로서 테크놀로지를 활용하는 교수·학습 전략을 습득하고 실천할 수 있는 전문성을 갖출 필요가 있다.

2) 민주적 협의 과정의 지원 도구

테크놀로지를 기반으로 한 다양한 협력적 의사소통 지원 도구들은 온라인 학습에서 학습자 개개인이 가지고 있는 공유되지 않은 개인의 머릿속의 지식을 외현화하고, 이를 다시 팀원 간의 상호작용을 통해 개인의 내면화가 이루어지도록 돕는 역할을 한다(Eryilmaz, van der Pol, Ryan, Clark, & Mary, 2013). 예를 들어, 다양한 형태의 의사소통 지원 도구들은 해당 주제에 대해 시간 순서대로 댓글을 제시하는 방법, 해당 세부 내용에 의견을 제시하는 방법, 학습 내용과 관련된 개념 또는 의견을 노드와 링크를 활용해 시각화

하는 방법, 팀원 개개인이 학습한 개념을 동료와 공유하며 학습 내
용에 대한 이해를 강화하고 공동의 결과물을 산출하는 방법 등을
제공한다. 이를 통해 다양한 관점을 가지고 있는 학습자들이 자신
의 내면에 가지고 있는 공유되지 않은 지식을 외현화하여 다른 학
습자와 다양한 관점을 서로 협의하고 민주적인 의사소통이 이루어
질 수 있도록 돕는다. 이와 같이 테크놀로지의 활용은 민주적 협의
과정을 지원하며, 이는 융복합교육의 ABCD 원리 중 다양성과 연
계되어 개별 학습자가 가진 다양한 관점과 의견을 존중하며 서로
의 의견을 경청하고 공유하는 과정을 통해 민주적 협의 과정을 실
천할 수 있는 기회를 제공할 수 있다. 따라서 교수자는 융복합교육
에서 학습자의 민주적 협의 과정을 지원하고 다양한 관점들을 공
유하며 수용하는 과정이 조화롭게 이루어질 수 있도록 지원하는
방법 중 하나로서 테크놀로지를 활용하는 교수 · 학습 전략을 습득
하고 실천할 수 있는 전문성을 갖출 필요가 있다.

3) 다양한 지식의 융합 지원 도구

학문 및 영역 간의 경계가 무너지고 다양한 학문의 융합과 이를
바탕으로 한 융합적 사고를 필요로 하는 지식정보화사회에서는 실
세계 맥락 속의 복잡한 사회 현상과 다양한 문제들을 단일 학문으
로 설명하기에는 한계가 있기 때문에 다양한 영역의 지식을 창의
적으로 융합할 수 있는 능력을 필요로 한다(정재원, 2015a). 이러한
맥락에서 학습자 간 상호작용을 기반으로 서로의 지식을 공유하고
새로운 공동지식을 생산해 내는 학습 활동은 다양한 지식의 융합
을 가능하게 한다는 점에서 융복합교육을 실천하기 위한 효과적인

교수·학습 방법 중 하나로 주목받고 있다. 다양한 지식의 융합을 지원하기 위해 테크놀로지를 이용하는 방법에는 여러 가지가 있을 수 있으나, 앞에서 살펴본 자율적 지식 생산의 촉진 및 민주적 협의 과정을 지원하기 위한 테크놀로지의 다양한 활용 방법들은 다양한 지식의 융합을 지원하는 도구로서의 역할도 포함하고 있다고 볼 수 있다. 예를 들어, 소셜네트워크 서비스를 활용한 커뮤니티는 온라인 학습 공동체 환경을 제공하여 학습자가 지식을 공유하고 협력적 지식 구축을 할 수 있는 기회를 제공한다. 또한 학습 내용과 관련된 개념 또는 의견을 노드와 링크를 활용해 시각화하는 개념도의 경우, 추상적인 생각을 구체화할 수 있도록 지원하여 개념적 지식을 융합하는 데 도움을 준다. 이와 같이 테크놀로지를 활용한 다양한 지식의 융합은 융복합교육의 ABCD 원리 중 자율성, 가교성, 다양성과 연계되어 자율적인 지식 생산을 하고, 협력적 학습 공동체를 형성하며, 다양한 관점으로 개별성과 다양성을 존중하는 학습자로 성장해 나가는 기회를 제공할 수 있다. 따라서 교수자는 융복합교육에서 학습자의 다양한 지식의 융합을 지원하는 방법 중 하나로서 테크놀로지를 활용하는 교수·학습 전략을 습득하고 실천할 수 있는 전문성을 갖출 필요가 있다.

4) 맥락적 지식 습득의 지원 도구

ABCD 모델에서는 융복합 수업을 교과 영역 간의 통합을 넘어서 학습자의 개별성과 사회적 상호작용을 기반으로 새로운 지식 창출을 가능하게 하는 것에 초점을 두고 학습자에게 의미 있는 실제적 맥락을 탐구하도록 하는 것을 강조한다(주미경·김래영, 2016; 함승환 외, 2013). 이와 같은 관점에서 멀티미디어를 활용한 학습 프로그 램 및 다양한 교수 · 학습 매체의 적용은 실생활과 연계된 맥락적 학습의 기회를 제공하며 학습자의 개인적 · 사회적 삶에 유의미한 지식의 생산으로 이어질 수 있다(Duffy & Jonassen, 1991; Jonassen, 1995). 예를 들어, 〈제스퍼 우드베리의 모험(The Adventures of Jasper Woodbury)〉의 경우 상황 학습 이론을 바탕으로 개발된 비디 오 시리즈로서, 비디오를 통해 실세계의 복잡한 문제 상황을 제시 한 후 학습자들로 하여금 이를 해결해 나가도록 함으로써 문제를 해결하기 위해 필요한 수학, 과학, 지리, 사회 등 다양한 과목의 학 습을 가능하게 한다(Rakes, 1996). 또한 웹 기반 환경의 문제 기반 학습(e-PBL)의 경우에도 실세계와 연관된 '비구조화된 문제'를 제시 함으로써 학습자들이 실세계에서 접할 수 있는 복잡한 문제 상황을 해결해 나갈 수 있는 기회를 제공한다(Woo, Herrington, Agostinho, & Reeves, 2007). 이와 같이 테크놀로지를 활용한 맥락적 지식 습득 의 지원은 융복합교육의 ABCD 원리 중 맥락성과 연계되어 학습자 에게 의미 있는 실제적 학습을 가능하게 하고 자율적인 탐구 학습 을 할 수 있는 기회를 제공할 수 있다. 따라서 교수자는 융복합교육 에서 학습자가 실세계와 연계된 맥락적 지식을 습득할 수 있도록 지원하는 방법 중 하나로서 테크놀로지를 활용하는 교수 · 학습 전 략을 습득하고 실천할 수 있는 전문성을 갖출 필요가 있다.

지금까지 살펴본 바와 같이 테크놀로지를 활용한 학습 환경은 학습자가 자율적 지식 생산, 다양한 의견과 방법에 대한 민주적 협 의, 다양한 지식의 창의적 융합, 실세계 맥락의 학습을 지원하고 촉 진하는 기회를 제공한다. 따라서 융복합교육에서 테크놀로지를 적 절히 활용한다면 학습자의 융복합적 역량 함양을 촉진할 수 있으며, 이를 실천하기 위한 교수·학습 전문성의 습득은 융복합교육에서 고려해야 할 중요한 요소라고 할 수 있다.

3. 교수·학습 전문성과 융복합교육의 실천 사례

이 절에서는 테크놀로지 기반의 학습 환경을 통해 다양한 교수·학습 전략을 제시하고, 이와 관련된 교수·학습 전문성을 살펴보고자 한다. 융복합교육의 교수·학습 전문성을 위한 테크놀로지 활용 수업은 모두 서울 소재 대학교의 교원 양성 과정에서 진행되었으며, 미래사회의 핵심 역량으로 요구되는 창의성과 민주적 인성 함양을 통해 세계화, 다원화, 정보화, 지식 융합 등에 따른 사회 변화에 대응할 수 있는 교육적 안목과 실천적 역량을 지닌 예비 교원 양성을 목표로 하였다.

1) 컨셉 그리드(Concept Grid)를 활용한 개념 학습[1]

- 프로그램: 서울 소재 H 대학교의 교원 양성 과정
- 학습 내용: 학습 이론의 이해를 바탕으로 한 '교육학' 관련 개념 학습
- 교수·학습 방법: 컨셉 그리드를 활용한 개인·협력 학습
- 산출물: 개념 정리(개인), 컨셉 그리드(협력)
- 교수·학습 전문성과 ABCD 요소

---

1) 본 사례의 학습 활동은 정효정(2014)을 참조하여 진행하였다.

교수 · 학습 전문성	ABCD 요소	학습 활동
자율적 지식 생산	자율성, 맥락성, 다양성	주어진 개념의 재개념화
민주적 협의 과정	자율성, 다양성	컨셉 그리드 작성
다양한 지식의 융합	자율성, 가교성, 다양성	개념의 재개념화, 컨셉 그리드 작성
맥락적 지식 습득	자율성, 가교성, 맥락성, 다양성	개념의 재개념화, 컨셉 그리드 작성

이 사례는 제공되는 명제적 지식을 수동적으로 받아들이는 형태로 진행되던 기존의 전통적인 개념 학습을 학습자 중심의 능동적 학습으로 바꾸어 보고자 하는 목적에서 출발하여 개념 학습에 컨셉 그리드를 활용한 경우이다. 컨셉 그리드는 팀원 개개인이 학습한 개념을 동료에게 설명하고 서로의 의견을 조율하여 공동의 컨셉 그리드를 완성하는 학습 방법으로, 팀원 간의 협력적 의사소통 과정을 통해 학습 내용에 대한 이해를 강화하고 수준 높은 학습을 유도한다(정효정, 2014; Dillenbourg, 2002). 본 사례의 컨셉 그리드는 학습자들이 학습 이론의 이해를 바탕으로 교육학 관련 핵심 개념을 학습하는 것을 지원하기 위한 목적으로 적용되었다. 학습자들은 3명이 한 팀으로 구성되어 팀 내에서 각각 행동주의자, 인지주의자, 구성주의자의 역할을 분담한 후, 제공된 12개의 개념 중 개인별로 4개의 개념에 대한 정의를 맡았다. 제공된 학습 자료에는 12개의 개념에 대한 일반적인 정의가 제시되어 있었으며, 주어진 개념 정의를 읽고 자신의 역할(행동주의자, 인지주의자, 구성주의자)에 따라 각자가 맡은 개념을 재개념화하는 개별 학습을 진행하였다. 이때 학습자들은 주어진 학습 내용을 기반으로 스스로 다양

〈표 6-1〉 컨셉 그리드 학습 과정

단계	활동	구분
개인 역할 분담	각자 자신의 역할 및 개념을 분담한다.	협력
개념 정의	제시된 자료에서 각자에게 할당된 개념의 정의를 읽고 정보를 수집하여 자신의 역할에 맞게 개념을 재개념화한다.	개인
컨셉 그리드 작성	웹 기반 동시적 토론을 통해 의견을 조율하며 컨셉 그리드를 작성한다.	협력
발표	팀별로 컨셉 그리드를 발표한다.	협력

한 자료를 활용한 심화 학습을 통해 각자가 분담한 개념을 정의하였다. 각자가 맡은 개념의 재개념화를 수행한 후에는 이를 바탕으로 팀별 협력 학습을 통해 컨셉 그리드를 완성하는 활동을 하게 되는데, 이때 학습자들은 웹 기반 동시적 토론을 통해 자신이 이해한 개념 및 역할에 대한 설명을 하고 다른 팀원의 설명을 이해하며 팀별 협력 학습을 진행하였다. 서로의 다양한 관점과 의견을 조율하며, 컨셉 그리드를 완성한 후에는 팀별로 발표하고 피드백을 받았다(〈표 6-1〉 참조).

[그림 6-1]은 컨셉 그리드를 활용한 개념 학습의 최종 결과물인 컨셉 그리드와 컨셉 그리드를 작성하기 위한 웹 기반 동시적 토론의 예시를 보여 준다. 학습자들은 자신이 맡은 개념의 재개념화를 수행한 후, 웹 기반 동시적 토론을 통해 팀별 컨셉 그리드를 완성하였다. 웹 기반 동시적 토론에서는 자신이 이해한 개념을 설명하며 궁금한 것을 질문하고, 서로의 의견이 다른 부분은 조율함으로써 팀원들의 의견을 통합하여 협력 학습을 수행하였다.

이 수업의 결과, 예비 교사들은 각자가 맡은 개념의 재개념화를

컨셉 그리드	웹 기반 동시적 토론

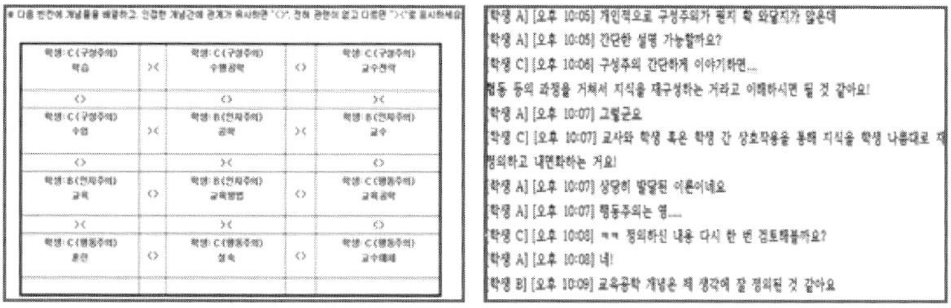

[그림 6-1] 컨셉 그리드 활동 예시

수행하며 정보 탐색을 통해 자율적 지식 생산을 할 수 있었으며, 컨셉 그리드를 완성하는 과정에서 서로의 다양한 관점을 공유하고 조율하는 기회를 통해 다양한 의견과 방법에 대한 민주적 협의 과정을 체험하고 다양한 지식을 융합할 수 있었다. 또한 컨셉 그리드를 완성하기 위해 자신이 맡은 역할과 개념에 대한 연계성 및 개념과 개념 사이의 관계를 탐구하며 맥락적 지식 습득의 기회를 제공받을 수 있었다. 이와 같이 컨셉 그리드를 활용한 수업은 개념 학습도 학습자 중심의 융복합교육이 가능하다는 실증적 사례를 제시해 주었다는 점에서 의의가 있다. 또한 수업에 참여한 예비 교사들이 새로운 방식의 개념 학습을 경험하게 됨으로써 개념 학습을 위한 다양한 교수 · 학습 방법을 적용하는 것에 관심을 가지게 되었다는 점에서 실제 교육 현장에서 융복합교육을 실행할 때 학습자 중심의 개념 학습을 위한 시도가 좀 더 활발히 이루어질 수 있을 것으로 기대된다.

2) 루브릭을 활용한 웹 기반 동시적 토론[2]

- 프로그램: 서울 소재 D 여자대학교의 교원 양성 과정
- 학습 내용: 학습 이론과 교수 설계에 대한 이해를 기반으로 한 문제 해결 학습
- 교수 · 학습 방법: 웹 기반 동시적 토론
- 산출물: 온라인 토론 댓글(협력), 개인 논증문(개인)
- 교수 · 학습 전문성과 ABCD 요소

교수 · 학습 전문성	ABCD 요소	학습 활동
자율적 지식 생산	자율성, 맥락성, 다양성	온라인 토론, 개인 논증문
민주적 협의 과정	자율성, 다양성	온라인 토론
다양한 지식의 융합	자율성, 가교성, 다양성	개인 논증문
맥락적 지식 습득	자율성, 가교성, 맥락성, 다양성	실세계 맥락의 토론 주제

이 사례는 융복합교육에서 다양한 지식을 융합하는 과정 중 민주적 협의가 이루어지도록 촉진하는 교수 · 학습 방법으로 웹 기반 동시적 토론을 진행한 경우이다. 웹 기반 토론 환경은 시간적 · 공간적 제약에서 벗어나 비교적 자유롭게 정보를 생산하고 공유함으로써, 면대면 토론 환경의 물리적 한계를 극복할 뿐만 아니라 다양한 토론 그룹의 형성이 가능하고 내성적인 학습자의 참여를 이끌어 낼 수 있다는 점에서 효과적이다. 이에 웹 기반 토론 환경의 효과성에 초점을 두어 학습자들의 복잡한 문제 해결을 지원하기 위한 방법으로 웹 기반 동시적 토론을 진행하였으며, 토론 주제를 중

---

2) 본 사례는 정재원(2015b)을 요약하여 재구성하였다.

심으로 토론을 이끌고 토론 과정에서 자신의 논증문과 타인의 논증문을 성찰하고 비판적 사고력을 함양할 수 있도록 온라인 토론을 위한 루브릭을 제공하였다. 웹 기반 동시적 토론을 위한 토론 환경은 포털 사이트 다음(DAUM)에서 제공하는 카페를 사용하였고, 토론 참여자들은 카페에 접속한 후 자신이 속한 그룹별 게시판에 입장하여 토론 활동을 수행하였다. 웹 기반 동시적 토론은 게시판 상단에 공지된 토론 주제를 숙지한 후 각자 개인 논증문을 올리고 토론 참여자들이 그 밑에 댓글을 다는 방식으로 진행되었으며, 토론 시간은 개인 논증문 작성에 30분, 토론 참여자들의 자유로운 댓글 활동에 90분이 제공되었다. 제공된 루브릭은 명료성, 정확성, 관련성, 논리성, 심층성의 5가지 항목으로 구성되었으며, 토론 참여자들은 루브릭을 활용하여 자신과 상대방의 의견을 성찰하고 피드백을 제공하였다. 토론 주제는 학습자의 학습 동기 저하로 발생하는 교육적 문제 상황을 해결하기 위한 다양한 교수 · 학습 방법을 제시하는 것이었다(〈표 6-2〉 참조).

〈표 6-2〉 루브릭을 활용한 웹 기반 동시적 토론 학습 과정

단계	활동	구분
개인 논증문 작성	주어진 문제에 대해 각자 개인 논증문을 작성하여 게시판에 업로드한다.	개인
온라인 토론	개인 논증문을 읽고 토론 참가자들이 그 밑에 댓글을 다는 형식으로 온라인 동시적 토론을 진행한다. 이때 루브릭을 활용하여 자신과 상대방의 의견을 성찰하고 피드백을 제공한다.	협력
종합	피드백을 기반으로 개인 논증문을 수정 · 보완하여 제출한다.	개인

[그림 6-2]는 웹 기반 동시적 토론에서 작성한 개인 논증문과 이에 대한 팀별 웹 기반 동시적 토론의 예시를 보여 준다. 토론 참가자들은 게시판에 공지된 토론 주제와 관련한 개인 논증문을 각자 작성하여 팀별 게시판에 업로드한 후, 팀별로 각각의 개인 논증문에 대하여 자유롭게 의견을 나누는 웹 기반 동시적 토론을 수행하였다. 이때 토론 참가자들은 제공된 루브릭을 활용하여 논증문에서 제시하는 주장에 대해 지지, 반박 또는 추가 설명하는 활동을 해당 논증문의 하단에 자유롭게 댓글을 다는 형식으로 수행하였다.

이 수업의 결과, 웹 기반 동시적 토론에 참여한 예비 교사들은 동시적 토론을 통해 자신의 의견을 제시하고 다른 관점을 가진 팀원의 의견을 공유하는 과정에서 자율적 지식 생산 및 민주적 협의 과정이 일어날 수 있는 학습 환경을 경험할 수 있었다. 특히 자신의 의견을 논리적으로 전개하는 과정에서 합리적이고 비판적인 사고를 바탕으로 다양한 영역의 지식을 융합할 수 있는 기회를 제공받았으며, 토론 주제를 기반으로 실제적이고 의미 있는 실세계의 문제를 고민하고 해결해 나가는 과정을 통해 맥락적 지식 습득의 기회를 얻을 수 있었다. 또한 누구나 쉽게 접근할 수 있는 포털 사이트의 카페 게시판도 능동적인 학습 활동을 촉진하기 위한 학습 환

개인 논증문   웹 기반 동시적 토론

[그림 6-2] 웹 기반 동시적 토론 활동 예시

경으로의 활용이 가능하다는 것을 경험함으로써 다양한 테크놀로지 기반 교수 · 학습 전략을 탐색할 수 있는 계기를 얻게 되었다.

3) 컴퓨터 기반 협력 학습
(Computer-Supported Collaborative Learning)[3]

- 프로그램: 서울 소재 H 대학교의 교원 양성 과정
- 학습 내용: '교육학 개론' 관련 학습 이론, 교육 방법 등 학습 내용 이해
- 교수 · 학습 방법: 컴퓨터 기반 협력 학습
- 산출물: 학습 내용 관련 핵심 개념 및 핵심 내용 토론 자료(협력), 학습 지도안(협력)
- 교수 · 학습 전문성과 ABCD 요소

교수 · 학습 전문성	ABCD 요소	학습 활동
자율적 지식 생산	자율성, 맥락성, 다양성	공유지식 형성
민주적 협의 과정	자율성, 다양성	동시적 · 비동시적 온라인 토론
다양한 지식의 융합	자율성, 가교성, 다양성	공동지식 구축
맥락적 지식 습득	자율성, 가교성, 맥락성, 다양성	실세계 맥락의 과제 제시

이 사례는 협력 학습을 통해 학습자들이 공유지식과 공동지식을 구축하는 과정에서 자율적 지식 생산, 민주적 협의 과정, 다양한 지식의 융합, 그리고 맥락적 지식 습득이 이루어지도록 촉진하는 교수학습 방법으로 컴퓨터 기반 협력 학습을 진행한 경우이다. 본 사

---

3) 본 사례의 학습 활동은 신윤희와 김동식(2015)을 참조하여 진행하였다.

례에서는 복잡한 학습 내용의 이해와 전이를 촉진하기 위해 컴퓨터 기반 협력 학습 환경을 활용하여 공유지식 및 공동지식 구축을 수행하도록 하였다. 수업에 활용된 컴퓨터 기반 협력 학습 환경은 'Visible-Annotation Tool(신윤희 · 김동식, 2015)'이며 작성된 댓글이 해당 핵심 개념 및 학습 내용과 링크로 연결이 되어서 학습자들이 제시된 개념 또는 학습 내용을 클릭하면 언제든지 관련 내용의 댓글을 확인할 수 있도록 하는 기능을 포함하고 있다. 먼저 공유지식 구축 단계에서 학습자들은 두 명이 한 팀이 되어서 비동시적 협력 학습을 진행했는데, 온라인 토론을 통해 제시된 개념에 대한 정의를 내리고 장단점을 작성하는 '개념 학습'과 제시된 학습 내용 중 모르는 부분에 대해 질문하고 설명하는 '내용 학습'을 하였다. 공동지식 구축 단계에서는 동시적 협력 학습으로 교수학습 시나리오에서 제시하는 문제 해결을 위해 팀원끼리 서로 댓글로 의견을 공유하며, 실제 사용 가능한 교육기획안을 팀별로 작성하도록 하였다. 공유지식과 공동지식 구축을 위한 학습 기간은 각각 2주씩 제공되었고, 모든 학습 활동은 면대면 학습 환경이 아닌 컴퓨터 기반 학습

〈표 6-3〉 컴퓨터 기반 협력 학습 과정

단계	활동	구분
공유지식 구축	학습 내용을 기반으로 온라인 토론을 통해 '개념 학습'과 '내용 학습'을 진행한다. (비동시적)	협력
공동지식 구축	주어진 문제를 해결하기 위해 의견을 공유하고 문제 해결을 위한 교육기획안을 작성한다. (동시적)	협력
발표 · 피드백	팀별로 교육기획안을 발표하고 피드백을 받는다.	협력
종합	피드백을 기반으로 교육기획안을 수정 · 보완하여 제출한다.	협력

환경에서만 이루어지도록 하였다(〈표 6-3〉 참조).

[그림 6-3]은 본 수업을 위해 활용된 컴퓨터 기반 협력 학습 환경 인 'Visible-Annotation Tool'에서 진행된 컴퓨터 기반 협력 학습 활동의 예시를 보여 준다. 컴퓨터 화면은 두 개로 나뉘어 오른쪽은 학습 내용을 제시하며 왼쪽은 온라인 협력 학습을 수행하기 위한 게시판 및 채팅창을 제공한다. [그림 6-3]은 공유지식 구축 단계를 제시하고 있으며, 학습자들은 오른쪽의 학습 내용에서 제시하고 있는 주요 개념의 학습을 위해 화면 왼쪽의 채팅창을 활용하여 개념에 대한 정의와 장단점 요약 등의 활동을 팀별 협력 학습으로 수행하였다.

이 수업의 결과, 컴퓨터 기반 협력 학습에 참여한 예비 교사들은 컴퓨터를 활용한 협력 학습을 처음 경험한 경우가 많았으며, 처음에는 어려움을 느꼈지만 점차 흥미를 가지고 학습 내용과 관련한 팀별 활동을 수행할 수 있었다고 밝혔다. 또한 공유지식을 구축하는 단계에서 궁금한 사항을 질문하고 그에 대한 설명을 작성하기 위해 다양한 자료를 찾는 과정을 통해 심화 학습을 경험할 수 있

온라인 협력 학습	학습 내용(개념 학습)

[그림 6-3] 컴퓨터 기반 협력 학습-활동 예시

었다. 공동지식 구축 단계에서는 학습 지도안을 작성하기 위해 컴퓨터 기반 환경에서 다양한 의견을 제시하고 공유함으로써 민주적 협의 과정을 경험하였으며, 실제 기업교육에서 사용하기 위한 교육기획안을 작성하면서 실세계 맥락과 연계된 학습을 할 수 있었다. 이를 통해 예비교사들이 컴퓨터 기반 협력 학습을 통해 실제적인 지식을 경험하고 실제 교육 현장에서 실천할 수 있는 교수·학습 전문성을 기를 수 있게 되었음을 알 수 있었다.

4) 문제 기반 학습(Problem-Based Learning)[4]

- 프로그램: 서울 소재 D 여자대학교의 교원 양성 과정
- 학습 내용: 다양한 교육적 지식을 바탕으로 교육 현장의 문제점 해결하기
- 교수·학습 방법: 테크놀로지를 활용한 문제 기반 학습
- 산출물: 과제 수행 계획서, 홍보 동영상, 홍보 포스터, 수업 계획서 등(협력)
- 교수·학습 전문성과 ABCD 요소

교수·학습 전문성	ABCD 요소	학습 활동
자율적 지식 생산	자율성, 맥락성, 다양성	개별 자료 조사 소셜네트워크를 활용한 질의응답
민주적 협의 과정	자율성, 다양성	면대면 토론 및 협력 학습
다양한 지식의 융합	자율성, 가교성, 다양성	홍보 동영상·홍보 포스터 제작 수업 지도안 작성
맥락적 지식 습득	자율성, 가교성, 맥락성, 다양성	실세계 맥락의 비구조화된 문제 제시

---

4) 본 사례는 정재원(2015a)을 요약하여 재구성하였다.

이 사례는 융복합교육의 실천에 효과적인 교수 · 학습 방법으로
주목받고 있는 문제 기반 학습에 다양한 테크놀로지를 접목하여
융복합교육의 목표인 도구의 상호작용적 활용 역량, 이질적 집단
에서의 상호작용 역량, 자율적 실천 역량을 향상하는 것을 목적으
로 하였다. 이에 테크놀로지를 활용한 문제 기반 학습은 다양한 교
육적 지식을 바탕으로 학습자들이 비구조화된 복잡한 문제 해결을
해 나가는 것을 지원하기 위해 적용되었다. 문제 기반 학습에서 주
어진 문제는 지역사회 평생교육센터를 활성화하기 위해 ASSURE
모형을 기반으로 지역주민에게 필요한 평생교육 프로그램을 기획
하는 것으로, 모든 학습자는 4단계로 구성된 문제 기반 학습에 8주
간 참여하였다. 참여한 학습자들은 3명이 한 팀으로 구성되어 지
금까지 배웠던 교수 · 학습 이론, 교수 설계 이론, 교수 매체 등에
대한 이해를 바탕으로 문제 해결 활동을 수행하였다. 문제 기반 학
습은 문제 제시, 문제 탐구, 문제 해결, 발표 및 자기 성찰 단계로
구성되었고, 학습자들은 네이버 밴드를 통하여 팀별 결과물을 공
유하거나 궁금한 사항에 대해 학습자-학습자 또는 학습자-교수
자 간 소통을 하였다. 교수자는 면대면 또는 소셜네트워크 서비스
를 활용하여 학습자에게 피드백을 제공하여 학습자들의 능동적 학
습 활동을 지원하였다. 학습자들은 자신의 팀이 기획한 평생교육
프로그램 기획안에 대한 홍보 동영상과 홍보 포스터를 제작하며
스스로 테크놀로지를 활용하여 멀티미디어 학습 자료를 제작하는
경험을 하였고, 최종적으로 수업 계획서를 완성하였다(〈표 6-4〉
참조).

〈표 6-4〉 문제 기반 학습 과정(정재원, 2015a, p. 315)

단계	주차	활동	구분
문제 제시	1	문제 제시	협력
	2	문제 확인 및 역할 분담, 과제 수행 계획서 작성	협력
문제 탐구	3	문제 해결을 위한 자료 탐색	개인
	4	문제 해결을 위한 요구 분석안 작성	협력
문제 해결	5	문제 해결을 위한 토론	협력
	6	피드백 제공, 홍보 동영상 및 홍보 포스터 발표	협력
발표 및 성찰	7	수업 지도안 발표 및 수업 시연	협력
	8	성찰일지 작성 및 평가	개인

[그림 6-4]는 문제 기반 학습에서 ASSURE 모형을 기반으로 평생교육 프로그램을 기획하기 위한 학습자들의 브레인스토밍 과정과 과제 수행 계획서 양식의 예시를 보여 준다. 학습자들은 과제 수행 계획서를 작성하기 전에 팀별로 평생교육 프로그램의 주제를 정하고, ASSURE 모형에 따라 프로그램을 어떻게 기획할 것인지에 대한 브레인스토밍을 진행하였다. 브레인스토밍은 네이버 밴드를 통해

브레인스토밍   과제 수행 계획서

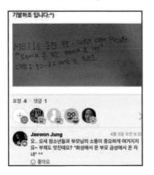

[그림 6-4] 문제 기반 학습 활동 예시

공유되었으며, 브레인스토밍을 바탕으로 과제 수행 계획서를 작성한 후에는 문제 기반 학습 과정에 따라 문제 해결을 위한 요구 분석안 작성 및 홍보 동영상과 홍보 포스터를 만들고 최종적으로 수업 계획서를 작성하였다.

이 수업의 결과, 예비 교사들은 기존의 문제 기반 학습 과정에 테크놀로지를 적절히 적용한다면 의도한 학습 목표 및 학습 내용의 전달 및 습득에 효과적이라는 것을 경험할 수 있었다. 문제 기반 학습은 학습자에게 자율적 지식 생산, 민주적 협의 과정, 다양한 지식의 융합, 맥락적 지식 습득의 기회를 제공할 수 있다는 점에서 융복합교육을 실천하는 데 있어 매우 효과적인 교수 · 학습 방법이라고 할 수 있다. 그러나 문제 기반 학습을 통해 의도한 학습 효과를 성공적으로 이끌어 내기 위해서는 각 단계의 특징과 학습자들이 겪는 어려움을 잘 인식하고 있어야 하며, 이를 위해서는 문제 기반 학습을 실제적으로 경험하는 것이 매우 중요하다. 이에 본 문제 기반 학습에 참여한 예비 교사들은 스스로가 문제 기반 학습의 각 단계를 경험하고 그 과정에서 다양한 테크놀로지를 적용하여 문제 해결을 해 나갔으며, 또한 문제 기반 학습을 통해 학습자의 문제 해결력에 어떤 변화가 일어나는지를 스스로 경험하였다. 이와 같은 경험을 통해 실제적으로 교육 현장에 나아갈 예비 교사들은 자신들의 수업에서 문제 기반 학습을 적용할 수 있는 교수 · 학습 전문성을 습득하는 기회를 제공받았다는 것을 알 수 있었다.

4. 교수·학습 전문성 함양을 위한 제언

융복합교육의 필요성에 대한 사회적 인식과 교육 환경의 변화는 융복합교육의 효과적인 실천에 대한 관심으로 이어지고 있다. 이러한 맥락에서 융복합교육의 ABCD 원리를 바탕으로 학습자들의 융복합 역량 함양을 촉진하고 성공적인 융복합교육을 실행하기 위한 방안으로 교사 전문성에 대한 중요성 또한 증대되고 있다. 본 장에서는 융복합교육을 위한 교사 전문성 요소 중에서도 테크놀로지에 기반을 둔 교수·학습 전문성에 초점을 두어 다양한 사례를 살펴보았다. 실제로 많은 예비 교사는 융복합교육을 실행하기 위한 교수·학습 전문성의 필요성을 느끼고 있는 것에 비해 다양한 교수·학습 전략을 실제적으로 교육 현장에 적용하는 데 어려움을 느끼고 있었다(주미경·김래영, 2016). 그중에서도 테크놀로지를 활용한 수업을 경험한 적이 많지 않았으며, 이로 인해 다양한 테크놀로지 기반의 교수·학습 전략을 수립하는 데 한계를 경험하고 있었다. 본 장에서 제시된 사례들은 교원 양성 과정에서 진행된 테크놀로지를 활용한 수업들이었으며, 수업에 참여한 예비 교사들은 테크놀로지를 활용한 교수·학습 방법을 수업에 효과적으로 적용해 보겠다는 의식의 변화를 가지게 되었다는 것을 알 수 있었다.

테크놀로지의 활용은 기존 면대면 교육 환경의 한계를 극복하고 학습자 중심의 능동적인 학습 환경을 이끌어 낼 수 있다는 점에서 주목받고 있다. 이러한 새로운 기술을 활용한 교수·학습 전략은 자율성, 가교성, 맥락성, 다양성을 기반으로 하는 융복합교육을 지원하기 위한 도구로서 학습자의 융복합적 역량을 증대시키는 데 기여할 수 있다. 그중에서도 테크놀로지는 Y-PCK에서 제시하는 능동적인 지식 생산자가 될 수 있도록 촉진하는 교수 · 학습 전략, 다양한 관점에 대한 민주적 협의 과정을 지원하는 교수 · 학습 전략, 다양한 지식의 창의적 융합을 촉진하는 교수 · 학습 전략, 실세계 맥락의 학습을 촉진하는 교수 · 학습 전략을 개발하고 적용하는 데 효과적으로 활용될 수 있다(Dillenbourg, 2002; Duffy & Jonassen, 1991; Eryilmaz et al., 2013; Jonassen, 1995; Woo et al., 2007). 그러나 대부분의 교수자가 테크놀로지를 활용한 다양한 교수 · 학습 전략에 대한 경험이 충분하지 않다는 점에서, 교수자가 테크놀로지를 활용한 교수 · 학습 지식을 바탕으로 융복합교육을 실행할 수 있도록 융복합교육을 위한 교사 전문성에 대한 다양한 연구가 필요한 실정이다. 하지만 융복합교육을 위한 교사 전문성을 구성하는 요소와 융복합교육 실천 역량에 대한 연구가 아직까지는 충분하지 않으며 교수 · 학습 전문성 개발 방안에 대한 논의도 활발히 진행되지 않은 상황이라는 점을 고려할 때, 앞으로 융복합교육을 위한 교사 전문성 관련 연구 및 역량 증진 프로그램의 개발이 더욱 요구된다는 것을 알 수 있다. 무엇보다도 교수 방법 지식에 대한 역량을 함양할 수 있도록 다양한 교수 · 학습 전략을 경험할 수 있는 기회를 제공해야 하며, 이를 토대로 효과적인 융복합수업을 설계할 수 있는 역량을 증진할 수 있도록 지원할 필요가 있다.

참고문헌

신동희, 김정우, 김래영, 이종원, 이현주, 이정민(2012). 융합형 교사 교육 프로그램 개발 연구. 교과교육학연구, 16(1). 이화여자대학교 교과교육연구소.

신윤희, 김동식(2015). 컴퓨터 기반 협력 학습에서 공유지식 형성을 위한 표상 도구 설계. 컴퓨터교육학회 논문지, 19(2). 한국컴퓨터교육학회.

윤현진, 김영준, 이광우, 전제철(2007). 미래 한국인의 핵심 역량 증진을 위한 초 · 중등학교 교육과정 비전 연구(I). 한국교육과정평가원 연구보고(RRC 2007-1).

이광우, 민용성, 전제철, 김미영, 김혜진(2008). 미래 한국인의 핵심 역량 증진을 위한 초 · 중등학교 교육과정 비전 연구(II). 한국교육과정평가원 연구보고(RRC 2008-7-1).

이선경, 구하라, 김선아, 김시정, 문종은, 박영석, 신혜원, 안성호, 유병규, 이삼형, 이승희, 이은연, 주미경, 차윤경, 함승환, 황세영(2013). 융복합 교육 프로그램 구성을 위한 기초 연구: 현장 사례 분석을 통한 구성 틀 적용 가능성 탐색. 학습자중심교과교육연구, 13(3). 학습자중심교과교육학회.

이인숙(1997). 열린교육을 위한 첨단 매체의 이용. 열린교육의 이론과 교수 방법. 한국방송통신대학교 평생교육원.

임언, 최동선, 박민정(2008). 미래의 직업 세계에서 요구하는 핵심 역량 연구. 한국교육과정평가원 연구보고(RRC 2008-7).

임정훈(1999). 첨단 교수 · 학습 매체를 활용한 열린교육. 초등교육연구, 13(1). 한국초등교육학회.

정재원(2015a). 문제 기반 학습에 의한 융복합교육 프로그램 효과 연구. 학습자중심교과교육연구, 15(3). 학습자중심교과교육학회.

정재원(2015b). 웹 기반 동시적 토론을 위한 루브릭의 효과 연구. 학습자중심교과교육연구, 15(4), 학습자중심교과교육학회.

정효정(2014). 예비 교원 교육을 위한 컴퓨터 기반 협력 스크립트의 적용 사례 연구. 학습자중심교과교육연구, 14(2). 학습자중심교과교육학회.

조대연, 김희규, 김한별(2008). 미래의 평생학습사회에서 요구하는 핵심 역량 연구. 한국교육과정평가원 연구보고(RRC 2008-7-3).

주미경, 김래영(2016). 융복합적 수학 수업에서 나타난 PCK 분석. 학습자중심교과교육연구, 16(4). 학습자중심교과교육학회.

차윤경, 안성호, 주미경, 함승환(2016). 융복합교육의 확장적 재개념화 가능성 탐색. 다문화교육연구, 9(1), 한국다문화교육학회.

최상덕, 김진영, 반상진, 이강수, 이수정, 최현영(2011). 21세기 창의적 인재 양성을 위한 교육의 미래 전략 연구. 한국교육개발원 연구보고(RR 2011-01).

함승환, 구하라, 김선아, 김시정, 문종은, 박영석, 박주호, 안성호, 유병규, 이삼형, 이선경, 주미경, 차윤경, 황세영(2013). "융복합교육"의 개념화: 융(복)합적 교육 관련 담론과 현장 교사 포커스 그룹 면담을 중심으로. 교육과정평가연구, 16(1). 한국교육과정평가원.

허희옥, 임규연, 서정희, 김영애(2011). 미래 학교 지원을 위한 21세기 교수-학습 활동 개발 시리즈 1: 21세기 학습자 및 교수자 역량 모델링. 한국교육학술정보원 연구보고(KR 2011-2).

Dillenbourg, P. (2002). Over-scripting CSCL: The risks of blending collaborative learning with instructional design. In P. A. Kirschner (Ed.), *Three worlds of CSCL. Can we support CSCL*. Heerlen: Open Universiteit Nederland.

Duffy, T. M., & Jonassen, D. H. (1991). Constructivism: New implication for instructional technology? *Educational Technology*, May, 7-10.

Eryilmaz, E., van der Pol, J., Ryan, T., Clark, P. M., & Mary, J. (2013), Enhancing student knowledge acquisition from online learning conversations. *International Journal of Computer-Supported Collaborative*

Learning, 8(1).

Jonassen, D. H. (1995). Supporting communities of learner with technology: A vision for integrating technology with learning in schools. *Educational Technology, 35*(4), 60-63.

Rakes, G. C. (1996). Using the internet as a tool in a Resource-Based Learning environment. *Educational Technology, September-October.*

Trilling, B., & Fadel, C. (2009). *21st century skills: learning for life in our times.* San Francisco, CA: Jossey-Bass.

Woo, Y., Herrington, J., Agostinho, S., & Reeves, T. (2007). Implementing authentic tasks in web-based learning environments. *Educause Quarterly, 3.*

제7장

융복합수업에서 교사의 스캐폴딩 전략

1. 융복합교육의 교수학습 전략으로서 스캐폴딩[1]

융복합교육은 단편적 지식 전달에 급급했던 기존 교육에 대한 비판과 실생활에 의미 있는 학습 경험을 토대로 학생의 성장을 유도하는 교수–학습 활동의 모색으로부터 시작되었다.

융복합교육에서는 학습자를 "지식의 수용자라는 수동적 관점에서 탈피하여 학생 주변의 다양한 실제 상황에서 지식을 능동적이고 창의적으로 생산하고 성장하는 지식의 생산자"로 정의한다(차윤경 외, 2016). 즉, 학습자를 바라보는 관점은 변화하였고, 이에 따라

---

1) 이 장은 [유금복 · 황세영 · 이현주 · 이선경(2017). 융복합교육에서 교사 스캐폴딩 양상 분석. 학습자중심교과교육연구]를 요약한 것임.

지식의 축적과 함양에 집중되었던 기존의 교육 방식 또한 변화해야 한다는 것이다.

미래사회는 다양하게 사고하고 새로운 접근을 할 수 있는 능력을 요구한다. 융복합교육은 하나의 교과나 특정한 영역 안에서 이루어지기보다 다학문적·간학문적으로 접근하기 때문에 통합적이고 복합적인 사고를 가능하게 한다. 그러나 이 과정에 익숙하지 않은 학생들에게는 교사의 도움이 절실히 필요하다.

이러한 교육 방식의 변화를 위해서는 교사의 변화도 반드시 수반되어야 한다. 기존 학습 방식에서 교사가 교과 지식을 가르치고 전달하는 '지식의 전달자' 역할을 하였다면, 융복합교육에서의 교사는 학생이 지식을 생성해 나갈 수 있도록 지식을 매개하고 촉진하는 '지식의 중재자' 역할을 수행해야 한다(박주호·이종호, 2013).

수업에서 교수와 학습은 서로 분리될 수 없는 과정이므로 교사와 학생 모두의 역할이 중요하다. 교사와 학생 간 상호작용을 이끌어 나가는 스캐폴딩(Scaffolding)의 핵심은 학습자 스스로 할 수 없는 작업을 교사가 함께하여 수행할 수 있도록 이끌어 주는 데 있다. 비고츠키(Vygotsky)의 이론에 따르면, 실재적 발달 수준(Actual Developmental Level: ADL)과 잠재적 발달 수준(Potential Developmntal Level: PDL) 사이에는 근접 발달 영역(Zone of Proximal Development: ZPD)이 존재한다. 교사나 동료는 학습자가 지적 성장을 하는 데 필요한 요소를 지원하는 안내자의 역할을 수행한다. 이 과정에서 자연스레 제공되는 스캐폴딩은 학생들이 스스로 문제를 해결할 수 있도록 도움을 제공하여 근접 발달 영역을 좁히게 되고, 따라서 학습이 적절하게 이루어질 수 있게 한다. 교사에게 있어 스캐폴딩은 학습자들의 목표 달성과 과제 수행을 가능하게 하는 도움을 체계적으로 제공하게 하는 전략이다(Wood, Bruner, & Ross, 1976).

비고츠키 이후 스캐폴딩에 대한 개념은 효과적인 참여와 공유된 이해, 단계적인 도움을 포함하는 과제에 대한 '책임감의 전이'로 보완되기도 하고, 절차적이고 단계적인 개념에서부터 교사의 신념과 행동, 문화적 가치를 포함한 복합적 맥락 속에서의 수업 과정 자체로 확장되기도 하였다(Biemiller & Meichendaurm, 1998; Hogan & Pressly, 1997). 최근에는 사회적 맥락과 정서적 측면을 강조하는 호혜적 스캐폴딩으로 정서적 지원, 물리적 지원, 사회적 지원을 포함하는 개념이 제시되고 있다(Lambert & Cylde, 2007). 이처럼 스캐폴딩은 다양하게 개념화되고 확장되고 있지만 그 핵심 내용은 변하지 않는다. 이는 교사가 일방적으로 제시하는 도움이나 교수 전략이 아니라 학생들과 상호작용하며 사회적 협의 안에서 생각이나 행동, 의사소통을 조정하여 같은 목표를 향해 나아갈 수 있도록 하는 것이다.

스캐폴딩은 가르치는 대상과 학습 환경에 따라 매우 다양하게 나타난다. 교사들은 수업 상황에서 적절하게 다양한 스캐폴딩을 활용하여 수업의 목적을 달성하기 위해 노력한다. 또한 학생들이 학습 과정에 의미 있게 참여하도록 촉진하는 전략적 도구로 이를 활용하기도 한다.

실제 교수학습 사례에서의 스캐폴딩 사례를 들자면 비구조화된 수학 문제 해결 과정을 탐색한 경우가 있다(조미경·김민경, 2016). 여기에서는, ① 문제 해결에 필요한 정보와 그렇지 않은 정보를 구분하도록 돕는 전략적 스캐폴딩이나, ② 이제까지 문제를 해결해 온 과정과 관련지어 현재 문제 해결의 상태를 점검하고 수정, 보완하는 메타인지적 스캐폴딩을 제공하였다. 스캐폴딩 제공 전에는 산발적 유형[2]의 상호작용이 다수를 이루었다면, 스캐폴딩 제공 후 누적적[3]이고 구성적[4] 유형의 상호작용의 비율이 높아져 정보의 조직화를 통해 체계적인 문제 해결을 도출하는 모습이 나타났다.

영재 고등학생을 대상으로 한 고차원적 사고가 요구되는 영어 작문 수업에서 수업 중 대화를 스캐폴딩 관점에서 살펴본 사례도 있다(정미례 외, 2007). 이에 따르면, 해당 작문 수업에서 중간 수준 이상의 수행을 보인 학생들은 '대안 제안'이나 '수준 향상 요구'와 같은 도전감을 불러일으키는 담론이 효과적이며, 중간 수준 이하인 경우 '활동 방향의 안내' '초점 맞추기' '명료화 요구' '예시를 통한 명료화' '모범 작품 모델의 상기' 등 과제를 구체화하고 세분화, 재배치할 수 있는 담론이 효과적으로 작용하였다. 즉, 학습자의 수준에 맞추어 적절한 스캐폴딩을 제시하는 것은 학습 능력 향상에 도움이 되는 것을 보여 준다(정미례 외, 2007).

---

2) 산발적(Scattered) 유형의 상호작용: 그룹의 구성원들이 각자의 문제 해결에 대한 아이디어를 제시하기만 하고 다른 구성원의 아이디어를 듣지 않아 공유된 이해를 형성하지 못하고 여기저기 흩어져서 발생하는 모습

3) 누적적(Comulative) 유형의 상호작용: 한 구성원이 문제 해결에 대한 아이디어를 제시할 때, 자신 또는 다른 구성원이 그것에 동의하면서 이해하기 쉽도록 문제 상황에서 제시하는 정보를 활용하여 근거로 제시하며 설명하는 경우 / 다른 구성원이 문제 상황에서 제시하는 정보를 활용하여 근거로 제시하며 동의하지 않는 이유를 설명하는 경우

4) 구성적(Constructive) 유형의 상호작용: 한 구성원이 문제 해결에 대한 아이디어를 제시할 때, 자신 또는 다른 구성원이 그것에 동의하며 교과 용어와 관련지어 설명하는 경우 / 다른 구성원이 그 아이디어에 대한 질문을 제시하여 보다 구체적인 예나 근거를 덧붙여 논리적으로 설명하고 아이디어를 정교화하여 새로운 아이디어로 발전시키는 경우 / 다른 구성원이 구체적인 예나 근거를 덧붙여 동의하지 않는 이유를 설명하는 경우

또 다른 사례는 외국인 대상의 한국어 교실에서 일어나는 교수학습 상황에 주목하였다. 교사가 모델링을 제공하거나 학생들의 이야기를 모니터링하고 적절한 순서를 배당하는 등의 교사 발화와, 이후 나타나는 학습자의 반응을 살펴보았다. 이를 통해 스캐폴딩은 효과적인 상호작용을 유도하였고, 적절한 통제와 주도를 통해 교실 상호작용을 역동적으로 이끌었다(진제희, 2002).

이처럼 스캐폴딩 전략은 다양한 교수학습 사례에서 활용되고 있다. 학습자의 자율성과 다양성을 중시하는 융복합교육에서 교사의 스캐폴딩 전략은 특히 중요하다. 이에 본 장에서는 융복합수업에서 나타나는 교사의 스캐폴딩 유형을 소개하고 효과적인 스캐폴딩 사례를 제시하고자 한다.

2. 융복합수업에서 교사의 스캐폴딩 유형

스캐폴딩이 성공적으로 이루어지면, 학생이 스스로 처리할 수 없던 과제를 수행할 수 있게 되고 목표 달성을 위한 역량을 가지게 된다. 그 결과, 높은 수준의 독립적 역량을 성취했다는 증거가 나타난다. 교사들은 수업에서 충족해야 할 다양한 목표에 따라 다양한 스캐폴딩을 사용한다. Wood(1976) 등은 일반적인 수업에서 교사가 사용하는 스캐폴딩의 6가지 유형을 다음과 같이 제시한 바 있다.

① 흥미 유도

흥미 유도(Recruitment)는 학생의 관심을 얻어 과제의 요구에 대해 관심을 가지게 하는 것으로 초기 무의미한 행동을 중단하는 것을 포함한다. "이것 재미있겠는데." "제대로 진행되는지 잘 관찰해 보자." "그것은 ○○이다." "대표적인 예는 ○○가 있단다." 등 학생의 관심을 지원하는 스캐폴딩의 유형이다. 교사는 과제의 특성과 학생의 필요를 파악해야 흥미를 유발하는 적절하고 다양한 스캐폴딩을 제시할 수 있다.

② 자유도의 감소(Reduction in degrees of Freedom)

자유도 감소 유형은 문제 해결을 위해 하위 행위의 수를 감소시켜 과제를 단순화하거나, 학습자가 과제 요구 사항을 달성할 수 있도록 과제 크기를 축소하는 것을 말한다. "이런 순서로 해야 한다." "이 과제를 두 가지로 나누어 생각해 보자." "오늘은 여기까지만 할 거야." 등 과제의 범위를 지정하거나, 정확한 결과물에 대한 피드백을 제공하기도 한다. 다시 말해, 이 유형은 과제의 크기 또는 학습량을 줄이거나 구조화하여 학습 행동을 돕는 것이다.

③ 방향성 유지(Direction maintenance)

방향성 유지 유형은 교사가 과제에 대해 관심이 지속될 수 있도록 생각을 환기시키거나 방해를 제거하는 것이다. 이를 통해 학생은 과제에 대한 목표와 방향을 지속적으로 유지할 수 있다. 교사는 "지금 하는 것을 계속해서 해 보자." "○○분까지 이것을 해결하자." "○○과 ○○의 비슷한 점과 차이점은 무엇일까?" 등 특정 목적을 추구하도록 스캐폴딩을 제시한다. 동기 유지를 위해 열의를 자극하거나, 다음 단계로의 진척을 위한 질문을 통해 학습 전진 기회의 제공도 포함한다.

④ **중요 특징 확인**(Marking critical features)

중요 특징 확인은 교사가 과제의 특징과 특성을 표시하거나 강조하여 결과물에 대한 학습자의 인식에 정보를 제시한다. 교사는 "이렇게 해 보면 어떨까?" "문제 해결에 이 방법은 어떨까?" "그게 아니란다." "지난번 학습한 내용과는 어떤 관련이 있을까?" 등의 힌트와 실수에 대한 수정을 통해 스캐폴딩을 제공한다. 이를 통해 학생은 다양한 측면을 고려하고 해답을 스스로 찾으며 학습 과정을 완성시킬 수 있다.

⑤ **정서 조절**(Frustration control)

정서 조절 유형은 난이도를 조절하거나 학습자에게 반론의 기회를 제시하는 것 등 문제 해결 과정에서 갈등과 포기를 조절하여 과제를 완료할 수 있는 적절한 도움을 주는 것을 의미한다. "조금만 더 생각해 보자." "잘했어. 훌륭해." "다른 의견 있니?" 등 교사의 발화는 문제 해결 과정에 도움을 준다.

⑥ **시범**(Demonstration)

시범 유형은 교사가 과제의 해결 과정을 직접 보여 주는 것이다. "선생님을 잘 봐." "이 모형을 토대로 설계해 보자." 등 시범하기나 모형 제시 등을 통해 이상적 해결 방향을 제시한다.

융복합교육의 경우, 교사의 역할은 수업 내용을 전달하는 데 있지 않고 학생 스스로 학습 활동에 참여하도록 안내하는 데 있다는 점에서 Wood의 여섯 가지 스캐폴딩 유형은 확장이 가능하다. 융복합교육은 학습자의 자율성(Autonomy), 가교성(Bridgeability), 맥락성(Contextuality), 다양성(Diversity)의 증진을 목표로 한다. 자율성은 학습자의 능동적인 참여를 지향하는 것을 말하며, 연계성은 교과 내용들 사이의 연계나 교사–학생, 학생–학생 간의 협력적 대

화를 말한다. 맥락성은 학습자에게 의미 있는 실체적이며 구체적
인 맥락에서 학습하고 탐구하는 것을 의미한다. 다양성은 학습자
와 학습 결과의 다양성과 평등성, 개별성을 인정하는 것이다. 융복
합교육에 적합한 스캐폴딩 유형을 나타내기 위해 Wood의 여섯 가
지 유형에 '자유도 증가(Increase in degrees of freedom)' 유형을 추가
할 수 있다. 이를 정리하여 제시하면 〈표 7-1〉과 같다. 자유도 증
가 유형은 학생의 자율적인 참여를 증진하기 위해 교사가 사용하
는 스캐폴딩이다. 다양한 학생들의 이야기를 유도하고 이를 수용
하는 데에서 많이 발견되었으며, 융복합교육의 자율성과 다양성
원리를 드러내기도 한다. 하위 유형으로는 다양하게 나타날 수 있
는 학생 개별의 의견을 독려하거나(IF1, "○○가 이것에 대해 이야기
해 볼까?"), 교사가 학생들 사이의 토론을 유도(IF2, "이것에 대해 의견
을 나누어 보자."), 학생들의 생각을 정리하거나 중재(IF3, "○○는 이
렇게 이야기하는 반면 ○○는 이렇게 이야기하는구나."), 학생들의 자
율성과 다양성을 증진하기 위한 물리적 지원(IF4, "생각 정리에 전지
를 활용해 볼까?"), 의견 공유를 위한 발표(IF5, "자기의 의견을 발표해
보자.") 등으로 세분화된다.

〈표 7-1〉 활동 중심 융복합교육 프로그램의 스캐폴딩 유형
(김동렬, 2013을 수정하여 사용)

유형	코드	교사 스캐폴딩
흥미 유도 / recruitment	R1	관심 유도
	R2	과제 집중 요구
	R3	관련 지식 제공
	R4	이해를 위한 도움
	R5	활동 지식 제공

자유도 감소 / reduction in degrees of freedom	RF1	과제 구조화
	RF2	과제 단순화
	RF3	과제 양 줄이기
자유도 증가 / induction of freedom	IF1	개별 의견 독려
	IF2	토론 유도
	IF3	학생 생각 정리, 중재
	IF4	학생 지원
	IF5	의견 확인, 발표
방향성 유지 / Direction maintenance	DM1	관심 지속
	DM2	방해 제거
	DM3	시간 제공/시간 계획
중요 특징 확인 / marking critical features	MC1	발견 유도
	MC2	힌트 제공
	MC3	실수 교정
	MC4	메타인지적 지원
정서 조절 / Frustration control	FC1	갈등 조절
	FC2	포기 방지
	FC3	정서적 지원
	FC4	주장 반론 기회
시범 / Demonstration	D1	시범 보이기
	D2	모델링

3. 융복합교육 프로그램에서의 스캐폴딩

1) 융복합교육 프로그램 소개

이 프로그램은 '에너지, 나 우리 그리고 세계'라는 제목으로 에너지에 관한 이슈를 우리 삶에 관련지어 생각하며 다양한 시각으로 접근해 보는 것을 목적으로 개발되었다. 따라서 본 프로그램에서는 일상생활에서 쉽게 접하는 '에너지'를 다양한 쟁점에서 접근하고 사고를 확장하는 것에 중점을 두었다. 이를 위해 국어, 사회, 수학, 과학 등 다양한 교과가 융합하여 탐구 과정을 계획하고 ABCD 원리에 입각하여 모형을 개발하였으며, 교사와 전문가들의 검토를 통해 프로그램을 적용하였다. 프로그램의 목표는 [그림 7-1]과 같다.

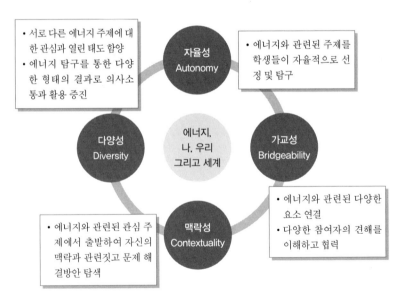

[그림 7-1] 캠프 프로그램과 ABCD 원리

프로그램은 하루 5차시(7시간)씩 3일에 걸쳐 총 15차시(20시간)
의 활동으로 구성되었으며, 모둠별 활동을 기반으로 하였다. 프로
그램 실행은 각각 3~4명의 학생과 연구진에 포함된 한 명의 교사
로 구성된 4개의 모둠이 함께 활동하였다. 1일차에는 자기소개와
프로그램 안내, 에너지에 대한 마인드맵 작성과 확장, 관심 주제 설
정과 탐구계획 설계 활동이 이루어졌다. 2일차에는 1일차 계획에
따른 개별 자료를 정리하고, 전문가 인터뷰 등에 기반한 자료를 추
가 수집, 분석하여 탐구 결과물의 개요를 작성하였다. 마지막 3일
차에는 조별 탐구 결과물의 완성, 발표를 통해 탐구 결과를 공유하
고 반성하였다. 모둠별 결과물은 뉴스, 신문, 만화 등 다양한 형태
로 산출되었다(〈표 7-2〉 참조).

〈표 7-2〉 융복합 창의 인재 캠프 프로그램의 구성

활동 일자		활동 제목	활동 내용	ABCD 원리
1일차	오전	에너지 생각 나무 만들기	'에너지' 하면 떠오르는 이미지로 브레인스토밍하여 생각 확장하기	자율성, 맥락성, 다양성
	오후	우리 조 탐구 나무 키우기	조원 공통 관심사 주제로 정하기. 탐구 문제와 자료 수집 계획 수립	자율성, 가교성, 맥락성
2일차	오전	자료의 분류 및 추가 자료 수집 계획하기	수집 자료, 탐구 문제에 따라 재구성. 분야별 전문가나 교수님 인터뷰	자율성, 다양성
	오후	결과물 개요 작성하기	서론-탐구 방법-탐구 결과-결론 형식에 따라 개요 작성	가교성, 맥락성
3일차	오전	결과물 만들기	뉴스, 클립아트, 신문, 만화 등 다양한 형태로 탐구 결과물 제작	자율성, 다양성
	오후	발표	조별 결과물 발표	

〈표 7-3〉 일자별 활동 예시

일자별	ABCD 원리에 부합하는 활동 내용 예시
1일차	• 자율성: 개인별로 모양과 색이 다른 포스트잇을 제공하여 스스로의 활동을 드러낼 수 있도록 제시 • 맥락성: 나와 관련된, 내가 경험해 본 에너지에 대해 문자나 그림으로 다양하게 이미지화 • 다양성: 과학적 · 일상적 측면 이외에도 학습자가 떠오르는 모든 에너지와 관련된 이미지를 나타내도록 독려, 타인의 의견 인정.
2일차	• 자율성: 모둠별 토의를 거쳐 자료 분류 기준을 선택하고 추가 자료 조사 방법을 선택 • 다양성: 모둠원들의 다양한 견해와 입장을 잘 이해하여 모둠의 자료 조사와 결과물 생성에 활용
3일차	• 자율성: 발표 방법과 절차를 자율적으로 결정 • 다양성: 모둠의 활동 결과를 발표하고 다른 모둠의 의견을 경청

3일간의 캠프에서는 프로그램 개발에 직접 참여하였던 수학, 과학, 사회과의 담당자가 차시를 나누어 수업을 진행하였다. 각 수업에서는 에너지에 대한 학습자의 다양한 사전 경험과 지식, 그리고 관심들을 총체적으로 파악하고 조별로 탐구 문제를 스스로 결정하는 등 학습자 주도의 교수학습이 진행되었다. 〈표 7-2〉에서와 같이 학생들은 에너지 나무 그리기를 통해 나와 친구들의 생각을 공유하고 과제 해결을 위한 조사 방법을 논의하였다. 또한 그 결과물을 창의적인 방식으로 고안하는 등 활동 전반에서 학생들의 참여와 협력이 강조되었다. 이 과정에서 교사는 소그룹에서 학생들과 직접 상호작용하며 학생들의 자율적 참여와 접근, 활용에 도움을 주었다. 또한 물리적·정서적 지원을 하는 등 융복합교육의 목표 달성에도 매우 중요한 역할을 수행하였다. 본 절에서는 수업에 참여한 교사의 역할에 중점을 두고 그들이 보인 스캐폴딩 유형을 살펴보았다.

2) 일자별 프로그램 내용과 스캐폴딩의 양상

3일간의 프로그램은 학생 활동을 중심으로 구성되었다. 그러나 각 조에 있는 학생들과 지도 교사 사이에서는 약 2,000개의 스캐폴딩이 프로그램 진행 과정에서 나타났고, 운영 일자에 따라 스캐폴딩의 개수는 점차 감소하는 양상을 보였다.

1일차에는 마인드맵 그리기 활동으로 에너지에 관련된 다양한 생각을 펼쳐 보고 개인 탐구 주제를 유사한 내용끼리 묶어 소그룹을 구성하였다. 이후 탐구 과정을 소개하여 소그룹의 탐구 주제를 설정하고 앞으로 3일간 이루어지는 탐구 과정 설계를 진행하였다.

〈표 7-1〉에서 제시된 활동 중심 융복합교육 프로그램의 스캐폴딩 유형에 따라 분석한 결과, 1일차 활동에서는 수업 진행에서 학생들의 다양한 의견을 이끌어 내고(IF1), 발표를 통한 표현을 독려(IF5)하며, 발견을 유도하기 위한(MC1) 스캐폴딩이 두드러지게 높은 수치인 80회, 90회, 161회로 나타났다.

2일차에는 자료 수집과 분석을 바탕으로 결과물을 계획하고 구성하는 활동이 이루어졌다. 그러나 특징적으로 부각되는 스캐폴딩은 없었다.

마지막 3일차에는 결과물을 생성하기 위해 대부분의 시간을 사용하였다. 이때 교사의 개입은 전반적으로 적게 나타났다. 학생들 스스로 토론하거나 결과물에 대한 의견을 나누는 등의 논의가 자발적으로 일어나 1일차에 보였던 의견 독려나 토론 유도 등의 스캐폴딩이 적게 나타났다. 반면, 학생 지원(IF4)에 관한 스캐폴딩은 증가하는 양상을 보였다. 이는 물리적·기계적 지원을 통해 학생들의 결과물을 완성할 수 있도록 도움을 제공하였기 때문이다.

프로그램을 통틀어 살펴보면, 활동에 대한 지식을 제공(R5)하는 것과 정서적 지원(FC3)에 대한 두 가지 유형의 스캐폴딩이 전체 유형(24개) 중 40%가 넘는 비율로 나타났다. R5 유형은 수동적 학습을 익숙해하는 학생들에게 교사가 지속적으로 해당 스캐폴딩을 제공하여 능동적 참여를 유도함으로써 융복합교육 프로그램에 익숙해질 수 있도록 돕는다. 또한 FC3 유형은 칭찬이나 격려 등의 정서적 스캐폴딩을 제공하여 긍정적 자세를 갖게 함으로써 융복합교육 프로그램 활동을 성공적으로 수행할 수 있도록 돕는다.

캠프 후반으로 갈수록 R5와 FC3 스캐폴딩은 감소하는데, 이는 초기 과도한 양의 스캐폴딩으로 활동에 익숙해진 학습자들이 점차 자율적으로 융복합교육 프로그램의 틀 안에서 활동을 수행하게 됨을 의미한다.

융복합 프로그램에서 나타난 교사의 담화를 스캐폴딩 유형을 통해 분석해 본 결과, 융복합교육의 ABCD 원리에 개별 스캐폴딩 유형이 각각 대응하지는 않았다. 그러나 융복합교육의 특정 목적마다 자주 나타나는 스캐폴딩 유형을 발견할 수 있었다. 대표적으로 자율성(A)과 다양성(D)은 자유도 증가(IF) 유형을 대부분 반영하고 있었다. 가교성(B)과 맥락성(C)은 중요 특징 표시(MC) 유형에서 발견 유도와 힌트 제공, 메타인지적 지원 중 하나 이상을 포함하는 것으로 드러났다. 이는 융복합교육의 원리를 인식하는 교사가 학습자의 목표 달성을 위해 전략적으로 접근하는 것으로 풀이된다. 다음 절에서는 실제로 소집단에서 나타난 스캐폴딩 중 융복합교육의 목적이 잘 드러난 사례와 그렇지 않은 사례를 알아보기로 한다.

4. 융복합 프로그램 사례를 통해 본 교사의 스캐폴딩

1) 자율적 참여의 독려

프로그램 초기 자율적 활동에 어색한 학생들이, 모둠 안에서 교사의 직접적인 도움을 받을 때, 차차 자율적으로 활동에 참여하게 되는 모습을 볼 수 있었다. 교사는 소그룹에서 활동에 대한 역할을 설명(R5)하고, 정서적 지원(FC3)과 함께 토론을 유도(IF2)하는 등, 복합적인 스캐폴딩을 제공하는 것으로 학습자의 자발적·자율적 참여 기회를 마련하였다. 지속적으로 제공된 스캐폴딩은 학생들의

〈표 7-4〉 (초기 활동) 1일차 오후: 학생 스스로 하는 활동의 독려

발화자	내용	코드	비고
교사	이제는 이거를 니가 적는 게 아니라 ○○이가 적어야지. 너는 말만 걸면(웃음) 말 받아치고.	R5	역할 설명
교사	어 우리 되게 빨리, 되게 잘 돌아가고 있어 지금 ~ 굉장해 이제. 한번. 선생님은 잠깐 빠져 볼게. 잘할 수 있겠지? 하하하하 그래도 한번 해 보자.	FC3	정서적 지원 및 독려
학생 1	우리는 조장. 그럼 발표는?		
학생 2	뭐 발표를 꼭 해야 해?		학생 논의
학생 1	그럼 조장이랑 발표하는 사람을, 역할을 이렇게…….		

자율적 분위기를 마련하여 자신의 역할을 인지, 수행하게 하였다.

다음은 프로그램 초기에 소모둠을 구성하고 활동을 안내하는 과정에서 교사가 제공한 스캐폴딩의 예이다. 소모둠을 구성한 학생들은 처음 만나 어색한 상태였고, 활동 진행에 소극적이었다. 소모둠 지도 교사는 어색한 상황을 완화시키기 위해 칭찬을 많이 하고, 학생들의 역할을 분배하여 역할에 따라 간단한 활동을 수행하도록 독려하였다. 교사의 스캐폴딩 제시에 학생들은 서투르지만 그 활동을 진행할 수 있었다.

2) 사전 지식이나 교과 지식을 활동 내용과 연결

가교성은 대화적 상황에서 유기적 사고와 종합적 성찰을 가능하게 한다. 교사는 하나의 현상이 다양한 방식으로 연계되는 것을 여러 유형의 스캐폴딩을 통해 학생에게 제시할 수 있다. 다음의 예

〈표 7-5〉 (초기 활동) 1일차 오후: 지식과 지식 사이의 연계

발화자	내용	코드	비고
교사	경험에 대해 쓸 때에는 육하원칙으로 작성해 봐. 언제, 어디서, 무엇을, 어떻게, 왜. 그리고 학교에서 배운 내용을 우리가 아까 썼던 단어들이랑 연결해 보면 좋겠네.	MC4	메타인지적 · 종합적

에서는 학생들이 '에너지'와 관련된 경험에 대해 과학 교과적으로만 접근하여 활동이 더 이상 진행되지 않았다. 교사는 개별적 경험을 육하원칙에 입각하여 기록하도록 하고, 학교에서 배운 내용을 활동과 관련지어 생각하게 하였다. 이처럼 학생의 사전 지식을 확인하거나 경험을 돌아보게 하는 것은 학생의 메타인지를 활용하는 전략에 해당되며, 이는 학생 스스로 현재의 활동을 의미있는 경험으로 구성하는 데 도움을 준다.

3) 교사와 학생, 학생과 학생 간의 평등하고 협력적인 대화

학생에게 책임을 전이시키는 것은 학습 상황에서 학생의 참여를 높이고 스스로 지식을 구성하는 방법으로 활용할 수 있다. 이를 위해서는 교사가 단순히 활동을 지시하는 것에서 벗어나 학생 스스로 역량을 발휘할 수 있도록 독려하는 역할을 수행해야 한다. 다음의 두 가지 예는 2일차 활동에서 두 개의 조에서 나타났던 담화를 보여 준다. 첫 번째 예는 에너지 관련 신문의 개괄적 구조를 만드는 상황이다. 교사는 지시적 표현을 거의 하지 않고 학생들과 동등한 입장에서 의견을 제시하고 학생의 의견 구하기를 반복하는 모습을

〈표 7-6〉 (중기 활동) 2일차 오전: 대화적 담화

발화자	내용	코드	비고
학생 2	가운데가 여기인가?		
학생 3	아무 데나.		
교사	응. 꼭 안 맞춰도 돼. 글씨 잘 쓰네?	FC3	격려
학생 2	그래요? 하하하. 됐다. 동그라미.		
교사	동그라미도 되고, 별 해도 되고, 다~괜찮아.	IF1	다양성
학생 3	가지를 이쪽으로 하나…….		
교사	응. 뭐 이야기해 봐. 뭔가 좋은 방법이 있는 것 같은데?	IF1	의견 독려

보였다. 이후 학생들은 안정적으로 다양한 의견을 제시하였고, 소모둠의 논의도 활발하게 이루어졌다.

반면, 두 번째 예에서는 교사가 직접적이고 구체적으로 문제를

〈표 7-7〉 (중기 활동) 2일차 오후: 지시적 담화

발화자	내용	코드	비고
학생 A	운동을 하면 대뇌에 도움이 된다고 하는데 뭐라고 해야 하지?		
교사 A	그러니까 그거 빨리 써.	R2	행동 요구
학생 A	그러니까 이걸 어떻게 써야 되냐고요.		
교사 A	줄줄 풀어 써.	R2	지시
학생 A	줄줄 어떻게 …… 하하하.		
교사 A	애네는 무슨 무슨 기능을 하는 걸로 알고 있는데 이건 진짜 어쩌고 줄줄줄~ 어느 게 제일 효과적이고 어느 게 제일. 꼬치꼬치 물으라니까. 계속 파고들라니까?	R4 R2	예시 지시

해결하거나 학생들에게 활동을 지시하는 등, 교사와 학생의 위계가 뚜렷하게 나타났다. 표의 상황에서 학생이 처음 해 보는 활동 과정에서 느끼는 어려움에 대하여 도움을 요청하였을 때, 교사는 직접적인 행동을 지시하였다. 이 조의 경우, 유사한 상황으로 학생은 정답을 구하고 교사는 해결책을 제시하는 모습을 자주 발견할 수 있었다.

융복합교육은 교사와 학생의 유기적·협력적 상호 관계를 요구한다. 이를 위해 교사는 학생과 이해, 소통이 원활한 거리를 유지하며 상호 동반자적·대화적 관계를 형성하는 것이 필요하다(차윤경 외, 2016). 첫 번째 예에서 교사는 대화적 관계를 통해 사전 지식을 확인하고 경험을 돌아보게 하는 등 통합적으로 학생의 현재 활동을 의미 있는 경험으로 구성하도록 도움을 주었다.

4) 실생활에서 발견 유도와 포기 방지

에너지에 대한 학습자의 다양한 맥락에서의 경험과 생각을 이끌어 내고자 활동지에 '나-우리-나라-세계'라는 서로 다른 맥락을 직접적으로 제시하였다. 그러나 맥락을 제시했다고 해서 학생들 스스로 관련 경험을 꺼내는 것이 쉽게 이루어지지는 않았다. 다음 표에서 우리 동네(내 주변)에서 발견할 수 있는 에너지 관련 주제에 대해 활동지를 작성할 때, 학생들은 교과서적 에너지 개념과 실생활에서 만난 에너지를 연결하는 데 어려움을 겪고 있었다. 교사는 일상생활에서 쉽게 접할 수 있는 상황과 이론적 개념을 연결하도록 유도하였다. 해당 상황에서 교사는 발견 유도나 힌트 제공 등의 스캐폴딩도 제시하였다.

〈표 7-8〉 (초기 활동) 1일차 오후: 내 주변의 에너지

발화자	내용	코드	비고
교사	왜 안 되는 것 같아?	MC4	메타인지
학생 1	왜 왜 왜 왜.		
교사	왜 문득 그런 생각이 들었어?	MC4	메타인지
학생 1	내 …… 우리 동네에서 친구와 관련된 일이 일어난 …… 아, 쓸 게 없어.		
교사	아니야. 어렵게 생각해서 그래. 어렵게 생각해서. 천천히 한번 해 보자.	FC2	포기 방지
교사	일단 친구는 그럼 제외하고, 바람하고 태양 있잖아. 이거랑 관련되어서 관심 있는 부분 있었어 평소에?	RF2	쉽게 접근

5) 개별 의견 독려와 정서적 지원

학생들에게 자신의 의견을 제시하고 타인의 의견을 경청하는 기회가 자주 제공되었다. 초기에는 자율적으로 의견을 제시하지 못하는 경우가 잦았지만, 교사의 독려로 의견을 제시하거나 전체 발표를 통해 개인의 의견을 공유하였다. 이때 자유도 증가 하위 항목들인 개별 의견 독려, 의견 확인과 발표 등의 스캐폴딩이 자주 나타났다.

〈표 7-9〉 (초기 활동) 1일차 오전: 개별 의견 독려

발화자	내용	코드	비고
교사	그러니까. 어렵게 표현 안 해도 되고, 궁금한 게 뭔지 그냥 네 얘기를 하면 돼.	IF1	개별 의견
학생 4	궁금한 게 뭔지?		
교사	어. 에너지 관련해서.		
학생 4	음, 궁금한 거…….		
교사	진짜 별거 아니어도 돼.	FC2	포기 방지
학생 2	이거이거 말해. 이거이거.		
학생 4	이거?		
교사	뭐라고 썼는데?	IF1	개별 의견
학생4	어? 바람. 과학 시간에 바람으로 풍력 에너지를 만드는 것을 배웠다. 아이. 이거 이게 더 낫겠다.		다른 학생 의견 제시
교사	하하하 아니야. 정해지면 안 돼. 자기가 궁금한 거 해.	IF1	개별 의견

5. 융복합교육에서 교사의 스캐폴딩을 위한 제언

　　본 장은 융복합교육 프로그램에서 나타난 다양한 스캐폴딩 사례 제시를 통해 융복합교육을 적용하는 교사들에게 도움을 제공하고자 하였다. 학문적인 지식 제공을 목표로 하던 교사들은 자율성과 연계성, 맥락성과 다양성을 강조하는 융복합교육에 직면하였을 때 그 필요성은 인식하면서도 실제 지도 방법에 어려움을 겪을 수 있다. 실제 프로그램에서도 4개 조의 활동은 각 조별 담당 교사들의 지도 방법에 따라 학생이 중심이 되기도 하였지만 그렇지 않은 경

우도 있었다.

융복합교육의 ABCD 원리가 잘 나타난 담화를 한 조에서는, 그 원리를 교사가 인식하고 학생에게 전달하려는 노력이 보였다. 이 때 다양한 스캐폴딩의 조합이 활용되었다. 가교성과 맥락성의 원리가 드러난 대화에서는, 중요 특징 확인(MC) 유형의 하위 항목들(발견 유도, 힌트 제공, 실수 교정, 메타인지적 지원)이 자주 활용되었다. 자율성과 다양성의 원리를 드러낸 대화에서는, 활동 안내와 정서적 지원과 더불어 자유도 증가의 항목들이 자주 활용되었다.

메타인지적 지원에 대한 스캐폴딩은 활동의 목적과 학습의 현재 진행 상황을 인식하게 하여 융복합교육 ABCD의 원리에 고루 활용할 수 있을 것으로 생각된다. 그러므로 융복합교육의 원리를 교사가 깊게 인지하고 이를 실제 수업에서 실현할 수 있도록 다양한 스캐폴딩에 대한 전략을 수립할 필요가 있다. 이 장의 사례들은 융복합교육의 교수학습 맥락에서 나타나는 스캐폴딩을 제시하고 그 효과에 대한 논읫거리를 제공한다. 학생들을 마주하는 교사 개개인은 자신만의 스캐폴딩 전략을 개발해 나갈 수 있다. 교사가 학생을 지도하는 방식은 학생들에게 직접적으로 영향을 미치게 된다. 학생들이 미래사회 구성원으로서의 역량을 발휘할 수 있는 교육의 시작점은 바로 교사이다. 교사의 스캐폴딩에 대한 논의는 학교의 변화를 일으키는 작은 한 부분으로, 지속적이고 실질적으로 활용이 될 수 있을 것이다.

참고문헌

강영식, 김규수(2004). 교사의 자기 효능감과 유아 교사 관계의 질에 따른 유아 교사의 스캐폴딩 분석. 열린유아교육연구, 9(3). 한국열린유아교육학회.

고은미, 남미경 외(2009). 스캐폴딩 집단 유형 및 능력 수준에 따른 역동적 평가 과정이 유아의 측정 능력에 미치는 영향. 아동학회지, 29(1). 한국아동학회.

김동렬(2013). 과학 교사의 자기 효능감과 학생 통제관 수준에 따른 일반 수업과 영재 수업에서의 스캐폴딩 유형 분석. 생물교육, 41(1). 한국생물교육학회.

김태연, 황해익(2008). 비계 설정에 기초한 유아 수학-미술 통합 프로그램 개발. 아동교육, 17(4). 한국아동교육학회.

남미경(2011). 역동적 평가의 스캐폴딩 집단 유형과 능력 수준에 따른 유아기하 능력 발달의 차이. 유아교육연구, 31(1). 한국유아교육학회.

박주호, 이종호(2013). 융복합교육 실증 연구의 체계적 메타 문헌 분석. 아시아교육연구, 14(1). 서울대학교 교육연구소.

유금복, 황세영 외(2017). 소집단 활동 중심 융복합수업에서 나타난 교사의 스캐폴딩 양상. 학습자중심교과교육연구, 17(13). 학습자중심교과교육학회.

이정화, 박정언(2009). 유아의 쌍 구성 조건에 따른 Scaffolding 유형과 과제 수행력. 열린유아교육연구, 12(6). 한국열린유아교육학회.

정미례, 문승한 외(2007). 학습 과제의 스캐폴딩 과정 분석. 한국교원교육연구, 24(1). 한국교원교육학회.

정민영(2003). 문학을 활용한 수학 활동에서 교사의 비계 설정이 유아의 수학적 성취, 흥미 수학 관련 어휘 사용에 미치는 영향. 경북대학교 대학원 석사학위논문.

조미경, 김민경(2016). 비구조화된 수학 문제의 해결에서 교사의 스캐폴딩 제공에 따른 학생 간 상호작용. 초등교육연구, 29(4). 한국초등교육학회.

진영은, 서향희(2011). 유아교육 연구에서 Vygotsky 이론의 스캐폴딩에 관한 국내 연구의 동향 고찰. 한국교원교육연구, 28(4). 한국교원교육학회.

진제희(2002). 교실 상호작용에서 나타난 교사의 역할-스캐폴딩의 관점에서. 한국어교육, 13(1). 국제한국어교육학회.

차윤경, 김선아 외(2014). 융복합교육의 이론과 실제. 서울: 학지사.

차윤경, 안성호 외(2016). 융복합교육의 확장적 재개념화 가능성 탐색. 다문화교육연구, 9(1). 한국다문화교육학회.

함승환, 구하라 외(2013). "융복합교육"의 개념화: 융(복)합적 교육 관련 담론과 현장 교사 포커스 그룹 면담을 중심으로. 교육과정평가연구, 16(1). 한국교육과정평가원.

Biemiller, A & Meichenbaurm, D (1998). The consequences of negative scaffolding for students who learn slowly-a metaphor commentary on c. Addison Stone's "The metaphor of scaffolding: Its utility for the field of learning disabilities". *Journal of Learning Disabilities, 31*(4), SAGE Publications.

Hogan, K., & Pressley, M. (1997). Scaffoding scientific competencies whthin classroom communities of inquiry, In K. Hogan, & M. Pressley (Eds.). *Scaffolding student learning: Instructional approaches and issues*, pp. 74-107. Cambridge: BROOKLENE BOOKS.

Lambert, E. B. & Clyde, M. (2007). 비고츠키 유아교육이론의 재고찰. (신현기, 이병혁 역). 서울: 학지사.

Mattanah, J. F., Pratt, M. W., et. al. (2005). Authoritative parenting, parental scaffolding of long-division mathematics, and children's academic competence in fourth grade. *Journal of Applied Developmental Psychology, 26*(1), Elsevier.

Vygotsky, L S. (1978). 「Mind in society」, Cambridge, MA: Harvard University Press.

Wells, G. (1999). *Dialogic Inquiry: Towards a Sociocultural Practice and Theory of Education.* New York: Cambridge University Press.

Wood, D. J., Bruner, J. S., & Ross, G. (1976). The role of tutoring in problem-solving. *Journal of Child. Psychology and Psychiatry, 17*(2), Wiley.

제8장

융복합수업을 위한
학습 활동 설계

1. 융복합 시대, '가르침'의 새로운 의미

교사(敎師)란 '무엇인가를 가르치는 사람'이라는 의미의 단어이다. 교사라는 단어를 분석해 보면, 교(敎)라는 한자로 새길 수 있는 '가르치다'라는 행위의 의미야말로 다른 직업과 변별되는 지점이다. 사(師)는 스승이라는 의미 이전에 기능이나 기예를 갖춘 사람, 즉 어떤 특수한 기능이나 능력을 지닌 사람이라는 일반적 의미로 사용되기 때문이다. 다시 말해, 교사는 다른 이와 달리 인간의 행위 가운데 남을 가르친다는 특별한 기능을 가진 사람이 된다.

본래 '가르치다'라는 말은 '갈다'와 '치다'에서 유래된 말로 알려져 있다. 여기서 '갈다'란 땅을 가는 것, 즉 농사를 의미하며 '치다'는 소위 가축을 길러 내는 목축을 의미한다. '가르치다'라는 말이 땅을

갈고 가축을 기른다는 두 말에서 유래되었다는 사실은, 가르치는 행위가 근본적으로 무엇인지에 대한 통찰을 제공한다. 전통사회에서 농사나 가축을 기르는 일은 생산 수단의 근원으로서 삶의 근본 축으로 자리 잡고 있는 능력이었다. 따라서 교육은 사회가 유지되고 발전되는 데 필수 불가결한 앎을 전수하는 행위였으며, 이러한 의미가 '가르치다'라는 말 속에 녹아 있다.

한편, 영어에서도 교사를 뜻하는 'teacher'라는 말이 있다. 이 말의 어원은 '무엇인가를 지적하다(point out)'나 '집게손가락'이라는 의미에서 비롯되었다. 무언가를 짚어 지적하는 행위나 집게손가락으로 무엇인가를 지시하는 것을 연상해 보면, 두 가지 의미가 서로 밀접하게 관련되어 있음을 알 수 있다. 결국 서양에서 '가르치다'라는 말은 무엇인가 알아야 할 가치 있는 것을 제시하거나 올바른 방향을 짚어 주는 행위를 의미하고 있는 것이다.

우리말과 영어의 어원에 남아 있는 교사의 본질은 오늘날 융복합 시대의 교사에게도 의미심장하다. 동서양에서 지적되고 있는 가르침의 의미를 종합해 보면, 교사라는 직업은 결국 학생으로 하여금 그 자신의 삶을 살아갈 수 있도록 기반을 닦아 주고 올바른 길과 방향을 제시하는 사람이라고 할 수 있겠다. 한국어의 경우, 교사라는 말과 비슷한 의미로 쓰이는 '선생(先生)'이라는 단어도 결국 유사한 함의를 지닌다고 할 수 있겠다. 선생 또는 선생님이라는 말도 결국 나보다 앞서서(先) 학문이나 지식을 경험하고 체득한 사람(生)으로, 후생(後生)으로 하여금 올바른 방향을 일러 주는 사람을 일컫기 때문이다.

그런데 단지 먼저 태어나 해당 사회를 앞서 경험하고 이를 전달하기만 하면 되던 교사의 본질적 역할 수행이 이제 융복합 시대를 맞이하여 결코 쉽지 않은 일이 되고 있다. 인간이 수백 년 동안 고민하고 지혜를 축적해 온 바둑 분야에서조차 인공지능이 인간을 능가하고, 제4차 산업 혁명이 주창되고 있는 현 시기에 우리가 가르치는 학습자들이 어떠한 삶을 살아갈지에 대한 예측은 적중하기보다 벗어날 확률이 현저히 높을 것이다. 이렇듯 21세기에는 기존의 지식 구조와 삶을 위한 생산 수단이 지금과는 완전히 달라지고 있다. 이때 교사는 어떻게 학습자로 하여금 삶의 올바른 방향을 제시할 수 있을 것인가?

사실 한 시대의 변화를 총체적으로 조망하는 일은 시대를 앞서 간 철인(哲人)이나 위대한 지성이라고 할지라도 결코 쉬운 일이 아니다. 다만 학생들 앞에 서서 그들을 가르치는 사람으로서 우리가 확신할 수 있는 것은 새로운 기술의 발달로 촉발되는 인식론적 지형의 변화에 대응해야 한다는 것이다. 이는 지식의 대량화, 융합화, 맥락화로 요약될 수 있다. 이는 빅 데이터(big data)가 등장하는 등 지식의 대량화가 일어나고, 이러한 지식의 융합이 활발하게 이뤄지며, 지식의 보유 여부보다는 활용이나 문제 해결을 중시하는 새로운 시대가 열릴 것이라는 점과 관련된다.

융복합교육을 위한 교사 연수를 수행하거나 학생 캠프를 준비할 때 일선 교사들에게 들었던 질문 중 하나는, "융복합수업을 시행하고자 할 때, 그 교수·학습의 실질적 기반이 되는 학습 활동은 과연 어떠한 기준으로 개발되어야 하느냐?"였다. 이러한 질문은 융복합적 형태의 다양한 교수·학습 활동을 어떻게 구체화할 것인가의 문제와 관련되는 것이다. 이 장은 이러한 문제에 대하여 교사의 전문성이라는 관점에서 나름대로의 해답을 찾아보고자 하는 시도의 일환이다.

2. 융복합수업의 학습 활동 개발을 위한 이론적 검토

앞으로 기술 및 지식 융합 시대가 가속되어 현재의 여건에서 사회가 어떻게 변화하든, 인간이 살아가는 근본적인 삶의 양식이 변화하지 않는 한 우리가 가르쳐야 할 학생은 존재할 것이고, 이러한 학생에게는 가르쳐야 할 교사가 있어야 할 것이다. 그리고 교사와 학생 사이에서 다양한 방식의 만남을 통해서 이루어지는 교육은 결코 기계나 인공지능이 대신할 수 없는 체온이 내포되어 있으며, 미래사회에서 이러한 면은 점점 더 중시될 것이다.

수업에서 교사와 학생의 만남은 다름 아닌 교수·학습을 위한 학습 활동(activity)을 통해 중점적으로 이루어진다. 교사는 활동을 통해 학생으로 하여금 교육 내용을 인식하고 깨달으며, 더 나아가 유용한 지식이나 기능에 숙달되도록 한다. 또한 학생은 학습 활동을 수행함으로써 직접적이고 구체적으로 다양한 경험을 얻는다.

'활동'이나 '학습 활동'과 같은 용어는 교과교육학만이 아니라 교육학 일반에서도 매우 다양하게 사용되고 있다. 국어과 교육을 비롯한 교과교육에서는 활동 중심, 활동 기반과 같은 표현이 널리 쓰이고 있다. 이때 활동이라는 말은 주로 지식 중심의 전달식 수업이 아니라, 학습자가 어떠한 사고나 행위를 적극적으로 수행하는 것을 의미한다. 단순히 지식을 전달받는 것이 아닌, 스스로 지식을 구성하는 것은 활동의 범주에 속한다고 할 수 있다.

수업에 있어서 교사의 전문성은 매우 다양하게 존재한다. 가령, 교수 화법적 전문성, 학생 평가 전문성, 교수 매체 제작 전문성 등 어느 하나 무시될 수 없다. 이러한 전문성과 관련된 영역 중에서도 교사의 학습 활동 설계와 관련된 전문성은 수업의 목적이 되는 학습 내용을 익히게 하는 통로가 된다는 점에서 매우 중요하다.

현재 한국교육을 지배하고 있는 패러다임은 근대의 학교교육 체제를 기반으로 하고 있다. 가르치는 지식은 엄격히 교과로 나뉘어 지식의 체계성이나 객관성이 강조되나, 그 복잡성이나 맥락성, 실세계의 적용성은 철저히 무시된다. 앞으로의 교사는 융복합 시대에 걸맞은 삶의 기반에 대한 방향을 제시하여야 할 것이므로, 교과 전문가로서 해당 분야에 대한 지식이나 정보의 전수에 골몰하기보다는 학생 스스로가 실세계에서 접하는 융복합적 삶의 문제를 해석하고 구명하는 역량을 기를 수 있도록 해야 할 것이다.

이러한 일환에서 본 장은 Dewey, Ingram, Fogarty, Vygotsky의 문제의식에 주목하였다. 이들의 견해는 학습 활동만이 아니라, 융복합교육론에서도 경청할 부분이 상당하다. 이들의 견해를 종합

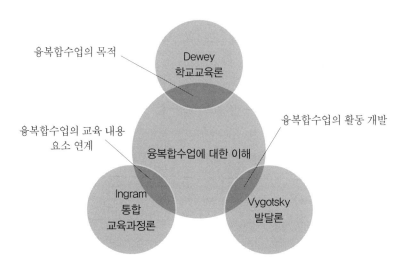

[그림 8–1] 융복합수업을 위한
Dewey, Ingram, Fogarty, Vygotsky의 적용 가능성

하여 융복합수업의 학습 활동에서 교사 전문성을 도출할 수 있다.

1) Dewey의 교과론: 교과의 본령과 융복합교육의 목적에 대한 시사

교과의 본질과 기능이라는 면에서 Dewey는 다음과 같이 주장한 바 있다.

> 사회 집단이 복잡해지고, 기술의 획득이 과거의 경험에서 축적된 표준적 아이디어에 의존하는 정도가 커짐에 따라, …… 사실상으로 그렇든지 아니면 집단의 성원들이 그렇다고 생각하든지 간에 …… 사회생활의 내용을 수업의 목적에 맞게 명백히 체계화할 필요가 생기게 된다(이홍우 역, 2007, p. 286).

Dewey에 따르면, 학교에서 가르치는 교과는 사회 집단이 복잡화됨에 따라 생겨난 하나의 표준에 불과하다. Dewey가 그의 저서 『민주주의와 교육』에서 교육을 민주주의라는 제도와 연관 지어 논의했던 것은, 기본적으로 현재 우리가 흔히 상상하는 학교교육의 모습이 형성된 것이 그리 오래전이 아니며, 이는 근본적으로 근대라는 특정 시대의 산물에 불과하다는 통찰을 담고 있다.

융복합교육은 교과라는 이름을 통해 내재적으로 정당화하는 교육 내용의 파편화, 탈맥락화에 대하여 부정하는 입장을 취한다. 융복합교육은 학습자의 삶과 유리된 채, 교과의 체계 속에서만 그 의의를 유지하고 있는 지식에 대하여 근본적인 문제를 제기하는 교육이라고 할 수 있다. 기존 교육이 삶과 유리되었다는 것은 두 가지 의미를 지닌다. 첫째, 실세계의 맥락이나 문제를 반영하지 못하고 지식이나 기능 자체로만 존재하는 교육 내용은 학습자의 삶과 거의 무관하다는 것이다. 둘째, 현재 시점에서 어느 정도 학습자가 실세계를 살아가는 데 유용한 지식이라고 하더라도 급속한 정보의 대량화와 융합화가 일어나는 추세로 미루어 볼 때 극히 높은 확률로 그 역시도 학습자의 삶과는 무관해질 것이라는 점이다.

　Dewey는 교과의 본질을 통찰하면서 다음과 같이 교사나 교육자들이 가지기 쉬운 도그마를 지적하고 있는데, 이 역시도 융복합교육의 기반 철학과 일맥상통한다.

> 학교의 교과는 오로지 그 자체로서 중요한 지식으로 존재하는 것처럼, 그리고 '공부'라는 것은 교과의 사회적 가치와는 아무 관계 없이 그 자체의 중요성 때문에 교과를 배우는 일인 것처럼 생각하게 된다. 이 경향을 바로잡는 일이 실제적 이유에서 대단히 중요하기 때문에……(이홍우 역, 2007, p. 291).

　위에서 볼 수 있는 것처럼 Dewey는 교과의 지식이 본질적으로 사회의 산물이라는 점과 변화의 도중에 있다는 점에서 교과 자체에 지나친 가치를 두는 것을 경계하고 있다. Dewey는 학교에서 가르치고 있는 개별 교과가 지닌 고유한 지식이나 체계를 넘어서 학교에서 가르쳐야 하는 내용을 이른바 '문화의 본질적 요소(essential ingredients of the culture)'나 '현재 사회에서의 삶에 의미 있는 것(meanings of current social life)'으로 표현하였는데, 이러한 개념들은 모두 학습자의 삶에서 활동의 결과요, 수단을 의미한다. 곧, 사회 속에 살아가며 의미 있게 행할 수 있는 것의 총체를 말하는 것이다. 이는 앞서 살핀 '가르치다'라는 행위의 본질적 의미와도 상통한다는 점에서 주목된다.

Dewey의 지적은 융복합교육이 지식 중심이 아니라 활동 중심으로 진행될 수밖에 없다는 주장에 철학적 근저를 이루고 있다. 융복합교육이 표방하고자 하는 인식론적 규범은 문제에 대한 객체적 지식이라기보다는 문제를 해석하고 해결하는 주체적 역량과 관련된다. 이러한 역량은 학습자 스스로 고민하고 학습을 위한 활동을 수행하는 데서 얻어질 수밖에 없다. Dewey의 통찰에서 융복합교육의 근원을 찾는 것은 양자 모두 근대성이라는 흐름에 따른 분파주의와 객체화 흐름에 대한 반성을 담고 있기 때문이다. Dewey가 교육과 사회가 유리되는 현상을 경계하고 학교교육에서 교과의 본질을 통찰하였다면, 미래를 대비하고자 하는 융복합교육은 급격히 변화하고 있는 사회에 학교교육이 대응하지 못함에 따라 빚게 된 유리(遊離) 현상을 극복하고자 하는 것이라 하겠다.

교과의 절대성을 부정하는 Dewey의 통찰은 융복합교육이 지향하고 있는 인식론적 관점에 대한 기본적인 논리와 함께 융복합교육을 실행하고자 하는 교사들에게 다음과 같은 시사점을 제공하고 있다.

첫째, 활동의 목적이다. 학생에게 제공되는 활동은 교과 그 자체로 자족적인 것에 초점을 맞추기보다는 학생의 사회적 삶의 요구를 만족시키는 것일 필요가 있다. 이는 융복합교육이 실세계의 복잡성을 반영하는 탐구를 기반으로 하면서 본질적으로 진로교육과 맞닿아야 한다는 지향성을 획득하는 지점이기도 하다. 둘째, 활동의 제시 형태이다. 활동이라는 것은 가르쳐야만 하는 실제 사회를 기반으로 하므로, 이는 단순한 지식이나 학적 체계의 습득을 의도하기보다는 실제 직업 세계나 실생활에서의 수행을 염두에 둔 형태로 제공될 필요가 있다.

2) Ingram과 Fogarty의 통합교육과정론: 교과 간 내용 요소의 연계 방식에 대한 시사

융복합교육을 위한 수업도 학교교육이라는 장면에서 이뤄지지만, 융복합이라는 용어는 기본적으로 주어진 교육과정을 있는 그대로 교수ㆍ학습하는 것이 아니라, 교사의 적극적 행위를 지시하는 용어이다. 이는 근본적으로 교육과정 재구성의 관점을 내포하고 있다. 성열관과 이민정(2009)에 따르면, 교육과정 재구성은 교사가 자신의 전문성을 토대로 교육을 계획, 재조직, 수정, 통합하는 것을 의미한다.

Ingram(1979)은 다양한 교과의 통합교육과정의 필요성을 인식론적ㆍ심리적ㆍ사회적 측면에서 접근한 바 있는데, 이를 요약적으로 제시하면 다음과 같다.

〈표 8-1〉 Ingram의 통합교육과정에서의 세 가지 필요성

인식론적 필요성	• 지식의 엄청난 팽창에 대한 대응
	• 학문의 분절성에 대한 극복
	• 교육과정 전체의 공통적 목적에 대한 성취 가능
심리적 필요성	• 학습이 용이한 형태의 교육과정 제공 가능
	• 학습자들의 인격 발달에 용이
사회적 필요성	• 협동을 통한 교수ㆍ학습에 유리
	• 간학문적 문제에 대한 대응
	• 학교와 사회와의 통합

Ingram의 견해는 통합교육과정을 위한 교과 간의 통합을 역설한데 더하여, 구체적으로 통합이 일어나는 방식을 제시했다는 점에서 경청할 필요가 있다. 현장 교사의 입장에서는 통합이 가능한 내용을 선정하였더라도 어느 수준에서 어떠한 방식으로 통합이 일어나느냐의 문제를 결정해야만 학습 활동을 제시할 수 있기 때문이다.

Ingram은 이러한 통합의 유형을 구조적 접근과 기능적 접근으로 나누고 전자는 다시 양적 · 질적 접근으로, 후자는 내재적 · 외재적 접근으로 나누었다. 이러한 틀은 절대적인 것은 아니지만, 교사가 현장에서 융복합수업을 시행하기 위한 교수 · 학습 계획을 세우고자 할 때 참조할 수 있는 유용한 틀이 된다.

먼저 구조적 접근과 기능적 접근을 구분할 필요가 있다. 구조적 접근은 지식을 재구조화하여 접근하는 것으로, 본래 학문이나 교과의 구조 자체가 변화하지는 않는다. 이에 따라 양적 접근이라는 것은 개별 학문의 본래적 구조를 존중하면서 각 학문을 나열하거나, 어떤 교과의 내용은 다른 교과의 내용을 위한 학습에 기여하는 것을 의미한다. 질적 접근은 교과 간에 공통적으로 존재하는 원리나 주제 등을 중심으로 수업을 재구성하거나 조직하는 것을 말한다.

반면에 기능적 접근은 지식을 도구적 관점으로 바라보게 되며, 학습자의 경험을 위하여 지식이 종사한다는 관점을 취한다. 이는 다시 내재적 접근과 외재적 접근으로 나뉘는데, 내재적 접근이 학습자 개인의 요구나 흥미, 실생활, 탐구 등을 기반으로 하여 각 교과를 합하는 것이라면, 외재적 접근은 통합을 통한 사회적 기능을 강조한다. 즉, 사회적 이슈나 쟁점, 이데올로기 등을 목표로 하여 다양한 교과의 학습 내용 요소를 통합하는 것이다.

Ingram의 통합론에 더하여 Fogarty(1991)의 논의는 융복합교육을 위한 수업에서 교육 내용 요소를 통합하는 다양한 방식에 대하여 또 다른 통찰을 제공하여 준다. Fogarty는 통합의 유형을 단일 교과 내의 통합에서부터 교과 간의 통합, 학습자 측면에서의 통합까지 모두 세 차원에서 제시하고 있다.

〈표 8-2〉 통합의 열 가지 유형

교과 내 통합	분절형	단일 교과에 초점(전통적 방식)
	연결형	교과 내의 내용에서의 연계
	동심원형	교과 내용의 다차원적 이해(내용, 사고, 기능 등)
교과 간 통합	계열형	관련성 있는 내용에 대한 다른 교과 개념의 배치
	공유형	관련성 있는 내용에 근거한 공유 내용
	거미줄형	주제 중심으로 통합될 수 있는 다양한 교육 내용
	실로 꿴 형	메타교육과정. 교과를 초월하는 내용이나 기능
	통합형	간학문적 접근. 각 교과에 중복되는 내용을 찾아 혼합
학습자 통합	몰입형	학습자 내부에서의 내용 간의 통합
	네트워크형	학습자와 학습자 사이의 네트워크 형성과 통합

Ingram과 Fogarty는 이른바 통합교육과정론자로서 Dewey 이후의 진보주의 교육의 흐름을 반영하는 학자들이다. 이들은 비록 교과와 수업에 국한된 것이기는 하지만 서로 이질적인 교과와 학문 간의 통합을 의도하였다는 점에서 보다 직접적인 통찰을 제시해 준다. 다만 이들의 이론이 융복합수업에서 있는 그대로 적용 가능하다고 보기보다는 교사나 교사 협의체가 상상할 수 있는 다양한 형태의 융복합에 대한 하나의 예시를 제공한다고 보는 것이 좋겠다. 두 학자의 논의를 통해서 얻을 수 있는 시사점은 다음과 같다.

첫째, 융복합수업의 결정 요인이다. 융복합수업은 그 자체로 정당화되는 것이 아니라, 수업의 목적에 따라 융복합적 접근의 여부와 세부 유형을 결정하여야 한다. 기존의 STEAM 교육 등에 대한 비판의 하나가 정해진 융합적 절차에 따라 고식적으로 가능한 융합 요소를 나열한다는 것이다. 교육이 의도하는 융복합은 교육 자체를 위한 것이 아니라 기본적으로 학습자를 위한 목적에서 출발한 개념이라는 점을 명심할 필요가 있다. 둘째, 융복합수업의 유형에 따른 학습 활동의 형태이다. 다양한 통합의 방식은 그 자체로 수업의 조직자로서도 기능한다. 예컨대, 분절형은 전통적인 강의식 수업에서의 활동을 상정하고 있다. 그에 따른 학습 활동 개발을 추동한다면, 네트워크형은 협동 학습에 따른 활동을 제안하게 되는 것이다.

3) Vygotsky의 발달론: 학습자와 교사 간의 소통을 위한 활동 제시에 대한 시사

융복합교육을 꾀하는 수업은 교과와 교과 또는 지식과 지식의 통합을 의도한다는 점에서 소통적 성질을 그 본령으로 한다고 할 수 있다. 이러한 소통은 실세계의 융복합적 문제의 해석이나 해결을 위해 학습자의 주체적 사고를 동원하여 이뤄지며, 이러한 사고는 주로 학습 활동에 의해 매개된다.

정해진 절차나 지식의 전달 또는 숙달에 주로 초점이 맞춰져 있는 기존 학습 활동과는 달리, 융복합교육에서 다루는 학습 활동은 그동안 생각해 보지 못했던 측면에 대한 탐구를 의도한다. 학습 활동의 초점이나 제시되는 방식이 다르다. 학습 활동이라는 것은 결국 교사가 학습자로 하여금 교수 · 학습을 촉진하고자 하기 위해 마련한 언어라고 할 수 있으므로, 이러한 언어의 사용에서부터 교사는 주의를 기울일 필요가 있다.

일찍이 Vygotsky는 언어 활동이야말로 학습자의 사고 및 활동을 추동하는 핵심적 기제임을 지적한 바 있다.

> 어린 아동들은 그림을 다 그린 후에야 자신의 그림에 이름을 붙일 수 있다. 즉, 어린 아동들은 무슨 그림인지 결정하기 전에 그림을 봐야 한다. 나이가 더 들면 무엇을 그릴 것인지를 미리 결정할 수 있다. 이름 붙이기 과정의 이러한 변화는 말하기 기능에서의 변화를 나타낸다. 처음에 말하기는 행동을 따른다. 말하기는 활동에 의해서 유발되고 지배된다. 그러나 말하기가 출발점으로 이동하는 나중 단계에서는 말과 행동 사이에 새로운 관계가 나타난다. 이제 말하기가 행동을 안내하고 결정하며 지배한다. 외부 세계를 반영하는 기존의 말하기 기능에 더하여, 말하기의 계획 기능이 나타나게 된다(정회욱 역, 2009, p. 43).

위에서 볼 수 있는 바와 같이, 말이라는 것은 본질적으로 사고나 행위를 추동하는 힘이 있다. 이는 언어의 발달적 기능이기도 하다. 학습 활동이라는 것은 근본적으로 학습자에게 사고나 행동의 방향을 일러 주는 것이기 때문에 융복합교육이 학습자에게 지적 선택의 기회를 기존의 교육보다 많이 제공하더라도, 이는 고도로 배려되고 안내된 형태여야만 한다. 이를 위해서는 학습 활동의 발문이 명징해야 하고, 또한 다양한 사고를 자극할 수 있는 형태의 것이어야 한다. 이러한 관점에서 학습자의 학습 활동에 대한 반응 또한 보다 면밀히 분석되어야 한다.

Vygotsky(1930/2004, p. 17)에 따르면, 상상력과 같은 사고도 자

유롭게 발생하는 것이 아니라, 마치 다른 사람의 지시에 따르는 것과 같이 누군가의 경험에 의해 이끌린다고 보았다. 이는 우리가 생각해 온 개인의 창의성에 대한 것도 결국 사회적 산물, 즉 달리 말해 교사나 환경의 지원에 의해서만이 가능해지는 것임을 의미한다.

이러한 견해는 최근의 발달심리학적 연구에 의해서도 지지되고 있다. 즉, 성인과 미성숙자 사이의 문제 해결적 상호작용은 일반적으로 미성숙자의 학습을 촉진하는 방식으로 이뤄지며, 이는 학습자 개개인의 독창적 산물이 아니라 본원적으로 사회문화적 차원에서 유래한 것이다.

성인이 미성숙자와의 접촉을 통해 제공하는 도움은 매우 여러 가지이지만, 본질적으로 대화의 특성을 지닌다는 점에 주목할 필요가 있다. 요컨대, 가장 잘 고안된 학습 활동은 교사와 학습자 사이의 긴밀한 대화와 같다. 예컨대, 성인은 미성숙자보다 지적ㆍ기능적으로 우월한 입장에서 제시된 과제보다 쉬운 과제를 즉흥적으로 제안하기도 하고, 과제의 복합성을 단순화하여 재구조화할 수 있다. 또한 문제 해결에 있어서 과제에서 의도한 것보다 훨씬 유용한 책략을 다양하게 제시하는 것이 가능하고, 미성숙자의 반응에 대해서 즉시적으로 민감한 판단이 가능하다.

그런데 학습 활동은 근본적으로 문자 언어를 통한 교사와 학습자의 매개적 소통이므로, 위와 같은 대화성이나 소통성을 확보하는 것이 쉽지 않다. 일반적으로 Vygotsky의 이론에서 유명한 것이 근접 발달 영역인데, 이를 명료화하여 접근하고자 한 Wertsch(1984/1985)의 연구는 우리의 논의와 일맥상통한다. 일반적으로 Vygotsky 이론의 근접 발달 영역이란 혼자서 수행 가능한 영역과 타인의 도움이 있는 경우에 도달할 수 있는 잠재적 발달 영역 사이의 간극을 말하는데, 학습은 이러한 근접 발달 영역에서 가장 원활하게 일어날 수 있다고 설명되고 있다.

Wertsch(1984)에 따르면, 근접 발달 영역을 명료하게 하는 것은 세 가지 측면이다. 이는 상황 정의(situation definition), 상호주관성 (intersubjectivity), 기호적 매개(semiotic meditation)로서 근본적으로 성인과 미성숙자, 교사와 학습자 사이의 소통을 원활하게 하기 위한 조건으로 해석이 가능한 요소들이다.

먼저, 상황 정의란 제시된 상황을 과제의 해결이나 해석에 적합하도록 재정의하는 것이다. 이는 상황에 대한 학습자의 이해를 질적으로 높일 수 있다는 점에서 의미가 있다. 이를 대화로써 기술해 본다면, "그러니까, 쉽게 말해서 결국 무엇이라고 말할 수 있는 거야. 그렇지?"라든가, 과제를 분석하여 학습자가 알기 쉬운 형태로 도식화하는 것 등이 해당될 수 있다. 다음으로, 상호주관성이란 제시된 과제에 대한 의사소통이 전적으로 교사의 수준도 아니고, 그렇다고 학습자 개인의 수준도 아닌 제3의 수준에 의해서 이루어져야 한다는 것이다. 제시된 과제가 전적으로 교사의 수준에서 제시된 것이라면 학습자는 거의 사고 활동을 할 수가 없고, 전적으로 학생의 현 수준에 머무른다면 어떠한 학습이 일어날 여지가 사라지게 된다. 학습자에게 제시된 학습 활동은 교사와 학생의 수준에서 절충되어야 한다. 끝으로, 기호적 매개란 학습자의 학습이 높아지도록 하기 위한 상황 정의의 절충이 언어적 기호에 의해서 용이하게 일어난다는 것이다. 학습자는 실제로 나름대로 평가 가능한 수준이 되었으나, 표현이 불가능하거나 적절한 언어를 찾지 못하여 과제를 해결하지 못하는 경우가 많다. 학습 활동에서 학습자가 이용 가능하거나 마치 도구처럼 적절히 활용할 수 있는 언어적 단서를 풍부하게 제공해 줄 필요가 있다.

미성숙자의 발달과 성인과의 상호작용을 천착한 Vygotsky와 후대의 학자들은 현재의 학습 활동이 지닌 문어성과 비대면성을 극복하기 위한 대화성의 특성을 제시했다는 점에서 본질적으로 소통성을 근본으로 하는 융복합수업에 제공하는 시사점이 상당한데, 이와 관련된 내용은 다음과 같다.

첫째, 학습 활동의 속성에 대한 통찰을 제공한다. 학습 활동이라는 것은 결국 교사와 학습자 사이의 매개된 소통이며, 궁극적으로 양자의 온전한 대화나 의사소통의 형태를 지향한다. 둘째, 학습 활동에 사용되는 언어의 기능이다. 학습 활동이라는 것은 궁극적으로 언어의 계획 기능에 기반을 둔 것이다. 학습 활동은 학습자가 자신의 융복합적 사고나 수행을 명확히 인지할 수 있도록 해야 하며, 제시된 과제를 보다 유용한 형태로 재정의할 수 있도록 하는 기회를 제공할 뿐만 아니라, 학습자의 사고 활동을 지원하는 언어적 자원을 제공해야 한다. 셋째, 활동에 사용되는 언어는 근접 발달 영역을 명료화할 수 있도록 학습자의 수준은 추동하면서도, 동시에 교사나 학문 차원의 언어를 그대로 노출하기보다는 학습자와 교사 사이에 절충된 수준의 용어로 재정의될 필요가 있다.

3. 융복합수업에서의 학습 활동 설계

지식 및 기술 융합과 제4차 산업혁명이라는 시대사적 변화에 부응하여 개별 교과나 학문의 넘나듦은 학교교육에 대한 개혁적 접근이라는 측면에서 다양한 변화의 모습을 이끌어 내고 있다. 여기서는 실제로 융복합교육 프로그램으로 개발·시행된 수업에서 활용된 몇 가지 학습 활동을 살펴보고, 이의 개선점을 중심으로 논의해 볼 것이다.

현재적 관점에서 융복합교육론은 진행형의 교육론이며 교사들이 완성해 가야 하는 교육이라고 할 수 있다. 대표적인 융복합수업의 사례를 살핌으로써, 교사로서 현장에서 융복합수업을 시행하고자 할 때 다양한 학습 활동을 설계하고 스스로 평가해 볼 수 있는 안목을 기를 수 있다.

1) 융복합수업에서의 학습 활동 개발 원리

일반적으로 학습 활동이라는 용어는 교수 활동과 대조되는 의미로 사용되며, 학습자의 입장에서 이루어지는 인지 과정에 대한 활동을 총칭한다. 일반적으로 교육 현장에서 '활동'이라는 말은 activity의 번역어로 이해되는데, 대체로 다음과 같은 용법의 개념역을 지니고 있다.

- 지식 이해나 암기 등의 정태적 행위에 대타되는 개념으로서의 '활동'
- 학습자로 하여금 적극적인 사고나 기능, 전략 등의 주도적 적용 등을 유도하는 행위로서의 '활동'
- 학습자가 스스로 해결해야 하는 과제나 문제로서의 '활동'

현재의 융복합교육 단계에서는 아직 융복합수업 관련 교과서나 교재가 체계적으로 제작되지 않은 상황이기 때문에, 활동을 교과서의 체제를 구성하는 요소로 보기보다는 위에서의 개념 역을 포함하는 것으로 볼 수 있다. 따라서 여기에서는 학습 목표를 달성하기 위하여 질의, 응답, 과제를 포함한 일련의 학생 활동을 학습 활동으로 본다.

앞서 제1장에서 살핀 학습 활동의 주요 원리 이외에 융복합교육은 융복합 시대에 요구되는 학교교육의 재설계를 위한 인식론이라는 관점에서 ABCD 원리를 제안하고 있다. 구체적으로 ABCD란 자율성(autonomy), 가교성(bridgeability), 맥락성(contexuality), 다양성(diversity)을 의미하고, 융복합 시대에 요구되는 인재를 기르기 위한 교육을 개념화한 것으로 융복합교육이라는 현상을 구명(究明)하는 원리이면서 동시에 교수학습의 실천적 원리로 사용될 수도 있다. 융복합수업을 위한 학습 활동의 구성은 다음과 같은 원리를 따라 개발하는 것이 용이할 것이다.

〈표 8-3〉 융복합수업을 위한 학습 활동의 개발 원리

학습 활동의 기본 원리	목적	학습자의 요구나 흥미에 부합하는가?
	성격	실세계의 융복합성과 직간접적 관련을 맺고 있는가?
	반영	실제 사회나 세계의 유의미한 활동을 반영하는가?
	수준	활동은 학습자의 수준에 맞는가?
	방식	통합된 교육 내용과 활동은 수업 목표에 비추어 적절한가?
	언어	활동에 사용된 언어는 명료하고, 사고를 자극하는가?
	지원	활동에 대해 반응할 수 있는 지원 장치를 제공하는가?
학습 활동의 심화 원리	자율성	활동은 자율성과 관련된 원리를 구현하고 있는가?
	가교성	활동은 가교성과 관련된 원리를 구현하고 있는가?
	맥락성	활동은 맥락성과 관련된 원리를 구현하고 있는가?
	다양성	활동은 다양성과 관련된 원리를 구현하고 있는가?

2) 융복합수업의 학습 활동 분석의 실제

여기서는 융복합수업의 범주에 포함되는 수업의 예로서 2015년 한양대학교 융복합교육 연구센터에서 방학 중에 시행한 두 가지 캠프 프로그램을 중심으로 논의해 보고자 한다. 두 프로그램은 융복합교육을 의도한 프로그램이면서 동시에 학습 활동을 중심으로 진행되었다는 점에서 분석의 대상으로 적절하다.

(1) 학습 활동 기본 원리에 따른 분석: 패스트패션 프로그램

① 목적 및 반영

패스트패션 프로그램은 학습자의 홍미를 유발하기에 적절하며 진로교육과도 유관성이 큰 프로그램이라고 할 수 있다. 가령, 패스트패션 프로그램의 각 차시에 진행된 활동은 미래 직업이나 진로와 큰 관련을 맺고 설계되어 있으며, 다양하고 의미 있는 실세계의 활동을 구조화하여 제시하고 있다.

- 옷의 공정 과정을 '생산−소비−폐기'의 단계에 따라 분류해 보기(6차시)
- 인터뷰 질문을 만들어 실제 전문가와 인터뷰해 보기(11~12차시)
- 각 나라의 물가와 노동자 임금의 비율 정도를 알아보기(13차시)
- 패스트패션 광고를 보고, 영상물의 설득 전략 파악하기(14차시)

위에서 예로 든 학습 활동들은 프로그램의 각 차시에 사용된 활동을 간추린 것으로 학습 활동의 기본 원리에 적합한 것들이다. 특히 제품 생산의 과정에 대한 이해나 기자로서의 취재 활동 등은 진로 지도와도 밀접한 관련을 맺고 진행될 수 있다.

② 성격

패스트패션이라는 말은 최신의 유행을 즉각적으로 반영하여 저비용으로 빠르게 제작·유통되는 의류를 가리키는데, 이는 현대인의 삶의 양식과도 밀접한 연관을 맺고 있다는 점에서 시의적인 주제라고 할 수 있다. 또한 패스트패션은 의류의 생산과 소비의 문제에서부터 환경 오염의 문제까지 폭넓게 다룰 수 있는 이슈라는 점에서 융복합수업에 적절한 제재라고 할 수 있다.

③ 수준

패스트패션에서 제시된 학습 활동의 수준은 학습자 개개인의 수

○ 수업 주제: 기자가 되어 내 옷의 문제를 세상에 알리자(15~16차시).

○ 학습 목표: 매체에 따른 텍스트의 특성 및 표현 방식을 이해할 수 있다.
　　　　　　패스트패션과 관련한 생각, 경험을 기사문의 형식에 맞게 표현할
　　　　　　수 있다.

○ 교육과정 성취 기준의 관련성(국어과)

－쓰기는 주제, 목적, 독자, 매체 등을 고려한 문제 해결 과정임을 이해하고
　글을 쓴다.

－대상의 특성에 맞는 설명 방법을 사용하여 글을 쓴다.

－다양한 자료에서 내용을 선정하여 통일성을 갖춘 글을 쓴다.

－고쳐쓰기의 일반 원리를 고려하여 글을 고쳐 쓴다.

－쓰기 윤리를 지키며 글을 쓰는 태도를 지닌다.

준을 분석하여 제공된 것은 아니지만, 중학교 학습자의 교과 교육
과정 성취 기준을 조합하여 마련되었다는 점에서 수준에 대한 기
본적 고려를 한 것이라고 할 수 있다. 각 차시마다 다음과 같은 수
업 기준표를 활용하여 프로그램을 개발하였다.

　앞의 수업 기준표를 보면, 수업의 주제, 주제에 따른 목표에 더하
여 교육과정과의 관련성을 성취 기준에 따라 제시하고 있다. 성취
기준은 중학교 학년군의 수준에 맞도록 고안된 것인데, 기본적으
로 이를 통하여 기존 교과와의 관련성 확보는 물론이고 학습자 수
준에 대한 고려도 가능해질 수 있다. 다만 융복합수업에서 지향하
는 수준의 고려는 교육과정 문서에서 제시하는 거시적 측면을 넘
어서 학습자 개개인에 대한 수준까지 고려한다는 점을 명심할 필
요가 있다.

　④ 방식, 언어 및 지원

　앞서 소개한 원리에 의해서 분석해 볼 때는 큰 문제점이 나타나
지 않았으나 제시된 활동의 유형과 학습 활동 개발에 사용된 언어,
지원의 면에서는 패스트패션 프로그램도 보완할 점이 적잖이 발견
된다.

　먼저, 학습 활동의 유형 면에서 학습자의 반응을 창발적으로 유
도하는 것보다는 수렴적으로 제안하고 있는 활동이 많으며, 대답
의 유형이나 반응이 지나치게 한정되는 경우가 많다는 점을 지적할
수 있다. 또한 이 프로그램은 패스트패션이라는 융복합수업 제재
를 선택하였지만 수업의 차시별 실행은 해당 개별 교과의 전공자
가 전담하는 형식을 주로 사용하였으므로, 개별 수업 현상적 차원
에서는 기존 수업을 크게 벗어나지 못했다는 한계를 지니고 있다.

다음으로, 사용되는 언어와 지원이라는 점에서 미비한 점이 적지 않게 눈에 띄기도 한다. 사용된 일부 학습 활동은 모호하게 표현되어 학습자의 반응이 정교화되는 데 방해가 되기도 하였으며, 제시된 반응을 쓰는 칸 등에 충분한 지원 자료가 제시되어 있지 않아 학습자가 매우 단순한 반응만을 보이는 문제점도 있었다.

(2) 학습 활동 심화 원리에 따른 분석: 에너지 프로그램

앞서 학습 활동의 기본 원리에 따른 분석의 사례를 살펴보았다. 여기서는 에너지 프로그램을 중심으로 분석한 사례를 분석해 볼 것이다. 에너지 문제는 학습자들이 체감할 수 있는 문제이다. 따라서 학습자들의 흥미를 이끌어 내기에도 용이하며, 실세계의 융복합성을 깨닫기에 적절한 제재이기도 하다. 에너지의 문제는 과학 교과가 중심이 된다고 생각할 수 있으나, 다른 교과가 주도하는 융복합수업도 충분히 가능하다. 융복합교육의 ABCD 원리, 즉 심화 원리에 따라 학습 활동을 살펴보도록 한다.

① 자율성

융복합교육에서는 학습자의 자율성(autonomy)을 강조한다. 아울러 융복합교육에서는 자율성을 학습자가 획득해야 하는 자질로 간주한다. 정리하자면, 융복합교육에서 추구하는 이상적인 학습자란 스스로 학습할 수 있는 역량을 갖춘 학습자이다. 융복합교육에서의 학습 활동 역시 이러한 학습자를 길러 내기 위해 계획된다. 우리가 검토해 보고자 하는 에너지 중심의 융복합수업에서도 이러한 모습을 확인할 수 있다.

다음 [그림 8-2]는 에너지 중심의 융복합수업에서 실제로 수행

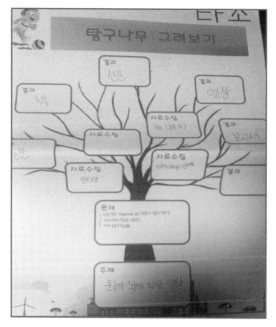

[그림 8-2] 융복합 수업의 자율성을 위한 활동지 구성 사례

한 학습 활동이다. 이 학습 활동을 수행할 때 학습자는 학습 활동의
내용을 스스로 채워 나가야 한다. 따라서 이러한 활동을 통해 학습
자는 자율적으로 생각할 수 있는 역량을 키우게 될 것이다. 이 그림
만을 통해서는 확인할 수 없지만, 이 활동은 학습자의 브레인스토
밍을 촉진하기 위해 제작된 것이다. 학습 활동의 이러한 의도는 활
동 중에 자연스럽게 달성된다. 즉, 학습자는 이 활동을 통해 자율적
으로 브레인스토밍을 수행하게 되는 것이다.

아울러 이 그림과 같은 학습 활동은 학습자의 자율성뿐만 아니
라, 수업의 자율성을 함의하기도 한다. 이와 같은 학습 활동을 구상
하여 실제 수업에 도입하고, 학습자에게 탄력적으로 시간을 부여하
는 것은 수업의 자율성과 연관되기 때문이다. 이것은 궁극적으로

학교 운영의 자율성과 맞닿을 것이다. 이를 통해 우리는 융복합수업에서의 학습 활동이 학습자의 자율성, 교사의 자율성, 학교의 자율성을 요구한다는 사실을 확인할 수 있다.

② 가교성

가교성(bridgeability) 역시 융복합교육에서 강조하는 사항이다. 가교성이란 교과 내용의 학제 간 연계, 학생과 교사 간 대화적 관계 구축, 협력적 학습 공동체 지향 학교 문화 형성 등을 골자로 하고 있으며, 연계성이라고 부르기도 한다(차윤경 외, 2014, pp. 23-24). 에너지 중심의 융복합수업에서 수행하는 학습 활동은 이러한 가교성의 특성을 두루 갖추고 있다. 다음 [그림 8-3]을 보도록 한다.

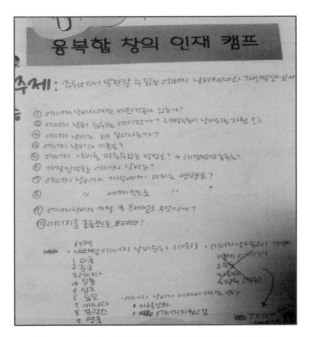

[그림 8-3] 가교성 확보를 위한 활동지 구성 사례

앞의 그림에 나타난 학습 활동 역시 실제 융복합 수업에서 수행한 것이다. 이와 같은 학습 활동에서 우리는 융복합교육의 가교성의 두 가지 양상을 확인할 수 있다. 하나는 교과 내용 간의 연계이고, 다른 하나는 협력적 학습 공동체의 지향이다. 앞에서 언급했듯이, 에너지 중심의 융복합수업은 과학 교과가 중심이 된다. 하지만 [그림 8-3]과 같이 글쓰기를 요구하는 학습 활동의 경우, 국어 교과와의 융복합이 요구된다. 즉, 학습 활동의 내용에 따라 교과 내용과의 연계가 자연스럽게 이루어지는 것이다.

아울러 이러한 학습 활동을 해결하기 위해서는 학습자 간의 교류, 학습자와 교사 간의 교류가 선행되어야 한다. 개별적인 학습자가 학습 활동을 자율적으로 해결하기에는 무리가 있기 때문이다. 이때 교사는 발판으로서의 역할을 수행한다. 학습자와의 적절한 수업 대화를 통해 학습자가 자연스럽게 목적지에 도달할 수 있도록 유도해야 한다. 학습자 간의 교류에서 개별적인 학습자는 서로에게 발판이 된다. 아울러 목표에 도달할 수 있도록 자극하는 협력자로서 기능한다. 이를 통해 개별적인 학습자들은 효율적으로 융복합수업에서 요구하는 학습 목표를 성취할 수 있게 된다.

③ 맥락성

차윤경 외(2014, p. 24)에 따르면, '맥락성(contexuality)'이란 학습자에게 의미 있는 사회적 학습 맥락, 탐구 중심 학습, 참 학습 등의 개념과 관련된다고 한다. 전술했듯이, 에너지 문제는 학습자가 체감할 수 있는 문제이다. 아울러 현대사회의 중요한 문제 중 하나이다. 따라서 '에너지'라는 소재 자체만으로도 맥락성을 어느 정도 확보했다고 볼 수 있다. 이러한 양상은 학습 활동을 통해서도 구현되는데, 다음을 통해서 확인할 수 있다.

[그림 8-4]는 융복합수업에서 수행한 바 있는 '에너지 나무 그려 보기' 활동이다. 이 활동은 크게 '에너지 나무' 그려 보기 활동과 '에너지 나무의 성장'을 그려 보는 활동으로 나뉜다. 맥락성과 관련하여 이 활동은 학습자에게 크게 두 가지 의미를 지닌다. 먼저 이러한 학습 활동을 통하여 학습자는 에너지 문제가 사회 여러 요소와 관련되어 있다는 것을 파악할 수 있다. 학습자는 이러한 사항을 '나의 에너지 나무' 그리기 활동을 통하여 구체화할 수 있다.

또한 학습 활동을 통해, 학습자는 자신의 사고가 확장되었음을 확인할 수 있다. 학습자는 [그림 8-4]의 오른쪽 그림과 같은 활동을 통해 에너지 문제에 대해 여러 관점에서 생각해 볼 수 있게 된다. 그리고 이러한 활동을 통해 학습자는 자신의 생각보다 훨씬 더 많은 층위에서 에너지 문제가 관련되어 있음을 확인하게 된다. 즉,

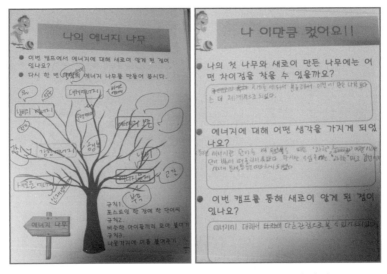

[그림 8-4] 수업 주제의 맥락성을 위한 활동지 구성 사례

학습자는 이와 같은 활동을 통해 에너지 문제의 맥락성을 다각도로 검토할 수 있게 되는 것이다.

④ **다양성**

차윤경 외(2014, p. 24)는 '다양성(diversity)'이 학습자의 다양성, 문화적·인식론적 다양성, 다양성과 평등성의 이슈 등을 포괄한다고 설명하고 있다. 학습자의 이러한 특성은 에너지 중심의 융복합수업에서도 나타난다. 특히 다양한 학습자의 의견을 한곳에 모아정리하는 활동에서 이는 두드러지게 실현된다. 다음 그림을 통해

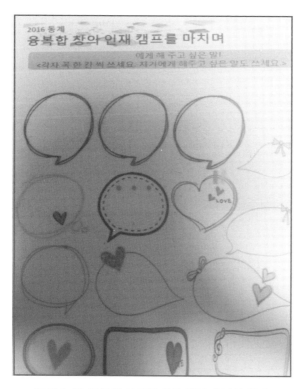

[그림 8-5] 다양한 사고를 위한 활동지 구성 사례

이를 확인해 보도록 한다.

[그림 8-5]는 에너지 중심 융복합수업의 마무리 학습 활동이다. 학습자들은 이러한 학습 활동을 통해 다양성에 대해 배울 수 있다. 이 활동을 통해 동료 학습자가 무슨 생각을 하고 있는지 파악할 수 있기 때문이다. 자기와는 다른 생각을 가지고 있는 동료 학습자를 보면서, 다양한 학습자의 생각에 대해 성찰할 수 있는 기회가 될 것이다. 아울러 동료 학습자가 그런 생각을 하게 된 사회적 배경에 대해서도 고민해 볼 수 있다.

4. 교사를 위한 제언: 융복합 시대의 교사상

융복합교육은 기존의 학문이나 교과 간의 간격을 해체하고, 새로운 연결 고리를 찾고자 하며, 궁극적으로 실세계의 복잡성과 융복합성에 대응할 수 있는 교육을 하기 위한 것이다. 지난 세기의 학교교육은 대체로 개별 교과나 학문 기능이 분화되고 전문화되는 과정에서 학문의 본령이 잊히고, 개별 분야 사이의 벽은 점차 두꺼워지게 되었다.

이른바 모더니즘으로 대변되는 개별 분야의 분화에 따른 발전이 한계에 이르게 되면서, 교과나 학문 간의 융복합은 새로운 시대의 조류이자 삶의 기본 방식으로 자리 잡아 가고 있는 실정이다. 이러한 융복합 시대를 살아갈 학습자가 받아야 할 교육은 기존의 교육에 대한 재설계를 요구하고 있다. 대량의 지식이 폭증하는 시대에 사실상 중요하고 덜 중요한 지식을 나누는 전통적 기준은 무의미해지고 있으며, 문제 상황과 맥락에 맞게 기존의 지식을 재해석하고 재창조하는 능력이 점차 강조되고 있는 것이다.

　이러한 시대의 변화에 대응하기 위한 융복합교육에서 교사의 수업 전문성은 기존과 궤를 달리하고 있다. 근본적으로 문제 상황이나 맥락에 대응하는 능력은 객체화된 지식의 전달 및 숙달로는 제대로 형성되기 어렵다는 점에서, 교사의 위상이나 역할은 전통적인 교사의 경우보다 매우 소극적인 차원에 그친다고 생각하기 쉽다.

　그러나 상호 이질적인 학문이나 지식의 연결 고리 찾기도 결국 교사가 설계하고 마련한 장면에서의 자유이므로, 교사는 이 점을 명심할 필요가 있다. 이는 마치 선장과 배의 관계에 비유해 볼 수 있겠다. 이때 선장은 학습자, 배는 교사에 대응시킬 수 있다. 융복합적 실세계를 탐구해 가는 배의 선장이 학습자라면 선장을 태우고서 선장이 원하는 방향으로 움직이며 거친 바다를 견디는 배는 교사인 것이다. 앞으로의 시대를 이끌어 나갈 학습자에게 거친 바다를 헤쳐 나갈 능력을 부여(empowerment)해 주는 교사야말로 시대의 중요한 변화 동력임을 잊지 말아야 한다.

참고문헌

김동일(2015). 교육의 미래를 디자인하다. 서울: 학지사.

김승호, 박일수(2015). 통합교과의 이론과 실제. 경기: 교육과학사.

김시정, 이삼형(2012). 융복합교육의 양상에 대한 국어교육적 접근. 국어교육학연구, 43, 125-153.

김영채(1998). 사고력: 이론, 개발과 수업. 경기: 교육과학사.

김재복(2000). 통합교육과정. 경기: 교육과학사.

김종철, 윤여탁, 구본관, 민병곤, 고정희, 윤대석(2015). 창의와 융합의 국어
　　교육. 서울: 사회평론.

배희철, 김용호 역(2011). 생각과 말: 심리학적 탐구. 서울: 살림터.

성열관, 이민정(2009). 교육과정 일치도 및 컨텐츠 맵의 유용성과 비판적
　　활용 방안. 교육과정연구, 27(3), 63-82.

송정윤, 안상희(2012). 교과서 내 쓰기 영역 단원의 학습 활동 활용 실태 연
　　구: 중학교 2학년 국어 교과서를 대상으로. 한국어문교육, 11, 159-185.

우한용, 박인기, 오윤주, 홍지연, 한태구, 김향연(2013). 국어과 창의 · 인성
　　교육 중등편: 이론과 실천 탐구. 서울: 사회평론.

유한구, 김승호(1998). 초등학교 통합교과교육론. 경기: 교육과학사.

이선경, 구하라, 김선아, 김시정, 문종은, 박영석, 신혜원, 안성호, 유병규,
　　이삼형, 이승희, 이은연, 주미경, 차윤경, 함승환, 황세영(2013). 융복합
　　교육 프로그램 구성을 위한 기초 연구: 현장 사례 분석을 통한 구성틀
　　적용 가능성 탐색. 학습자중심교과교육연구, 13(3), 483-513.

이홍우 역(2007). 민주주의와 교육. 경기: 교육과학사.

정희옥 역(2009). 마인드 인 소사이어티: 비고츠키의 인간 고등심리 과정의
　　형성과 교육. 서울: 학이시습.

중앙대학교 사범대학 부속유치원(1989). 활동 중심 통합교육과정. 서울: 양
　　서원.

차윤경, 김선아, 김시정, 문종은, 송륜진, 박영석, 박주호, 안성호, 이삼형,
　　이선경, 이은연, 주미경, 함승환, 황세영(2014). 융복합교육의 이론과 실
　　제. 서울: 학지사.

차윤경, 안성호, 주미경, 함승환(2016). 융복합교육의 확장적 재개념화 가
　　능성 탐색. 다문화교육연구, 9(1), 153-183.

함승환, 구하라, 김선아, 김시정, 문종은, 박영석, 박주호, 안성호, 유병규,

이삼형, 이선경, 주미경, 차윤경, 황세영(2013). "융복합교육"의 개념화: 융(복)합적 교육 관련 담론과 현장 교사 포커스 그룹 면담을 중심으로. 교육과정평가연구, 16(1), 107-136.

Dewey, J. (1916, 1966). *Democracy and Education*. New York: A Division of Macmillan publisher.

Drake, S. M. (1993). *Planning integrated curriculum: The call to adventure*. Alexander, VA: Association for Supervision and Curriculum Development.

Ellis, A. K., & Fouts, J. F. (2001). Interdisciplinary curriculum: The research base. *Music Educators Journal, 87*(5), 22-26.

Fogarty, R. (1991). Ten ways to integrate curriculum. *Educational Leadership, 49*(2), 61-65.

Fogarty, R. (2009). *How to integrate the curricula* (3rd ed.). Thousand Oaks, CA: Corwin.

Ingram, J. B. (1979). *Curriculum integration and lifelong education*. New York: Pergamon Press Inc.

Jacobs, H. H. (1989). *Interdisciplinary curriculum: Design and implementation*. Alexandria: ASCD.

Vygotsky, L. S. (1986). *Thought and language*. Cambridge, MA: MIT Press.

Vygotsky, L. S. (1987). *Thinking and speech*. New York: Plenum.

Wertsch, J. V. (1984). The zone of proximal development & some conceptual issues. In B. Rogoff & J. V. Wertsch (Eds.), *Children's learning in the "zone of proximal development"—New directions for child development* (pp. 7-18). San Francisco: Jossey-Bass.

Wertsch, J. V. (1985). *Vygotsky and the social formation of mind*. Cambridge, MA: Harvard University Press.

제**9**장

융복합수업과 학생 평가

1. 융복합교육과 평가

최근 인공지능, 플랫폼, 클라우드 테크놀로지가 결합된 제4차 산업혁명기로 넘어가는 사회 변동의 기로에서 매일 새로운 지식은 폭주하고 있으며, 학교에서 배우는 지식만으로는 미래사회를 대비할 수 없을 것은 익숙한 담론이 되었다. 21세기를 살아가는 유능한 시민에게 요구되는 핵심 역량은 단순히 지식적인 측면을 넘어서 보다 지식을 융합시키고 확장시키는 능력, 인지적인 측면만이 아닌 정의적 측면의 역량을 요구할 뿐만 아니라 다른 사회 구성원과의 관계 형성과 협력 능력이 특히 강조되고 있다. 이에 2015 개정 교육과정(교육부, 2015)에서는 '미래사회가 요구하는 창의·융합형 인재 양성'과 '학습 경험의 질 개선을 통한 학습한 학습의 구현'을 비전으로 제시하면서 핵심 역량이 총론에 제시되고, 각 교과에서 이를 반영한 교과 역량이 제시되었다. 미래사회에 필요한 창의·융합형 인재 양성을 위해서는 삶의 가치와 태도 변화를 위한 능력 차원의 변화의 필요가 담겨 있다고 볼 수 있고, 교육과정 변화와 긴밀하게 평가 방식에 따라 역량 기반 교육과정의 성패가 달려 있다고 볼 수 있다. 특히 교과 교육과정에서는 핵심 개념 중심의 학습량 적정화, 핵심 역량 반영, 학생 참여 중심 교수–학습 방법 개선, 과정 중심 평가 확대와 같은 교과 교육과정 개정 방향으로 구체화되어 있다(김경자 외, 2015; 주형미 외, 2016; 황규호 외, 2015). 이러한 정책으로 제안된 과정 중심 평가는 학생의 학습 성장과 발전을 돕기 위해 수업 중에 다양한 평가 방법을 실시할 수 있으며 교수·학습 중 지속적으로 시행되는 행위이다. 또한 학습 결과에 대한 평가에서 학습을 위한 평가/학습으로서의 평가로 학생의 문제 해결 과정에 중점을 두는 평가이다. 그러므로 교육과정, 교수·학습과 평가의 연계를 중요시하여 교수·학습 과정에서 자료를 다양한 학습의 증거자료를 수집하여 적절한 피드백을 제공하는 것이 가능하다. 이와 같은 최근 평가 패러다임을 융복합교육에서 평가(이하 '융복합평가')는 반영하고 있으며, 특히 과정 중심 평가의 강점을 갖고 있다. 융복합평가는 학생의 학습 성과에 대한 정보와 더불어 교사가 제공한 교육의 질에 대한 점검 활동이며, 앞으로 이루어질 교육이 좀 더 내실 있게 이루어질 수 있도록 안내하는 정보를 제공하는 것을 목적으로 한다. 이는 융복합교육의 성공적 실천에서 평가의 중요성을 보여 주며, 달리 말하면 융복합평가 활동을 계획하고 실행하는 것이 성공적일 때 수업개선을 이끌어 낼 수 있다고 강조하는 것이다. 지식의 능동적 생산이 융복합교육의 핵심적 측면이라는 점을 고려할 때, 융복합평가에서 학습 결과물과 더불어 결과물을 만들어 가는 과정을 학생의 전인적 발달을 다각적으로 반영할 수 있도록 종합적으로 평가하는 것이 중요하다.

　이에 본 장에서는 융복합교육에서 학생을 평가하기 위하여 교사가 알아야 할 융복합평가에 대한 논의를 시작하고자 한다. 이에 구체적으로 융복합평가의 특징을 자세히 알아보고, 융복합평가의 평가 기준과 절차, 융복합평가 방법과 적용한 사례, 결과 보고 사례를 살펴보고자 한다.

2. 융복합평가의 특징

　융복합교육에서는 학생들의 개별성과 다양성, 지식이 융복합되는 성취 과정과 결과를 반영할 수 있는 다양한 평가 방법이 필요하다. 특정한 평가 방법을 선호한다기보다는 다양한 교과 핵심 역량의 성취도를 파악하고, 융합의 단위와 맥락을 고려한 교육과정 재구성이 고려되어야 한다. 융복합평가는 그 시기, 방법, 평가자, 평가 기준까지도 융복합적인 방법을 택한다. 즉, 평가 방법이 단순히 고정되거나 획일적이지 않다. 평가의 시기도 학습 이전, 학습 과정, 학습 이후 등으로 다양하다. 또한 학습과 평가의 전 과정에 학생들을 참여시키며, 때로는 학생 자신이 평가자가 되고, 동료로부터 평가를 받기도 하고, 교사나 관찰자로부터 평가받기도 한다. 평가 방법은 관찰을 통한 수행 평가, 학습의 전 과정을 담은 포트폴리오를 통한 과정 평가, 자기 성찰을 통한 자기 평가, 동료 평가 등으로 복합적인 방법을 적용하는 것이 가능하다. 이러한 융복합교육의 평가 목적에 맞게 평가 도구를 개발하고 학생 평가를 시행하는 것은 교사가 갖추어야 할 전문성 중의 하나이다.

　지식의 구성 과정이 융복합교육의 핵심적 요소인 것처럼, 융복합평가에서도 그러한 과정에 대한 평가가 중요하다. 최근 들어 융복합교육에 대한 사회적 관심이 확대되고, 교육 당국의 정책적 지원에 힘입어 학교 현장에서 교과 간 통합 수업에 대한 실행이 늘어나고 있다. 그러나 융복합의 정의나 융합 방식이 다양하며, 융복합수업의 실행 경험이 충분히 축적되어 있지 않기 때문에 융복합교육에서 평가하는 방법 및 기존 평가와의 차이점 등에 대한 진전된 논의가 필요하다.

　융복합교육은 실세계 맥락에서 교과, 인간, 세계 사이의 대화적 관계 속에서 학습자가 주체적으로 공공의 지식을 창안하거나 기존 모델을 분류 또는 통합하게 한다. 어떤 정보가 수집되어야 하는지 결정하게 하고, 데이터 해석, 양적화, 분석 방법 결정, 시도한 결과가 유용한지를 결정하도록 요구한다. 또한 융복합적인 수업 상황에서 다양한 맥락적 과제를 분석, 비평하도록 요구하기 때문에 단순한 인지적 기능의 이해와 능력이 낮은 수준의 개념, 사실, 규칙을 다루기보다 유연하고 잘 통합된 지식 체계 내에서 구현되어야 한다. 이에 융복합교육이 구현되는 과정에서 학생의 지식 성장을 평가하는 것이 중요하다. 이때 과정은 여러 교과의 핵심 개념(Big Idea)을 중심으로 교과 내·외적 주제나 개념을 포함하는 다양한 학습 내용 요소를 학생에게 의미 있게 실세계 맥락과 연결 지어 학습과 수행이 이루어지는 전 과정이라고 할 수 있다. 차윤경 외(2014)는 '관련 내용 분야의 결합' '과정의 강조' '학습의 맥락' '집단적 상호작용' '역량의 다양성'을 중심으로 살펴보았지만, 본 장에서

[그림 9-1] 융복합평가의 특징

는 융복합평가의 특징을 다음과 같이 6가지로 제시하였다.

1) 융복합평가는 과정 중심으로 평가한다

융복합평가의 특징은 2015 개정 교육과정에서 강조하는 과정 중심 평가의 특징과 일치한다. 2015 개정 교육과정에서는 학습의 과정을 중시하는 '과정 중심의 평가'를 강화하고 학생 스스로가 학습을 성찰할 수 있는 기회를 주어 평가를 통한 학생의 성장을 강조한다. 융복합교육은 학습자의 개별성과 다양성 및 지식의 융복합성을 아우르는 교육적 실천으로서, 모든 학생이 각자 자신의 학습 과정에서 다양한 방식으로 의미 있는 지식 탐구 과정을 경험하고 복합적인 지식 산출물을 융합하는 과정을 거치면서 진정성 있는 학습 성과에 도달하는 과정에 대하여 평가한다. 이에 학습의 과정에서 생산되는 결과물과 최종 결과물을 만들어 가는 과정을 학생의 전인적 발달을 다각적으로 반영할 수 있도록 종합적인 질적 평가를 체계적으로 병행하기 위한 다양한 노력이 필수적이다.

2) 융복합평가는 성장 중심으로 평가한다

융복합평가에서는 개개 학생의 능력 변화와 성장을 강조한다. 학습자의 성장과 발달 과정을 관찰함으로써 강점과 단점을 파악하여 학생의 학습과 성장을 지원하기 위한 목적을 가진다. 최종 성취 수준에 대한 관심보다는 초기 능력 수준에 비해 성취의 향상 정도를 강조하는 평가이다. 다양한 학습의 증거를 분석하여 성장 변화 현상과 요인에 중점을 두고 학생의 개별성과 다양성의 증거 해석에 주목한다. 또한 융복합평가의 결과 보고는 서열화나 등급화된 기준의 도달 여부에 관심을 갖기보다는 학생의 학습에 대한 성장 위주의 조언을 기술한다. 그리하여 개개 학생의 능력 변화에 관심을 두기 때문에 개개 학생의 탐구와 능력 향상뿐만 아니라, 융복합 교육의 교수적 기능 분석과 프로그램 평가에 대한 피드백으로 활용될 수 있다.

3) 융복합평가는 수행 중심으로 평가한다

융복합평가는 기존 평가 방식과 비교하여 볼 때 융복합적 맥락 과제의 해결을 위한 학습자의 수행에 관심이 있다. 융복합평가의 대표적인 평가 방법은 '수행 평가'로 학생이 직접 지식을 습득해 나가는 과정, 기능이나 기술을 실제적인 융복합 맥락 과제를 통해 얼마나 잘 수행하는지(doing, performing) 혹은 어떻게 수행하는지

(how to do, how to perform)를 관찰, 서술, 면접 등의 증거 수집 방법을 통해 종합적으로 판단하고 수행 과정과 그 결과를 총체적으로 평가한다(김유향 외, 2017; 성태제, 2014). 융복합수업에서 다양한 과제 수행을 통해 학생은 문제 해결의 방향을 개인의 맥락에서 출발하여, 지역사회와 세계적 맥락으로 확장할 수 있다. 또한 여러 차원의 지식과 인지적 기능을 측정할 수 있고, 이와 관련된 고등 정신사고력과 문제 해결력을 중요하게 다루며 실제 상황과 유사한 맥락에서의 수행 능력과 수행 과정을 평가한다.

4) 융복합평가는 역량 중심으로 평가한다

미래사회교육에서는 능동적으로 지식을 활용하며 창의적 문제 해결과 지식 생산에 참여할 수 있는 21세기의 핵심 역량을 요구·제안하고 있다(이근호 외, 2012; Partnership for 21st Century Learning, 2015). 이러한 역량은 단순한 지식이나 기술의 습득을 의미하기보다는 실생활의 쟁점에 적용할 수 있는가를 의미한다(전경희, 2016). 이렇듯 역량을 평가하기 위한 역량 중심 평가는 교사가 가르친 내용만을 평가하는 것이 아니라, 융복합 역량의 함양을 도울 수 있는 실제 상황과 유사한 맥락의 과제를 제작하고 사용하는 방식에 관심이 있다. 역량을 평가하는 것은 지식, 기능, 가치/태도의 총체적 구성물을 평가하는 것이다(이정우·구남욱·이인화, 2016). 기존의 지필 평가나 성취도 평가는 인지적 영역을 평가하는 데 한계가 있었지만, 역량 평가는 학생들의 정의적 영역의 특성을 평가하는 데 관심을 갖는다. 이근호 외(2013)는 교수·학습 실천 방안으로 핵심 역량 계발을 위한 협력과 탐구를 강조하는 교수·학습을 제안하였고, 핵심 역량의 평가 방안으로는 교과 기반의 핵심 역량 평가로 개선되어야 함을 제안하였다. 이에 융복합교육의 목표를 차원으로 하는 역량 중심 평가는 차윤경 외(2014)가 제시한 '도구의 상호작용적 역량' '이질적 집단에서의 상호작용 역량' '자율적 실천 역량'을 중심으로 차시별 학습 내용과 목표를 반영하는 과제, 활동, 평가 기준 등으로 활용하는 것이 가능하다.

5) 융복합평가는 참여자 중심으로 평가한다

융복합평가는 자율적 탐구 방식과 평가하는 과정에서 학생의 참여를 강조한다는 점에서 참여자 중심 평가라 할 수 있다(성태제, 2014). 참여자 중심 평가는 복잡한 맥락 속에서 인본적인 쟁점에 대한 총체적인 접근을 시도하며 가치다원주의로 표준화된 계획에 따르지 않는 것이 특징인데, 이는 융복합교육이 추구하는 표준화된 학교교육에서 탈피하여 학습자의 개별성과 다양성을 존중하며 궁극적으로 모든 사회 구성원이 누려야 할 전인적 인격체로서의 권한과 자유, 기회의 평등이 보장되는 정의로운 사회 구현에 기여와 학교교육 개혁의 방향과 일맥상통한다. 또한 참여자 중심 평가는 정보 수집을 위해 질적 방법을 도입하여 평가 과정에 가치관의 개입, 사회정치적 영향을 숨김없이 드러냄으로써 평가 관련자들의 반응을 중시한 유연한 평가를 수행할 수 있다. 반면에 참여 중심 평가에서는 평가에 주관이나 선입견이 개입된다는 점을 배제할 수 없으며, 다소 많은 시간과 노력이 요구될 수 있다.

6) 융복합평가는 협력과 소통 중심으로 평가한다

융복합교육에서는 학생 개인의 성취도뿐만 아니라 탐구 주제나 쟁점, 연구 방법에 따라 모둠별로 교수–학습이 구성되는 것이 대부분인데, 이때 동료 집단에서 협력과 의사소통을 통한 문제 해결 과정을 평가하게 된다. 협력과 이견에 대한 갈등 조정과 대화 관계의 형성을 통해 다양한 상황에서 자신의 생각과 감정을 효과적으로 표현하고, 다른 사람의 의견을 경청하며 존중하는 역량이 필요하다. 이에 다양한 문제 해결에 참여하여 다양한 사람들과 협업하고 상호작용하는 능력(교육부, 2015; 김유향 외, 2017)을 측정하는 평가의 특징을 가진다. 특히 김동영 외(2013)는 '협력적 문제 해결 능력' '소집단의 협력 수준' '개인의 참여 수준'을 평가하는 방안으로 교사가 협력적 문제 해결 과제를 소집단에 제시하고 학생들이 이를 수행하는 과정을 관찰하여 평가할 것을 제안하였다.

3. 융복합평가의 기준과 절차

학생들의 융복합 역량과 수행 수준을 평가하기 위해서는 융복합 목표 차원의 구체적인 채점 기준이 필요하다. 구체적으로 채점 기준은 융복합 프로그램에 참여하는 학생들에게 과제나 활동을 수행하기 전에 간략하게 제시될 수 있으며, 수행을 관찰하는 교사에게 평가 기준으로 제안할 수 있다. 본 절에서는 '역량 중심 평가 기준' 'ABCD 원리에 의한 평가 기준' '융복합평가의 절차'를 중심으로 구체화하였다.

1) 역량 중심 평가 기준

융복합교육의 목표를 차원으로 하는 역량 중심 평가 기준은 차윤경 외(2014)가 제시한 융복합교육 구성 틀에 포함된 융복합 목표 차원에 해당하는 '도구의 상호작용적 역량' '이질적 집단에서의 상호작용 역량' '자율적 실천 역량'을 중심으로 평가 항목을 다음 〈표 9-1〉과 같이 구체화할 수 있다.

〈표 9-1〉 융복합교육 목표 차원의 역량 중심 평가 기준

	평가 영역	평가 항목	평가 결과
도구의 상호작용적 역량	언어, 상징, 텍스트 활용 역량		
	핵심 개념, 원리, 소양 습득 활용 역량		
	테크놀로지 활용 역량		
이질적 집단에서의 상호작용 역량	타인과의 관계 형성 및 유지 역량		
	협동적 작업 역량		
	갈등 관리 및 해결 역량		
자율적 실천 역량	정체성, 자존감 및 자율적 인생 계획 역량		
	개인의 행동 변화 역량		
	지역/세계사회의 바람직한 변화 야기 역량		

구체적으로 살펴보면 먼저 언어, 상징, 텍스트, 핵심 개념, 원리, 소양, 테크놀로지 등의 지식과 도구들을 학습자가 습득하고, 이를 상호적으로 활동하는 역량을 평가하는 것이다. 두 번째 이질적인 집단에서 타인과 관계를 형성하고 협력적으로 작업을 수행하며 갈

등을 관리하고 해소하는 상호작용 역량을 평가하는 것이다. 마지막으로, 자신의 정체성 및 자존감을 확립하고 자율적으로 계획을 수립, 실행할 수 있으며, 개인뿐 아니라 지역사회와 세계사회의 변화를 주도할 수 있는 자율적인 행동 역량을 포함하고 있다. 이러한 평가 기준은 융복합수업의 차시별 학습과 목표를 반영하는 활동과 과제에 적용하여 세부 기준이나 구체적인 진술로 활용될 수 있다.

2) ABCD 원리에 의한 평가 기준

차윤경 외(2014)가 제시한 융복합교육의 원리인 자율성, 가교성, 맥락성, 다양성의 ABCD 원리 4가지 항목으로 구성한 평가 기준이다.

첫째, 자율성은 능동적으로 학습에 참여하여 자신의 역량을 발휘한 정도가 어떻게 성취되었을 것인가를 살펴보는 것이 중요하다. 문제 해결에 대한 자신의 기대와 스스로 문제 해결을 위한 계획을 조정하고 실행하는 정도가 구체적인 평가 항목으로 설정되었다. 둘째, 가교성은 다양한 쟁점을 찾아내고, 다양한 참여자와의 집단 구성원 사이에 공감대를 형성하고 협력성을 평가하는 하나의 척도이다. 또한 협력적 수행 과정에서 발생하는 이견과 갈등을 관리하고 해소하며 대안을 탐색하는 정도를 평가하는 것이다. 셋째, 학생들의 구체적인 삶의 맥락에서 활동과 체험에 기초한 탐구와 표현을 나타내고, 다양한 주제가 어떠한 맥락과 관련되는지 구분하고 근거를 제시하는 능력을 평가할 수 있다. 넷째, 다양성은 쟁점에 대한 다양한 해석과 이해에 대한 개방의 정도를 나타내며, 다양한 견해와 입장에 대한 이해의 정도를 평가하는 항목으로 설정되었다.

〈표 9-2〉 ABCD 원리에 의한 평가 기준

평가 영역	평가 항목	평가 결과
자율성	• 자신의 역할을 분명하게 하고 능동적으로 참여하는가? • 문제 해결에 대한 자기 기대가 높은가? • 스스로 계획하고 조정하며 실행하는가?	/5
가교성	• 에너지와 관련된 다양한 요소를 연결 지어 접근하는가? • 다양한 참여자의 견해를 이해하고 협력적으로 작업하였는가? • 이견과 갈등을 조정하고 대안을 제시하는가?	/5
맥락성	• 학습 내용을 삶의 맥락과 관련지어 접근하는가? • 서로 다른 맥락(개인/지역/세계사회적)을 구분하고 근거를 밝히는가?	/5
다양성	• 다양성에 대해 얼마나 열린 태도를 보이는가? • 다양한 견해와 입장을 잘 이해하여 활용하는가?	/5

종합 의견:

융복합 프로그램에 참여한 학생의 학습 과정에 대한 변화와 성장, 태도, 수행 과정, 참여에 관한 정보를 체계적으로 관리할 수 있는 평가 기준은 평가 영역을 ABCD 원리뿐만 아니라 역량이나 활동 중심으로도 구성할 수 있다. 예를 들면, '능동성' '다양성' '통합성' '맥락성' '협력성'을 포함하는 범주에 대하여 영역별로 주요한 학습자 성향을 구체화하여 그에 대한 평가 결과를 양적·질적으로 기록하는 것이 가능하다.

이러한 평가 기준의 범주는 융복합교육이 지향하는 교육적 비전에 따라 구체화한 요소들을 포함하고 있다는 점에서 서로 연관성을 갖는다. 예를 들어, 융복합 프로그램 참여자 간의 다양성에 대한 이해와 존중(다양성), 협력과 이견에 갈등 조정과 대화 관계의 형성(협력성), 학습자의 삶의 맥락과 다양한 맥락으로의 확장(맥락성), 학습자의 능동적 학습 참여 추구(능동성)등을 평가 범주로 구성할 수도 있다.

3) 융복합평가의 절차

융복합교육에서 평가를 적용하기 위한 절차는 [그림 9-2]와 같다.

융복합평가의 절차는 평가 계획에서부터 시작된다. 평가 계획 단계에서는 융복합수업의 목표와 함께 평가 목표를 설정한다. 이 단계는 프로그램과 수업의 교수 계획에서 평가 계획도 동시에 설계되어야 하며 융복합 역량, 관련 교과 역량과 성취 기준도 파악하는 것이 필요하다. 구체적인 융복합교육을 위한 수업 활동과 학습 내용이 정해지면 이에 따른 과제와 학습 활동에 적절한 평가 방법을 결정하고 평가 도구를 계획한다. 두 번째, 증거 수집의 단계에서는 프로세스폴리오를 구성할 수 있는 자료들을 구체적으로 수집하고 학생의 학습 수행 과정에 대한 관찰과 수집을 실행한다. 교사 또는 관찰자가 어떠한 방식으로 평가 틀에 따라 기록을 할 것인지 결정해야 한다. 이때 관찰의 목적에 따라 현장노트를 작성하고 사진, 녹취, 동영상 기록 방법을 활용하여 증거를 수집하면 성취 과정을 파악하고 해석하는 데 도움이 될 수 있다. 세 번째 단계에서는 학생이 융복합교육에 참여하면서 수행한 학습의 성취, 변화, 성장에 대하여 해석한다. 융복합교육의 목표에 달성도는 프로세스폴리오에

평가 계획
- 평가 목표 설정
- 교육과정 역량 분석
- 관련 교과 성취 기준 파악
- 평가 내용 및 방법 결정

증거 수집
- 프로세스폴리오 계획
- 관찰일지-교사
- 성찰일지-학생, 교사
- 과제, 활동 결과물 수집

증거 해석
- 융복합평가 목표 달성 여부
- 융복합 역량 함양 정도 파악

결과 보고
- 채점 및 보고
- 종합 의견 추론
- 프로세스폴리오 완성

[그림 9-2] 융복합평가의 절차

담긴 학습 증거와 결과물을 통해 파악할 수 있다. 특히 프로세스폴리오에는 학습 과정에 대한 학생의 인지적인 결과뿐만 아니라 태도와 신념의 변화와 성장도 파악할 수 있는 학생의 자기 성찰과 교사의 피드백을 통해 융복합 역량의 함양 여부를 파악할 수 있다. 마지막으로, 결과를 보고하는 단계에서는 평가 기준에 따라 학생들의 수행을 분석한 결과를 각 활동별, 과제별 또는 주차별로 파악하여 각 수행 과정을 통해 드러난 학생의 특성을 종합적으로 기록한다. 이러한 결과 보고를 통해 학생의 수행 결과 파악뿐만 아니라 융복합 프로그램의 평가와 융복합교육의 목표 달성 여부도 파악하는 것이 가능하다.

4. 융복합평가의 방법과 사례

1) 관찰 평가

융복합교육에서 학생들의 학습 증거를 수집하기 위해서 수행의 과정을 관찰하는 것은 필수적이다. 이러한 관찰을 통해 융복합 프로그램 참여 학생의 수행 과정, 학생들 간의 협력과 소통, 성장과 변화를 파악할 수 있다. 박영석과 신혜원(2015)은 관찰 평가 도구로 실제 융복합 패스트패션 프로그램에 참여한 학생들의 성취 결과를 분석하였다. 이때 적용된 관찰 평가 도구는 능동성, 다양성, 통합성, 맥락성, 협력성의 다섯 가지 평가 기준에 대하여 적용하였다. 각 항목의 세분 기준별로 5단계 척도로 체크하여 관찰 평가를 실시하였고, 그 결과 관찰 평가 근거에 대한 상세한 기술과 해석에 있어서 평가자의 평가 점수의 편차, 관찰 이미지의 주관성, 서술에서 형용사의 강도 구분에 대한 한계점을 지적하였으며, 관찰 평가의 타당성을 확인할 수 있는 근거가 되었다.

이러한 맥락에서, 관찰은 수업이 진행되는 동안 자연스러운 인간의 행동을 연구하기 위한 비공식적 증거 수집의 과정이며 비형식적 평가 방법 중 하나이다. 학생의 행동 관찰을 통해 그들의 몸짓, 표정, 시선 등 행동과 겉모습에 주목하며, 음성 신호와 함께 전달된다. 해리티지(2013)는 이러한 관찰의 과정을 '증거 수집 전략'

이라고 명명하고, 수업이 진행되는 동안 어떻게 학습이 전개되는지에 대한 정보라고 하였다. 활동이 어떻게 진행되며, 학생들이 그 활동에 어떻게 반응하고 재미있어하고 집중하는지 반응을 확인하는 것이 필수적이라고 보았다. 이러한 증거들은 언어적일 수도 있고, 비언어적일 수도 있고, 순간적이고 즉각적으로 나타날 수 있다. 또한 관찰을 통해 학생의 학습 변화와 성장, 태도, 수행 과정, 참여도를 파악하는 것이 가능하다. 수업 토의 과정에서 학생의 참여 성향, 모든 조에서 보이는 대인 관계를 기술, 질문에 대한 반응의 정확성, 생각을 표현하는 언어 능력, 학생의 관심 정도, 대답을 통한 이해 정도를 파악할 수 있다(Nilsen, 2008).

실제 융복합 프로그램에 참여한 학생의 학습 과정에 대한 변화와 성장, 태도, 수행 과정, 참여에 관한 정보를 체계적으로 관리할 수 있는 도구로 관찰 평가 루브릭을 구성하였고, ABCD 원리에 의한 평가 기준에 따라 관찰자의 상세한 기술과 해석을 기록하는 방식으로 적용하는 것이 가능하였다(박미영 · 심수진 · 이현주, 2017). 관찰을 통해 평가한 결과, 학습자의 태도를 능동적으로 변화시킬 수 있고, 협력적 작업을 통해 이견과 갈등을 극복하고 지속 가능한 발전에 기여할 수 있는 역량이 개발될 수 있으며, 개인의 삶과 유기적으로 실생활 맥락을 연결 짓는 학습 환경을 제공하는 것을 알 수 있었다. 또한 학생과 교사가 인식하는 융복합 원리는 독립적으로 존재하는 것이 아님을 알 수 있었다. 예를 들어, 탐구 기반 학습은 학생들에게 좀 더 의미 충실한 맥락을 제공하기 위한 요소이기도 하지만, 프로젝트 교수법과 함께 진행되면 학생들의 자율성을 극대화하는 요소로 작용하게 되었다. 또한 학생들이 흥미와 관심을 갖고 있는 주제를 선정하여 탐구하게 함으로써 다양성의 원리

기준	평가 항목		평가 결과
자율성	• 자신의 역할을 분명하게 하고 능동적으로 참여하는가? • 문제 해결에 대한 자기 기대가 높은가? • 스스로 계획하고 조정하며 실행하는가?	5/5	마인드맵 작성시 제일 먼저 주제를 적고 다음 단계나 각자의 할일을 제시함.
연계성	• 에너지와 관련된 다양한 요소를 연결 지어 접근하는가? • 다양한 참여자의 견해를 이해하고 협력적으로 작업하였는가? • 이견과 갈등을 조정하고 대안을 제시하는가?	5/5	주제 탐구시 부족한 점을 찾아내 함께 연완하려고 노력함.
맥락성	• 학습내용을 삶의 맥락과 관련지어 접근하는가? • 서로 다른 맥락(개인/지역/세계사회적)을 구분하고 근거를 밝히는가?	5/5	에너지의 주제를 지속적으로 삶으로 연결시키기 위해 노력함.
다양성	• 다양성에 대해 얼마나 열린 태도를 보이는가? • 다양한 견해와 입장을 잘 이해하여 활용하는가?	5/5	새로운 행동주제가 주어질때마다 빠르게 이해하여 제일 먼저 해결 방법을 제시함.
도구의 상호작용적 역량	• 언어 및 텍스트를 활용하여 자신의 아이디어를 효과적으로 표현하는가? • 교과 주지와 관련된 핵심 개념 원리를 이해하고 활용하여 문제를 해결하는가? • 다양한 테크놀로지를 활용하여 아이디어를 창의적 결과물로 산출하는가?	4/5	유일하게 여학생이고 학년가 다르지만 원만한 소통능력과 적극적인 협업능력을 갖여함.

종합 의견: ~ '에너지, 나, 우리 그리고 세계' 라는 주제에서 현재 사용하고 있는 에너지원과 앞으로 개발되어야 할 대체에너지의 효용성과 원리에 대해 깊이 탐색함. 학습 활동이 단계별로 진행이 될때 힘들어하거나 주저함없이 접근하는 태도가 인상함.

[그림 9-3] 관찰 평가 결과 기술 사례

도 실현할 수 있다.

[그림 9-3]은 융복합교육의 ABCD 원리를 관찰 평가 기준 평가 항목으로 구성하여 평가 결과를 기술한 사례이다. 이 사례는 양적으로는 5점 척도로 각 범주를 점수화하고, 각 범주의 질적 평가를 개별 학생의 특성을 관찰하는 가운데 수행을 통해 알게 된 태도 변

화 양상, 구체적인 학생의 참여 증거 기술, 생각의 표현, 의지, 의견, 수업에 대한 교수-학습 구성에 대한 피드백까지 이루어지고 있음을 알 수 있다.

2) 프로세스폴리오 평가

융복합평가는 학생의 학습 과정에 대한 변화와 성장, 태도, 수행 과정, 참여에 대한 정보를 체계적으로 관리할 수 있는 프로세스폴리오 방법을 지향한다. '프로세스폴리오'란 학생들의 성찰, 학생 활동 결과물을 포함하여 포트폴리오를 만들어 가는 과정을 수집하는 것이다. 이는 학습 활동 과정과 결과를 통합하는 평가 도구로 활용될 수 있다(성치경, 2009).

특히 포트폴리오는 학습 목표를 달성하기 위한 학습의 과정을 기록하거나 학습의 증거들을 수집하는 과정이다. 이러한 과정을 통해 포트폴리오는 학생들의 학습에 대한 인지적 측면과 정의적 측면에 대하여 발전 방향에 대한 조언을 통해 학습 과정과 결과에 대한 피드백을 제공할 수 있다. 이에 포트폴리오 평가는 학생의 자기 평가를 촉진하고 학습 동기를 강화한다. 학생 간의 경쟁이 아니라 개개인의 성장에 초점이 맞추어져 있어 평가의 표준화가 아닌 개별화된 성취가 드러나는 장점이 있다. 그러나 채점 준거를 구안하는 데 시간이 많이 소요되고, 학생에게도 많은 시간, 비용, 헌신 등이 요구된다. 또한 학생 각자의 역량 수준을 보여 줄 수 있는 공정한 기회를 교사가 제공했는지 신중하게 고려할 필요가 있다.

구체적으로 포트폴리오 유형을 '학습(Leaning) 포트폴리오' '성장 포트폴리오'로 구분할 수 있다(Stenmark, 1991). 학습(Learning) 포트폴리오는 과정 포트폴리오 또는 작업 포트폴리오라고도 하며, 교실에서 이루어지고 학습 과정과 자기반성 가치에 초점을 둔다. 전형적인 학습 포트폴리오의 요소들은 프로젝트, 글쓰기 모음, 일기, 미완성 과제나 작품이다. 교사와 학생들은 어떤 성과물이 학습에 도움이 되었고, 어느 부분에서 흥미를 느꼈으며, 어떤 것에 차별화할 수 있을지를 반성하기 위해 정기적으로 협의한다.

또한 성장 포트폴리오는 시간에 따른 성장을 나타내기 위해 만드는 데 목적이 있다. 새로운 작업이 이전의 결과물 간의 비교를 용이하게 하기 위해 항목들이 날짜로 표시되는 것이 꼭 필요하다. 시간에 따른 성장은 학습의 전후 과정을 비교함으로써 보여 줄 수 있다.

이러한 학습과 성장 포트폴리오의 장점을 반영할 수 있는 프로세스폴리오에는 융복합수업의 각 활동이나 차시별 산출물에 대해 학생이 학습일지를 작성하는 것이 대표적이라고 할 수 있는데, 학습에 대한 반성과 성찰, 학습하는 동안 인상적이거나 깨닫게 된 내용, 감정 등 교과내외적인 연계 방법들을 포함할 수 있다. 프로세스폴리오의 평가는 총괄적인 채점(holistic scoring method)보다는 활동이나 수행 결과를 부분으로 나누어 점수를 부여하는 방법이며, 학생의 강점과 약점을 파악하여 교사와 학생 모두에게 유용한 정보를 제공할 수 있다. 점수나 등급을 부여하기보다는 질적 평가로 과제를 수행하면서 관찰된 학생의 강점, 단점, 태도, 자세, 적성 등에 대한 의견을 서술한다.

또한 [그림 9-4]의 프로세스폴리오 사례와 같이 학생 성찰을 통한 평가 교사와의 상호작용과 피드백을 통해 격려와 학습 동기를 부여할 수 있다. 학생들의 프로세스폴리오에 피드백을 통해 학생들의 사고를 확장하는 발문을 제시할 수 있고, 활동에 대한 피드백

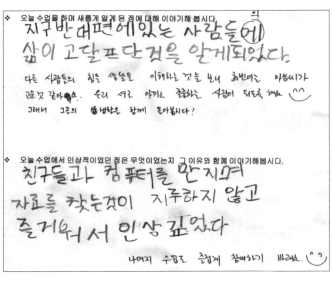

[그림 9-4] 프로세스폴리오 사례

을 통해 다음 학습으로 연계 및 확장할 수 있다.

3) 자기 평가와 성찰

자기 평가는 학생이 학습하는 과정에서 자신의 성장을 스스로 모니터링하고, 자신의 지식과 태도를 평가하는 과정이다(McMillan, 2015). 학생 스스로 성찰을 통한 자기 평가는 자신의 사고 과정이나 문제 해결 과정, 그리고 그 결과에 대해 생각하는 사고 과정, 초인지, 자기-점검 사고, 반성적 사고와 유사한 의미를 지니고 있다. 또한 자기 성찰은 포트폴리오에 포함될 수 있다. 자기 평가의 방법은 활동과 과제에 대한 지식의 이해도를 짧게 기록을 남길 수도 있고, 학생들이 자기 자신에게 질문함으로써 자기를 감독하는 방법이 있다. 자기 평가를 위해 구조화하는 구체적인 문항 예시는 다음과 같다.

- 이 과제를 통해 무엇을 배웠는가?
- 이 과제를 다시 한다면 무엇을 다르게 할 것인가?
- 이 과제를 수행하면서 어려움은 무엇이었는가?
- 이 과제를 수행하면서 어려움을 겪었다면 극복하기 위해 어떤 노력을 했는가?

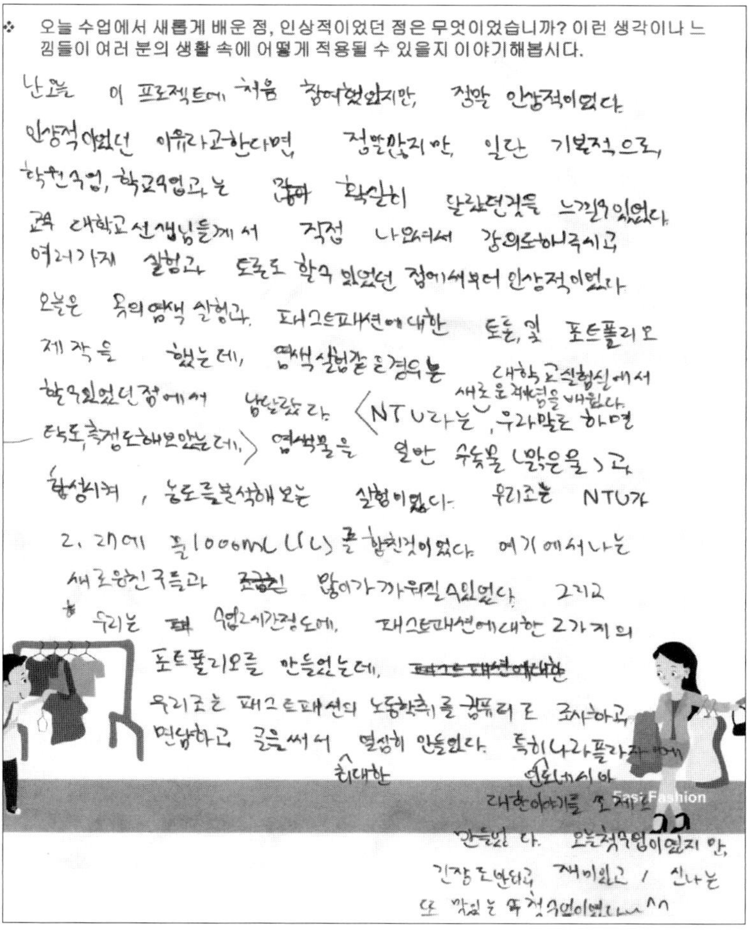
❖ 오늘 수업에서 새롭게 배운 점, 인상적이었던 점은 무엇이었습니까? 이런 생각이나 느낌들이 여러 분의 생활 속에 어떻게 적용될 수 있을지 이야기해봅시다.

난 오늘 이 프로젝트에 처음 참여했었지만, 정말 인상적이었다.
인상적이었던 이유라고 한다면 정말 많지만, 일단 기본적으로,
학원수업, 학교수업과는 정말 확실히 달랐던 것을 느낄 수 있었다.
교육 대학교 선생님들께서 직접 나오셔서 강의도 해주시고
여러가지 실험과 토론도 할 수 있었던 점에서부터 인상적이었다.
오늘은 옷의 염색 실험과, 패스트패션에 대한 토론, 및 포트폴리오
제작을 했는데, 염색 실험 같은 경우는 대학교 실험실에서
할 수 있었던 점에서 남달랐다. <NTU라는 새로운 개념을 배웠다. 우리말로 하면
탁도, 측정도 해보았는데,> 염색물을 일반 수돗물(맑은 물)과
합성시켜, 농도를 분석해 보는 실험이었다. 우리조는 NTU가
2, 개에 물 1000mL(1L)를 합친 것이었다. 여기에서 나는
새로운 친구들과 조금 친 많이가 가까워질 수 있었다. 그리고
우리는 수업 2시간 정도에, 패스트패션에 대한 2가지의
포트폴리오를 만들었는데, ~~패스트패션에 대한~~
우리조는 패스트패션의 노동착취를 검색하고 조사하고
면담하고, 글을 써서 열심히 만들었다. 특히 나라플라자에 연관시켜 대한 이야기를 주제로 만들었다. 오늘 첫 수업이었지만,
긴장도 안되고 재미있고 / 신나는
또 맛있는 첫 수업이었다~ ^^

[그림 9-5] 패스트패션 융복합 프로그램에 참여한 학생의 성찰 소감문

[그림 9-5]의 소감문은 학생이 참여하는 프로그램에 대하여 기존에 받았던 수업과 비교하며 평가하는 모습을 나타내며, 대학의 실험실에서 실험을 통해 알게 된 수행 과정과 결과를 포트폴리오로 구성한 내용을 서술하고 있다. 마지막으로는 하루 동안 경험하게 된 수업의 느낌, 태도, 인상들을 확인할 수 있다.

4) 동료 평가

동료 평가는 각 집단에서 집단 구성원 간에 서로 평가하는 방법이다. 동료 평가는 각 모둠에 있는 학생들 간에 객관적인 상호 평가를 통해서 각 구성원이 보다 건설적인 방향으로 발전하도록 제언하기 위해 사용된다. 이에 모둠별로 수행 과정에서 발생되는 이견과 갈등을 조정하고 대안을 찾아내며 점검하는 체크리스트를 활용할 수 있다. 또한 동료를 평가함으로써 자신의 수행에 대한 성찰도

점검 질문	별로예요	조금 부족해요	정말 잘했어요	이유
탐구의 목적과 필요성을 잘 설명하고 있나요?				
탐구 방법(자료 수집)이 탐구 문제를 해결하기 위해 적절한가요?				
탐구 결과가 탐구 문제에 대해 잘 답하고 있나요?				
결론이 우리 삶과 관련 있나요?				
종합 의견				

[그림 9-6] 동료 평가 기준

동시에 일어날 수 있다.

예를 들면, 모둠별 탐구 주제에 대한 발표를 듣고 모둠 내, 다른 모둠 구성원 간의 피드백을 주고받기 위해 [그림 9-6]의 동료 평가 기준을 활용할 수 있다. 또한 다른 모둠의 결과물을 관찰을 통해 알게 된 점이나 다른 모둠이 특별하게 잘한 점이 있다면 메모해 두었다가 의견을 공유할 수 있다.

5. 융복합평가의 결과 보고

융복합수업에서 학생들의 학습 활동과 결과는 전문적인 판단과 그에 따라 성적을 부여하고 보고하는 과정이 필요하다. 특히 성적을 부여하는 과정은 교사의 전문적 판단과 결정을 요구한다. 교사의 전문적 판단은 기본적으로 학생 수행에 대한 '객관적' 측정이어야 한다. 성적 부여 과정에서 객관성을 추구해야 하지만 의사 결정에 있어서 교사의 전문적 판단을 포기할 수 없다. 이를테면 과제를 수행하면서 관찰된 학생의 강점, 단점, 태도, 자세, 적성 등에 대한 의견은 교사의 전문적 판단에 근거하여 종합적으로 서술하고 성적을 부여한다. 개별 학생들은 성취에 차이가 있기 때문에 교사는 학생들이 특정한 평가 방식에 유리하거나 불리하지 않도록 다양한 기회를 주기 위한 다양한 방식의 평가를 활용한다. 실제로 교사의 성적 판단에 영향을 주는 교수 경험, 학습 맥락에 대한 이해 지식, 개인적 가치가 존재하지만 교사가 평가 윤리와 공정성을 갖춘 평가 전문가가 되려면 논쟁거리에 대한 이해, 정보화된 판단과 자신의 결정에 대한 자신감을 느끼는 것이 필요하다.

─── 실험 활동

━━━ 신문 만들기 활동

━━ 옷장을 부탁해(패스트패션 이해) 활동

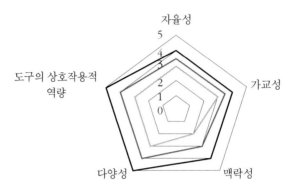

[그림 9-7] 평가 결과 보고 예시

평가 기준	평가 결과
자율성	• 시간이 지날수록 능동적인 모습을 보임 • 자신의 역할을 알고 기사문 자료를 수집함
가교성	• 다양한 의견을 내기보다는 꼼꼼하게 의견을 내고 제시하는 능력을 보임 • 팀원과 협력하여 기사문 쓰기를 수행함
맥락성	• 이전 학습 내용을 기사문 쓰기에 활용함
다양성	• 다양성에 대한 부분이 시간이 갈수록 상승하였음 • 보조 교사나 교사의 견해를 적극적으로 수용함
도구의 상호작용적 역량	• 시간이 갈수록 적극적인 방법으로 자신의 아이디어를 표현 • 문장을 효과적으로 구성함
종합	• 차시가 진행될수록 더 적극적이고 다양한 모습을 보이면서 수업에 참여하려고 노력함 • 융합적 국어 능력이 우수한 편임

[그림 9-8] 평가 결과-질적 서술 예시

[그림 9-7]과 [그림 9-8]은 실제 융복합 프로그램에 참여한 학생들의 활동 내용에 따라 평가 결과를 양적·질적으로 수행 결과를 보고한 사례이다. 관찰을 통해 기록된 평가 결과에 따라 활동별로 양적인 평균점수와 질적인 서술을 기록한 예시이다.

6. 융복합평가에 대한 제언

앞서 제시된 사례들은 융복합 프로그램을 운영하면서 수업에서 실제 실행한 평가 기준, 관찰 평가, 프로세스폴리오, 자기 평가, 동료 평가의 방법, 그리고 채점과 그 결과를 소개한 것이다. 이를 통해 융복합평가가 기존의 평가 방식과 동떨어진 낯선 평가 방식이 아닌 과정 중심 수행 평가의 한 사례라는 것을 알 수 있었다. 단, 기존의 전통적인 교실에서 지향하는 교육 목표와 평가 목적은 융복합교육에서 지양하지는 않는다는 차별점도 발견할 수 있었을 것이다. 이러한 맥락에서 융복합평가에서 교사는 학생의 평가 결과를 분석하여 학생의 강점과 약점을 파악하고 융복합교육 목표에 대한 도달 여부를 판단하게 될 것이다. 나아가 학습 개선 방향에 대한 정보를 학생에게 제공하고, 이에 적합한 추후 지도를 통해 학생의 발달과 성장을 돕는 역할을 할 수 있을 것으로 기대한다.

또한 학생의 인지적·정의적 측면에 대한 전인적인 방식을 측정하는 융복합평가는 평가자에 대한 깊은 신뢰가 학생과 학부모에게 필요하다. 하지만 여전히 평가 방식에 대한 객관성과 공정성의 확보가 매우 중요한 문제로 남아 있으며, 융복합수업이나 프로그램이 시행되는 동안 학습의 과정과 수행을 관찰하고 학생 개개인의 협력과 소통과 관계를 파악하려면 다소 많은 시간과 노력이 요구된다. 융복합교육 활동과 과제의 성격에 따라 다양한 평가 방법이 적용되어야 함은 물론이고, 더 나아가 시기와 상황에 적합한 평가를 실시하고 그 결과를 활용하여 수업을 수정 · 보완하며 수업의 질을 지속적으로 개선하는 노력은 계속되어야 할 것이다.

그러므로 융복합수업과 평가를 위해서는 동료 교사와의 협력 관계 구축을 통해 교과 간 통합과 융합의 아이디어를 수집하고 성취 기준을 함께 만들어 가는 것이 필요하다. 이것은 교사나 학교의 노력으로만 어렵기 때문에 이러한 문제점을 극복하기 위해 학교 지원의 전반적인 과정에 있어서 융복합수업을 위한 지침과 함께 평가 도구 예시, 자료집이 지속적으로 개발 · 제공되고 연구 기회가 확대될 필요가 있다.

마지막으로, 교수 · 학습과 평가가 통합된 융복합수업에서는 여러 교과에 대한 다양한 관점의 평가 기준이 반영되는 방식 또한 융복합적으로 드러날 수 있기를 기대한다. 융복합수업을 통해 실생활 맥락 과제나 주제, 쟁점 탐구 활동을 수행하면서 다양한 교과의 내외적 핵심 개념을 학습하게 될 가능성이 크고, 이에 따라 성취 기준도 하나 이상 존재하게 될 것이다. 이러한 문제 해결의 방안은 여러 교과의 협력과 공동연구에 기반한 전문성 개발에서 시작될 수 있을 것이다. 융복합교육을 위한 교사 학습 공동체, 수업 나눔 등의 교사 연구 활동에 대한 지원이 확장될 수 있기를 기대하며, 더 나아가 융복합교육과 관련된 평가 활동이 교사-교사, 교사-학생-학부모의 상호 협력 관계 속에서 효율적인 소통과 수행이 효과적으로 지원될 수 있는 환경이 학교 현장에서 개선되고 정착될 수 있기를 기대한다.

참고문헌

교육부(2015). 초·중등학교 교육과정 총론. 교육부 고시 제2015-74호 [별책 1].

김경자, 곽상훈, 백남진, 송호현, 온정덕, 이승미, 한혜정, 허병훈, 홍은숙(2015). 2015 개정 교육과정 총론 시안 [최종안] 개발 연구. 교육부·국가교육과정개정연구위원회.

김동영, 곽영순, 동효관, 이상하, 이인호, 이정우, 김정효, 김현미, 박상욱, 최정순(2013). 21C 미래사회 핵심 역량 신장을 위한 평가 모형 및 평가 문항 개발-초등학교 과학·중학교 사회를 중심으로(CRE 2013-6-1). 한국교육과정평가원.

김유향, 노은희, 김인숙, 박종임, 이인화, 김미경, 정연준, 성경희, 김광규, 장근주, 김정효, 유창완(2017). 과정을 중시하는 수행 평가 어떻게 할까요?(ORM 2017-19-2). 한국교육과정평가원.

박미영, 심수진, 이현주(2017). 융복합 에너지 프로그램에 참여한 학생들의 ABCD 역량 분석: 관찰 평가를 중심으로. **학습자중심교과교육연구**, 17(2). 학습자중심교과교육학회.

박영석, 신혜원(2015). 융복합교육에서 관찰 평가의 적용 사례 분석. **학습자중심교과교육연구**, 15(12). 학습자중심교과교육학회.

성치경(2009). 학습을 목적으로 하는 평가. **부산교육**, 32.

성태제(2014). **현대교육평가**(4판). 서울: 학지사.

이근호, 김기철, 김사훈, 김현미, 이명진, 이상하, 이인제(2013). 미래 핵심 역량 계발을 위한 교과 교육과정 탐색: 교육과정, 교수·학습 및 교육 평가 연계를 중심으로(RRC 2013-2). 한국교육과정평가원.

이정우, 구남욱, 이인화(2016). 핵심 역량 신장을 위한 교실 수업에서의 학생 평가 방안: 의사소통 역량과 공동체 역량을 중심으로(RRE 2016-10). 한국교육과정평가원.

전경희(2016). 과정 중심 수행 평가의 방향과 과제(CP 2016-02-4). 한국교육개발원.

주형미, 최정순, 유창완, 김종윤, 임희준, 주미경(2016). 미래사회 대비 교육과정, 교수학습, 교육평가 비전 연구(I): 초·중등학교 교과 교육의 방향(RRI 2016-10). 한국교육과정평가원.

차윤경, 김선아, 김시정, 문종은, 송륜진, 박영석, 박주호, 안성호, 이삼형, 이선경, 이은연, 주미경, 함승환, 황세영(2014). 융복합교육의 이론과 실제. 서울: 학지사.

Heritage, M. (2013). Gathering evidence of student understanding. In J. H. McMillan (Ed.), *SAGE handbook of research on classroom assessment* (pp. 17-34). Thousand Oaks, CA: Sage.

Johnson, N. J., & Rose, L. M. (1997). *Portfolios: Clarifying, constructing, and enhancing.* Lancaster, PA: Technomic Publishing.

McMillan, J. H. (2015). *Classroom Assessment: principles and practice for effective instruction.* MA: Allyn & Bacon.

Nilsen, B. A. (2008). *Observation and assessment.* Clifton Park, New York: Thompson Delmar Learning.

Partnership for 21st Century Learning (2015). Professional development for the 21st century. Washington, DC: Author. Retrieved from http://www.p21.org/

Stenmark. J. K. (1991). *Mathematics assessment: Myths, models, good questions, and practical suggestions.* Reston, VA: NCTM.

제10장

학교 리더십과 자생적 학교개혁[1]

학교개혁은 우리 시대의 화두이다. 오늘날 사회의 다양한 영역에서 목격되는 변화는 학교교육의 새로운 모델에 대한 진지한 탐색을 요청한다. 이러한 진지한 탐색을 위한 하나의 가능성으로서의 융복합교육은 어떻게 하면 모든 학생들이 진정성 있는 학습 경험으로부터 소외되지 않고, 교육적으로 보다 건강하고 풍부한 방식으로 전인적 성장을 이루어 낼 수 있을지에 대해 총체적 교육 생태계 차원에서 이해하려는 시도이다. 학습의 개념을 제한되고 분절화된 지식의 수동적 소비로 보기보다는, 학습자를 둘러싼 다양한 구체적 삶의 맥락에서 학습자 스스로가 능동적 학습 주체이자 지식의 창의적 생산자로서 지속적으로 성장하는 과정으로 확장할

---

1) 이 장의 일부는 저자가 참여하여 수행한 연구(차윤경 외, 2016)를 수정 · 보완한 것이다.

필요성이 제기되는 것이다.

　이러한 면에서 학교개혁은 오늘날 절실히 요구되는 그 무엇이라는 점에 많은 사람들이 공감한다. 하지만 동시에 학교개혁이라는 말은 위로부터의 압력에 획일적으로 동조하는 과정으로 흔히 인식되어 온 것도 사실이다. 이로 인해 학교 현장에서 열정을 가지고 근무하는 많은 교사들은 학교개혁이 오히려 교사의 전문성 발현을 가로막고 불필요한 혼란을 가져오곤 한다는 점을 지적한다. "교육개혁을 합리적으로 계획한 개혁가들은 때때로 자신들이 정책을 제대로 만들기만 하면 학교를 개선시킬 수 있을 것이라 기대[했으나] …… 이러한 기술적이고 상명하달식 접근 방식[을 통해 시도된] …… 개혁이 기존에 있던 무엇인가를 대체한 경우는 거의 없었으며 대부분 복잡함만을 더할 뿐이다. 개혁이 빠른 속도록 계속 나올 경우에는 모순되거나 불편한 긴장감을 가져왔고 다양한 의사 결정 형태 사이의 균형을 뒤흔들었다"(Tyack & Cuban, 1995/2011, p. 145).

　위로부터의 압력은 학교개혁을 위한 필수 요소인가? 성공적 학교개혁은 결국 위로부터의 압력에 대한 일사불란한 동조를 의미하는가? 많은 교사들과 연구자들은 반드시 그렇지는 않다고 답한다. 그들은 진정한 학교개혁의 씨앗은 많은 경우 선의의 열정을 가진 평범한 교사들의 일상 속에서 뿌려진다는 다양한 증거들을 목격한다(Hargreaves & Shirley, 2009; Shulman, 2004). 교사들이 능동적으로 참여하지 않는 개혁은 일시적으로 성과가 있어 보일 수는 있으나 지속 가능한 변화나 수업의 실질적 변화로 이어지기는 힘들다. 반면, 구성원들의 자발적 도전에서 비롯된 자생적인 학교개혁 노력들은 더디지만 의미 있는 변화를 만들어 내곤 한다. 또한 전문가로서의 교사들은 위로부터의 압력에 획일적으로 동조하기보다는 전문적 지식과 신념에 근거하여 위로부터의 요구를 새롭게, 그리고 비판적으로 재해석하는 능동적 행위자이다. 이러한 면에서 학교개혁이 학교 현장에 토대를 두고 아래로부터 출발할 수 있다는 점을 간과해서는 안 된다. 학교 리더십에 대한 지난 수십 년 간의 연구 여정은 단위 학교의 리더십이 학교 역량 및 학교 효과성을 결정하는 중요한 요소 가운데 하나라는 점을 지속적으로 확인해 온 과정이기도 하다.

1. 융복합교육과 자생적 학교개혁

이 책의 여러 장에서 공통적으로 암시되듯이 융복합교육 모델은 아래로부터의 학교개혁을 강조한다. 융복합교육의 구현을 위해서는 "상명하달식이 아니라 내부로부터 수업을 개선시킬 방법에 초점을 두어야 한다"(Tyack & Cuban, 1995/2011, p. 229). 융복합교육 모델에 기초하여 실질적 학교개선 노력이 촉발·유지되기 위해서는 다양한 형태의 자생적 학교개혁 시도들이 지속 가능한 방식으로 지지되고 확장될 수 있도록 하는 장기적 노력과 지원이 뒷받침되어야 한다. "좋은 학교란 잘 자란 식물과 같아서 좋은 토양과 오랜 기간 동안의 보살핌(Tyack & Cuban, 1995/2011, p. 195)"을 필요로 한다. 학교교육에 대한 융복합교육적 접근은 단기간에 모든 학교에서 일괄적으로 구현될 수 있는 고정된 실체라기보다는 지속적으로 진화하는 유연한 개념화 방식이자 실천 양식으로 볼 수 있다. 융복합교육은 학교개혁에 대한 하나의 유연한 모델로서 단위 학교의 자율성을 바탕으로 다양하게 재맥락화되어 구체화될 수 있다.

융복합교육의 효과적 구현을 위해 학교개혁의 자생성을 간과하지 말아야 한다는 점은 교사의 교수 활동에 요구되는 고도의 전문성과도 밀접하게 관련된다. 교사의 교수 활동은 언뜻 보기에 단조롭고 쉬운 활동으로 오해되기도 하지만, 사실은 높은 수준의 '교수 불확실성'을 띠는 복잡한 활동이다(Cha & Ham, 2012). 교수 활동이 매순간 전문적 판단을 끊임없이 요하는 어렵고 복잡한 활동이라는 점을 인정할 때, 이러한 활동에는 그 과정이나 결과의 평가에 있어 획일적인 기준이 적용되기 어려운 측면이 크고, 교수 활동은 구체적인 학교 및 교실 상황 속에서 전개되는 맥락 특수적 활동으로 이해된다(Shulman, 2004). 여러 교육 개혁가들이 주로 제한된 범위 내에서 추상적 형태의 개혁 아이디어들에 관심을 두는 반면, 교사들은 학교 현장에서 매우 다양하고 복잡한 구체적인 문제들과 끊임없이 직면하게 되는 것도 이 때문이다(Kennedy, 2005). 이는 융복합교육이 제대로 구현되기 위해서는 높은 수준의 교사 전문성이 요구된다는 것을 의미함과 동시에, 그러한 전문성이 단위 학교에서 실제로 충분히 발현될 수 있는 여건이 조성되는 것이 중요하다는 것을 의미한다.

더욱이, 전통적 교수 활동과 차별성을 갖는 새로운 형태의 교육 실천으로서의 융복합교육적 교수 활동은 교사에게 더 높은 수준의 교수 불확실성을 마주하도록 한다. 융복합교육 관점에서 "교사의 임무는 …… 정보의 저축물을 구성해서 학생들에게 [그것을 일방적으로] '주입'하는 것(Freire, 1970/2009, p. 91)"에 있다기보다는 각 학생들이 "교사와의 대화 속에서 비판적[이고 창의적인] 공동 탐구자가 [되도록](Freire, 1970/2009, p. 97)" 돕는 데 있다. 또한 학생의 학습 참여를 이끌어 내고 촉진하기 위한 활동으로서의 교사의 교수 활동은 언제나 생생한 교실 상황의 역동에 의존적이기까지 하다. 이러한 다양한 불확실성이 동반되는 상황 속에서 교수 활동은 단일한 이론으로는 충분히 예측되거나 설명되지 않는 상황들이 빈번하게 나타나게 된다(Floden & Buchmann, 1993; Labaree, 2000).

이러한 증대된 불확실성에 노출될 때 많은 교사들은 전통적 교수 방식으로 돌아감으로써 이를 간단히 '회피'하는 선택에 대한 유혹을 느낀다. 하지만 이러한 유혹에도 불구하고 열정을 가진 유능한 교사들은 동료 교사들과의 협력적 상호작용을 통해 자신이 직면한 불확실성을 효과적으로 '관리'하는 선택을 취하기도 한다(Cha & Ham, 2012). 이러한 선택의 갈림길에서 중요하게 작용하는 것은 교수 활동상의 이러한 불확실성이 전문적 실천으로서의 교수 활동을 더욱 풍부하게 하는 생산적인 힘의 원천으로 작용할 수 있다는 점을 인식하는 것이다(Floden & Buchmann, 1993; Munthe 2007).

2. 자생적 학교개혁 지원: 리더십의 중요성

이처럼 융복합교육적 교수 활동이 높은 수준의 교수 불확실성 속에서 진행되는 고도의 전문적 활동임을 고려할 때, 융복합교육의 실천은 결국 '전문적 협력의 문화' 속에서 촉진될 가능성이 높다(Hargreaves, 2013). 교수 활동이 창의적 활기로 채워지기 위해서는 교사의 전문적 자율성이 충분히 보장되는 것이 중요하다. 하지만 교사의 전문적 자율성이 교사 개인의 교실 수업 자율성으로 축소될 수 없다는 것을 인식하는 것 역시 동일하게 중요하다. 모든 학습자의 유의미한 학습 경험을 촉진하기 위해 교사가 상호 신뢰를 바

탕으로 집단적 책임 의식을 가지는 것이 건강한 협력적 학교 공동
체의 핵심적 특징이다(Bryk & Schneider, 2002; Sergiovanni, 1994).

따라서 유능한 학교장은 교사 간 협력적 동료 관계 형성을 촉진
하기 위해 다양한 방식으로 노력한다. 학교장은 교사들이 전문가
로서 자율적이고 협력적으로 창의성을 발휘할 수 있도록 돕기 위
한 지속 가능한 지원에 대해 고민해야 하며, 학교 구성원 간에 빈
번히 발생할 수 있는 인식의 불일치나 오해의 요소들을 줄여 나
가기 위한 노력도 병행될 필요가 있다(Fullan, 2007; Ham, Duyar, &
Gumus, 2015). 하지만 전문적 협력의 문화를 조성하거나 강화하기
위해 서두르는 것은 바람직하지 못하다. 협력을 촉진하기 위한 학
교장의 노력은 종종 교사들로 하여금 관료주의적인 외적 강제로
해석되어 인위적 형태의 표피적 협력을 낳을 뿐, 전문적 자율성을
바탕으로 하는 협력적 문화의 본질과는 멀어지곤 한다. 협력적 학
교 공동체의 형성 및 안정화 과정에서 학교장은 가능한 한 다양한
지원을 아끼지 말아야 하지만, 이것이 자칫 외부적으로 부여된 인
위적인 형태의 형식적 협력을 유도하는 데 그치지 않도록 주의를
기울여야 한다(Hargreaves, 2013).

이뿐만 아니라, 융복합교육이 학교에서 실제로 효과적으로 구
현되기 위해서는 학교장의 학교 재조직화 노력이 뒷받침되어야 한
다. "모든 조직은 그 구성원이 사고하고 행동하는 방식의 산물이
다"(Senge, 2012, p. 25). 학교라는 조직 맥락에서 높은 수준의 교수
불확실성 동반을 특징으로 하는 융복합교육적 교수 활동이 더 이
상 특별한 활동이 아닌 일상적 활동으로 정례화되기 위한 조건은
무엇인지 단위 학교 차원의 탐구가 필요한 것이다. 이론과 실천 모
두에서, 조직으로서의 학교를 어떻게 재설계할 것인가에 대한 고

민은 교수 전략을 어떻게 개선할 것인가에 대한 고민에 비해 매우 미흡했던 것이 사실이다. 한 개인의 유전학적 특질이 그 개인의 여러 측면을 결정하듯이, 교수학습 과정은 학교의 여러 규칙성에 의존적인 종속 변인이라는 점에 주목할 필요가 있다. 이를 비유적으로 표현하면, '학교교육의 유전학적 암호'에 대한 면밀한 해독과 이것의 재설계 가능성에 대한 고민이 요구되는 것이다(Elmore, 1995, p. 365).

유능한 학교장은 학교 조직의 '기술적 중핵'에 해당하는 교수학습 활동을 효과적이고 체계적으로 지원하는 데 관심과 노력을 집중한다. 이들은 교수학습 활동이 학교 조직으로부터 따로 떼어 낼 수 있는 독립된 활동이 아니라, 각 학교의 다양하고 특수한 조건들 속에서 전개되는 맥락화된 활동이라는 점을 이해하고 있다. 학교장은 교수학습 활동과 학교 내외의 여러 조건이 상호 유기적으로 조응할 수 있도록 보다 종합적인 관점에서 교수학습 과정을 조망하고, 나아가 사회적 체제로서의 학교가 새롭게 재설계될 수 있도록 유연하고 개방적인 태도를 지닐 필요가 있다. 융복합교육이 단순히 교수학적 전략으로 축소되어 이해되기보다는 지속 가능한 학교개선 노력의 종합적 맥락 속에서 이해될 때, 비로소 실질적인 교육적 의미와 실천 가능성을 학교 현장 내부로부터 확보해 낼 수 있게 된다.

3. 교수 리더십과 분산적 리더십: 융복합교육적 재해석

세계적으로 학교 리더십에 대한 관심이 높다. 1980년대 이후 최근까지 국제 저명 학술지들에 게재된 학교 리더십 관련 논문을 분석한 한 연구에 따르면, 특히 2000년대 이후 학교 리더십에 관한 연구가 가파른 속도로 증가하고 있으며, 연구에서 가장 빈번하게 다루어지고 있는 리더십 모델은 교수 리더십과 분산적 리더십인 것으로 나타났다(Gumus, Bellibas, Esen, & Gumus, 2018). 본 절에서는 이들 두 가지 리더십 모형에 대해 개괄하고, 이를 융복합교육적 관점에서 재해석함으로써 자생적 학교개혁을 위한 함의를 제공하고자 한다.

미국에서 1980년대 '효과적인 학교'에 대한 사회적 요구는 교수 리더십에 대한 관심을 불러일으켰다. 효과적인 학교를 조성하는 데 있어서 핵심적인 역할을 수행하는 것이 학교장이라는 인식이 확산된 것이다. 실제로 미국 대부분의 지역에서 학교장 평가 항목의 상당 부분은 학교장의 교수 지도자로서의 역할 수행에 관한 것이다(Davis, Kearney, Sanders, Thomas, & Leon, 2011). 또한 최근 교수학습 개선에 대한 학교의 책무성을 강조하는 세계적인 정책 담론의 전개와 더불어 세계 각국에서 교수 지도자로서 학교장의 역할이 재조명되고 있다(Gumus & Akcaoglu, 2013; Ham & Kim, 2015; Lee, Walker, & Chui, 2012).

학교장의 교수 리더십에 대해 다양한 정의가 존재하지만, 교수 리더십이란 대체로 "교사의 교수 활동과 학생의 학습 활동에 긍정

적으로 기여하는 학교장의 직·간접적 행동"으로 이해된다. 학교
장의 교수 리더십을 개념화하기 위한 시도는 다양하게 이루어져
왔는데, 교수 리더십 행위의 대표적 형태로는 학교가 추구하는 공
동의 목표를 정의하고 이를 구성원들과 의사소통하는 것, 교육과
정의 개선이나 개발을 지원하는 것, 교수학습 과정을 모니터링하
고 이에 대한 건설적인 피드백을 제공하는 것, 긍정적인 면학 분위
기를 조성하는 것, 지지적인 근무 환경을 구축하는 것, 교사의 전문
성 개발을 촉진하는 것 등이 포함된다. 이들 모두는 결국 교사의 교
수 활동을 지원하거나 개선함으로써 학생의 학습을 촉진한다는 목
표와 관련이 있다.

　최근에는 교수 리더십을 학교장에 의해 단독으로 수행되는 역할
이나 과업이 아닌 학교장과 교사 사이의 상호작용을 통해 수행되
는 일종의 사회적 과정으로 보아야 한다는 논의도 주목받고 있다
(Fullan, 2007; Ham, Duyar, & Gumus, 2015; Hallinger & Heck, 2011).
효과적 교수 리더십이란 학교장의 일방적인 영향력으로만 가능한
것이 아니라 학교장과 구성원 간의 긴밀한 상호작용 과정 속에서
가능하다는 것이다. 이러한 논의는 아래에 소개할 분산적 리더십
관점의 핵심 아이디어와도 맞닿아 있다.

　분산적 리더십은 분산 인지 이론에 그 뿌리를 두고 있다. 분산
인지 이론은 인지가 상황과 맥락에 넓게 '분산되어' 있다고 본다.
사람들의 인지 과정은 특정한 맥락 속에서 사회적 상호작용을 통
해 이루어진다는 것이다. 분산적 리더십 관점은 리더십이 '분산되
어' 있다고 보는데, 이는 리더십을 지도자 개인의 특성과 행동에 따
른 개인적인 현상이 아니라 조직 내·외부의 상황과 맥락 속에서
이루어지는 사회적 상호작용으로 이해해야 한다는 것을 의미한다

(Spillane, Halverson, & Diamond, 2001). 분산적 리더십 관점은 리더십 현상이 본질적으로 분산적이라고 보는 하나의 관점이자 학교 내에서 구성원 간의 상호작용을 분석하는 하나의 유용한 틀이다.

분산적 리더십 관점에서는 리더십의 분석과 관련하여 두 가지 중요한 측면이 강조된다. 첫 번째는 지도자의 범위 확대 측면이다. 리더십은 조직 내 구성원들에 넓게 확장되어 나타나는 현상이라는 것이다. 리더십은 단순히 학교장을 위시한 특정 지도자에 의해서만 발휘되는 것이 아니라 학교장, 교사, 학부모 등 다양한 이해관계자들 간의 상호작용 속에서 발현된다. 이러한 맥락에서 분산적 리더십은 '민주적' '협동적' '위임적' 리더십 등 다양한 용어와 동의어처럼 혼재되어 사용되어 왔다(Spillane, 2005). 하지만 이러한 지도자 범위 확대는 분산적 리더십 관점의 중요한 한 축을 이루는 것이지, 이것이 곧 분산적 리더십의 전부를 의미하는 것은 아니다.

두 번째 중요한 측면은 리더십의 실행이다. 리더십 실행이란 특정한 과업을 수행하는 과정에서 나타나는 리더, 구성원, 상황 간의 상호작용의 총체를 의미한다. 리더와 구성원이 상호작용하고 있는 상황과 그 상호작용을 만들어 내는 조직 구조, 그리고 그 상황과 조직 구조가 뿌리내리고 있는 문화적 맥락 등이 모두 리더십 실행의 중요한 구성 요소라는 것이다. 따라서 분산적 리더십 관점에서 리더십 현상을 바라본다는 것은 리더십 실행이 어떠한 방식으로 학교 및 지역사회 맥락 속에서 상호작용을 통해 이루어지는지를 이해하는 것을 의미한다(Diamond & Spillane, 2016).

융복합교육 모델과 같은 미래 지향적 학교교육 모델의 실질적 구현은 위로부터의 학교개혁 압력만으로는 가능하지 않다. 자생적인 학교개혁 노력이 다양하고 지속 가능한 방식으로 이루어질 때

비로소 진정한 학교개혁이 가능할 것이다. 효과적인 학교 리더십은 이러한 면에서 그 중요성을 더한다. 위로부터의 개혁을 전달하는 리더십에 그치는 것이 아니라, 아래로부터의 자생적 학교개혁을 촉진하고 지원하는 리더십이 요구되는 것이다. 이러한 점에서 교수 리더십과 분산적 리더십 관점은 모두 융복합교육 모델과 긴밀하게 맞닿아 있다.

먼저, 교수 리더십 관점은 학교의 리더가 그 누구보다도 교육자적인 관점에서 리더십을 발휘해야 함을 시사한다. 학교 리더는 교수 활동이 내포하는 다양한 형태의 불확실성에 대한 예민한 인식을 가져야 하며, 학교개혁의 성패는 결국 이러한 불확실성 속에서 매순간 적절한 판단을 내릴 수 있는 교사의 전문성에 달려 있음을 기억해야 한다. 따라서 교수 리더십 관점은 학교장이 교사의 전문적 성찰과 성장을 지원하기 위한 다각도의 노력을 기울이는 것이 중요하다는 점을 강조하며, 이 과정에서 교사의 탐구 공동체 구축이 촉진될 수 있어야 한다고 본다. 이는 융복합교육 모델에서 중요하게 여겨지는 전문적 협력의 문화 구축과 그 맥락을 같이한다. 교사의 전문성에 대한 높은 신뢰와 이러한 신뢰를 가능하게 하는 포괄적인 제반 여건의 제도화가 중요한 것이다. 융복합교육 관점에서 효과적인 리더란 교사가 교내의 일상 속에서 다양한 방식으로 전문성을 신장하고 자신의 전문성을 효과적으로 발현할 수 있도록 협력적이며 지지적인 환경을 조성하는 리더를 의미한다.

한편, 분산적 리더십 관점은 리더십이 발현되어 전개되는 양상이 학교의 다양한 여건에 의존적이라는 점을 강조한다. 리더십 실행은 리더 개인의 영향력만으로 설명되기보다는 리더, 구성원, 상황 간의 관계 속에서 더욱 정확히 이해된다는 것이다. 결국 리더십이 발휘된다는 것은 리더, 구성원, 상황 간에 이루어지는 상호작용의 총체이기 때문에 구성원이 공감하지 못하는 개혁안은 성공하기 어려우며, 또한 구성원이 공감하더라도 적절한 여건이 마련되지 않는다면 성공의 지속성이 크게 제약을 받게 된다. 이는 융복합교육의 효과적 구현을 위해서는 각 학교에서 어떤 방식의 학교 조직 재설계 및 학교 문화 재구축이 필요할지에 대한 폭넓은 관점의 고민과 실험이 동반되어야 함을 시사한다. 이는 융복합교육 모델이 단순히 교육과정 재구성이나 교수학적 전략 개발 차원으로 그 범위가 협소하게 한정되어 이해되어서는 안 되는 이유이기도 하다.

4. 논의

한국의 공교육은 지난 반세기가 넘는 기간 동안 경제적 성장과 민주적 성숙을 가져다준 중요한 요인으로 평가된다. 한국의 높은 교육열과 한국 학생들의 높은 학업성취도는 여러 나라의 부러움의 대상이다. 하지만 한국 내부에서는 극심한 경쟁과 시험 준비 위주의 학교교육이 가져오는 여러 부작용에 대한 우려가 있어 왔다. 높은 학업성취도에 가려진 낮은 자신감, 낮은 학업 흥미도, 낮은 행복감, 다수의 학생이 느끼는 좌절감 등은 심각한 사회적 문제이다. 또한 오늘날 한국사회에서 미래 세대가 창의적 지식 생산자 및 비판적 지식 사용자로서 성장할 수 있는 적절한 기회를 가지는지에 대한 비판의 목소리가 높다.

최근 한국의 교육 담론 및 교육 정책은 모든 학생이 진정성 있는 학습 경험을 통해 창의적 인재로 성장할 수 있도록 돕는 것의 중요성을 강조한다. 창의성, 다양성, 형평성 등을 염두에 둔 학습자 중심의 새로운 교육 모델이 정책적으로 강조되는 최근의 상황에서 학교 리더십은 그 중요성을 더한다. 학교 리더는 교사들이 건강한 학교 문화를 만들고, 그 안에서 상호 성장을 촉진하며, 반성적이고 혁신적인 교수학습 전문가가 되도록 촉진해야 한다. 보다 구체적으로, 학교 리더는 교사들이 자신의 교수 기술을 지속적으로 향상시킬 수 있는 전문적 자율성을 가질 수 있도록 지원해야 하며, 다양한 교사들이 서로 다른 관점과 지식의 창의적 융합을 통해 상호 협력하며 성장할 수 있도록 도와야 한다. 또한 학교 리더는 교육과정이 단지 고정된 '텍스트'가 아닌 다양하게 해석 가능한 '콘텍스트'로서 이해·활용될 수 있도록 촉진해야 하며, 학생의 다양성이 교수학습의 중요한 자원으로 유용하게 활용될 수 있는 환경의 조성을 위해 노력해야 한다.

교수 활동은 수시로 전문적 판단을 요하는 복잡하고 어려운 작업이다. 모든 학생의 의미 있는 학습 참여를 강조하는 학생 중심의 새로운 교육 정책 담론의 강화 추세는 교수 활동이 이러한 복잡성을 동반한 전문적 활동이라는 점을 재차 상기시킨다. 이러한 복잡성은 교사들이 높은 수준의 교수 불확실성에 노출되도록 하는데, 어떤 교사는 전통적 교수 활동 방식을 고수하는 등 교수 활동을 최대한 단순화함으로써 이러한 불확실성을 회피하는 선택을 하며, 또 다른 교사는 학습자 중심적이며 혁신적인 교수 활동을 위한 다양한 노력을 통해 이러한 불확실성을 정면으로 직면하고 이를 관리하는 선택을 한다. 교사의 입장에서 교수 불확실성의 직면과 관리는 학교장 등 학교 리더가 리더십을 효과적으로 발휘할 때 더욱 용이하다(Ham & Kim, 2015). 효과적인 학교장은 개혁이 학교 내부에서 일어날 수 있도록 돕고, 교사가 협력적으로 상호작용하며 성장할 수 있는 여건을 마련한다(Youngs & King, 2002). 혁신적인 교수 활동은 불가피하게 높은 수준의 교수 불확실성을 동반한다고 볼 때, 효과적인 리더십은 교수 불확실성의 관리를 촉진하는 리더십이라고 개념화될 수 있다.

한국은 여러 서구 국가에 비해 중앙집권화된 교육 시스템과 표준화된 교육과정을 갖추고 있기 때문에, 흔히 학교 리더십이 사실상 별로 중요하지 않다고 여겨지기도 한다. 이러한 관점에는 교사를 정책의 수동적 이행자로 보는 입장이 전제되어 있다. 하지만 여러 연구에 따르면, 매우 높은 수준으로 통제된 교육 시스템에서도 교사는 나름의 전문적 자율성을 발휘하곤 한다(Wang & Paine, 2003). 이는 이완 결합 조직으로서의 학교 조직의 성격을 보여 주며(Weick, 1976), 학교 리더십은 중앙집권화된 교육 시스템에서도 학교 조직의 기술적 중핵인 교수학습 활동에 중요한 영향을 미칠 수 있음을 시사한다. 또한 학습자 중심적인 관점에 기초하여 교육 경험의 질을 강조하는 최근의 교육 개혁 추세는 교육 행정 분권화의 [느리지만] 점진적 진행과 맞물려 한국의 교육 개혁 지평에서 학교 리더십의 중요성을 더욱 키우고 있다. 이러한 맥락 속에서 훌륭한 학교 리더는 교사로 하여금 다양한 교수 불확실성을 효과적으로 직면·관리하도록 촉진·지원하는 리더이다. 이러한 리더십의 발휘가 더욱 촉진되고 지속 가능한 방식으로 발현될 수 있는 교육 생태계 구축을 위해 누구보다도 먼저 교사를 포함한 학교 구성원 스스로가 깊은 고민을 시작해야 한다.

참고문헌

차윤경, 안성호, 주미경, 함승환 (2016). 융복합교육의 확장적 재개념화 가
능성 탐색. 다문화교육연구, 9(1), 153-183.

Bryk, A., & Schneider, B. (2002). *Trust in schools: A core resource for improvement.* New York, NY: Russel Sage Foundation.

Cha, Y.-K., & Ham, S.-H. (2012). Constructivist teaching and intra-school collaboration among teachers in South Korea: An uncertainty management perspective. *Asia Pacific Education Review, 13*(4), 635-647.

Davis, S., Kearney, K., Sanders, N., Thomas, C., & Leon, R. (2011). *The policies and practices of principal evaluation: A review of the literature.* San Francisco, CA: WestEd.

Diamond, J. B., & Spillane, J. P. (2016). School leadership and management from a distributed perspective: A 2016 retrospective and prospective. *Management in Education, 30*(4), 147-154.

Elmore, R. F. (1995). Teaching, learning, and school organization: Principles of practice and the regularities of schooling. *Educational Administration Quarterly, 31*(3), 355-374.

Floden, R. E., & Buchmann, M. (1993). Between routines and anarchy: Preparing teachers for uncertainty. *Oxford Review of Education, 19*(3), 373-382.

Freire, P. (2009). 페다고지. (남경태 역). 서울: 그린비. (원저는 1970년 출판).

Fullan, M. (2007). *The new meaning of educational change* (4th ed.). London, UK: Routledge.

Gumus, S., & Akcaoglu, M. (2013). Instructional leadership in Turkish primary schools: An analysis of teachers'perceptions and current policy. *Educational Management, Administration, and Leadership, 41*(3), 289–302.

Gumus, S., Bellibas, M. S., Esen, M., & Gumus, E. (2018). A systematic review of studies on leadership models in educational research from 1980 to 2014. *Educational Management Administration & Leadership, 46*(1), 25–48.

Hallinger, P., & Heck, R. H. (2011). Collaborative leadership and school improvement: Understanding the impact on school capacity and student learning. In T. Townsend, & J. MacBeath (Eds.), *The international handbook of leadership for learning* (pp. 1241–1259). New York, NY: Springer.

Ham, S.-H., Duyar, I., & Gumus, S. (2015). Agreement of self–other perceptions matters: Analyzing the effectiveness of principal leadership through multi–source assessment. *Australian Journal of Education, 59*(3), 225–246.

Ham, S.-H., & Kim, R. Y. (2015). The influence of principals' instructional leadership on teachers'use of autonomy–supportive instruction: An analysis of three Asia–Pacific countries. *Asia–Pacific Education Researcher, 24*(1), 57–65.

Hargreaves, A. (2013). Push, pull, and nudge: The future of teaching and educational change. In X. Zhu & K. Zeichner (Eds.), *Preparing teachers for the 21st century* (pp. 217–236). New York, NY: Springer.

Hargreaves, A., & Shirley, D. (2009). *The fourth way: The inspiring future of educational change.* Thousand Oaks, CA: Corwin.

Kennedy, M. M. (2005). *Inside teaching: How classroom life undermines reform.* Cambridge, MA: Harvard University Press.

Labaree, D. F. (2000). On the nature of teaching and teacher education:

Difficult practices that look easy. *Journal of Teacher Education,* *51*(3), 228-233.

Lee, M., Walker, A., & Chui, Y. L. (2012). Contrasting effects of instructional leadership practices on student learning in a high accountability context. *Journal of Educational Administration, 50*(5), 586-611.

Munthe, E. (2007). Recognizing uncertainty and risk in the development of teachers'learning communities. In M. Zellermayer & E. Munthe (Eds.), *Teachers learning in communities* (pp. 15-26). Rotterdam, Netherlands: Sense.

Senge, P. (2012). *Schools that learn: A fifth discipline fieldbook for educators, parents, and everyone who cares about education.* New York, NY: Crown.

Sergiovanni, T. J. (1994). *Building community in schools.* San Francisco, CA: Jossey-Bass.

Shulman, L. S. (2004). Autonomy and obligation: The remote control of teaching. In S. M. Wilson (Ed.), *The wisdom of practice: Essays on teaching, learning, and learning to teach* (pp. 133-162). San Francisco, CA: Jossey-Bass.

Spillane, J. P. (2005). Distributed Leadership. *The Educational Forum, 69*(2), 143-150.

Spillane, J. P., Halverson, R., & Diamond, J. B. (2001). Investigating school leadership practice: A distributed perspective. *Educational Researcher, 30*(3), 23-28.

Tyack, D., & Cuban, L. (2011). 학교 없는 교육 개혁. (권창욱, 박대권 역). 서울: 럭스미디어. (원저는 1995년 출판).

Wang, J., & Paine, L. (2003). Learning to teach with mandated curriculum and public examination of teaching as contexts. *Teaching and*

Teacher Education, 19(1), 75–94.

Weick, K. E. (1976). Educational organizations as loosely coupled systems. *Administrative Science Quarterly, 21*(1), 1–19.

Youngs, P., & King, M. B. (2002). Principal leadership for professional development to build school capacity. *Educational Administration Quarterly, 38*(5), 643–670.

제11장

융복합교육 생태계 조성과
교사 학습 공동체

　지식정보화, 기계화, 과학기술의 발전, 문화적 다원화, 세계화 등의 전 지구적 차원의 사회 변화에 따라 학교교육 개혁의 필요성이 높아져 가고 있다. 이러한 맥락에서 융복합교육은 21세기 학교교육의 새로운 패러다임으로서 강조되고 있다. 앞서 1장에서 논의한 융복합교육은 자율성, 가교성, 맥락성, 다양성을 그 실행 원리로 하여 모든 학습자가 진정성 있는 학습 경험을 통해 전인적으로 성장해 갈 수 있는 총체적 교육 생태계를 조성하는 것을 지향한다. 이처럼 융복합교육이 단순히 교수−학습 모델을 넘어 새로운 교육적 가치와 규범을 지향하는 교육 개혁 모델로서 학교 현장에 토착화되기 위해서는 무엇보다도 교사의 역할이 중요하며, 융복합교육이 지향하는 가치와 규범에 부합하는 교사 전문성 개발 방안이 마련되어야 할 것이다.

실제로 현장 교사들이 융복합교육을 실행하면서 여러 가지 어려움을 경험하였다고 보고하는 많은 연구들이 있다. 예를 들어, 현장 교사들은 융복합교육의 필요성에 대해서는 공감하지만 융복합교육이 기존의 통합 교육과정과 어떻게 차별화되는지 분명하게 인식하지 못한다. 또한 융복합수업에 관련된 타 교과의 교육과정 관련 지식이 부족하고, 타 교과와의 연계 가능성을 탐색할 수 있는 자원이 부족하며, 교사 간 협업의 어려움 등을 겪고 있는 것으로 나타났다(노희진·백성혜, 2014; 이정민·신영준, 2014; 임유나, 2012; 주미경·문종은·박모라, 2013). 현장 교사들이 융복합교육 실천과 관련하여 경험하는 이상의 어려움들은, 결국은 기존의 교육 체제에서 형성된 교사의 학습 경험 및 전문성과 융복합적 교육 패러다임 사이의 괴리에서 기인하는 것이라고 볼 수 있다.

　　예를 들어, 현장 교사들이 학습자로서 그리고 예비 교사로서 경험한 교육과정은 모두 분과적 접근을 기반으로 구성된 교육과정이었다. 또한 개인주의적 교직 문화는 분과적 교육과정 운영 체계 안에서 교사 사이의 협업을 어렵게 하는 학교 환경을 만들어 냈다. 따라서 학교 현장에 융복합교육 생태계 조성을 위하여 이러한 괴리를 극복할 수 있는 교사 학습 맥락이 조성되어야 할 것이다. 이 장에서는 교사 학습 공동체에 관한 이론적 배경과 실제 운영 사례를 살펴보고, 융복합교육 생태계 조성에 기여할 수 있는 교사 학습 공동체 운영 방안을 제시하고자 한다.

1. 융복합교육과 교사 전문성

전통적으로 교사는 도제로서 자신보다 경험이 많은 교사의 수업을 관찰하며 교사로서의 역할 수행 방법에 대하여 터득했다면, 현대사회에서의 교원 양성은 대부분 국가의 체계적 관리하에 대학 기반의 교원 양성 과정을 통해 이루어지고 있다. 이와 같은 대학 기반 교사 양성 과정이 확립되기 시작한 것은 1960년대부터이다. 이 시기에는 아동 중심 교수법, 열린 교실, 진보적 방법 등을 비롯하여 수업에 대한 다양한 접근법이 등장하기 시작하였다. 또한 전 세계적으로 국가 경쟁력을 높이기 위한 방안으로서 수학, 과학 등의 교육과정 개혁이 국가 차원의 사업으로 진행되었던 시기이기도 하다. 이러한 사회적 맥락에서 교육과정 개혁 정책의 일환으로서 교사의 자격 요건이 표준화되고, 그에 따라 교사 양성 과정이 체계화되어 갔다(Hargreaves, 2000).

이렇게 확립되어 온 현대의 교사 양성 과정은 몇 가지 특징을 가지고 있다. 우선, 교사의 전문성을 규정하는 지식이 객관적으로 존재한다고 가정한다(서경혜, 2009). 예를 들어, 우리나라의 교·사대 교육과정은 교과내용학, 일반교육학, 교과교육학 관련 이론으로 구성되어 있다. 그리고 교육 이론은 모든 수업에 적용 가능한 보편적 지식으로 생각되며, 수업 실천은 보편적 지식으로서 교육 이론을 적용하는 과정으로 생각된다. 따라서 교사 양성 과정은 현장 수업을 위한 이론적 지식을 전달하는 기능을 한다. 종합하면, 기존의 교사 양성 과정 운영 방식에서는 교사 전문성이 이론적 지식의 학습을 바탕으로 하여 발달하며, 수업 실천은 강의를 통해 획득한 교육 이론을 적용하는 과정이라는 가정을 전제로 한다. 즉, 전통적 교사교육은 교사를 '일상적 전문가(routine experts)'로 간주하고 이론의 전달 과정을 중시하는 '전달 모델(transmission model)'에 기초하여 이루어져 왔다.

일상적 전문가는 Hatano와 Osura(2003)가 제안한 개념으로 교사 전문성의 특징을 이해하는 데 유용하다. 일상적 전문가는 한 영역에서 오랜 기간 문제를 해결해 왔기 때문에 친숙하고 익숙한 유형의 문제는 정확하면서도 신속하게 해결할 수 있지만, 효율적인 절차 사용에 머무르는 경우가 많다. 한편, Hatano와 Osura(2003)는 이러한 일상적 전문가에 대비된 개념으로 '적응적 전문가(adaptive experts)'를 제시하였다. 적응적 전문가는 이미 문제 해결의 절차를 이해하기 때문에 기존의 절차를 수정하거나 새로운 절차를 만들어 내고, 복합적이고 다양한 맥락의 변화에 유연하게 대처하는 동시에 영역 사이의 경계를 넘나들면서 혁신적이고 창조적으로 문제를 해결하는 경향이 있다. 이와 관련하여 정미경과 김경자(2006)는 "특정 영역에 대한 전문성 외에 특정 영역에서의 문제에 대한 창의적이고 융통성 있는 해결 방법의 개발이나 사고방식, 불확실성과 모호함을 일정 기간 동안 인내할 수 있는 마음이나 태도(pp. 29-30)"라고 적응적 전문성을 정의하였다.

적응적 전문가는 아이디어나 신념, 역량 등을 계속적으로 재구성하는 경향을 특징으로 한다. 따라서 일련의 핵심 역량을 모든 문제에 적용하면서 점점 더 효율적으로 일을 처리하는 일상적 전문가와 비교하면 일시적으로는 효율성이 떨어져 보일 수도 있다. 그러나 장기적인 안목에서 보면 적응적 전문가는 급변하는 사회에서 유연하고 융통성 있게 적응할 수 있는 강점을 가지게 된다(Bransford, et.

al., 2005).

전달 모델에 따른 교사교육에서 수업은 교사가 강의를 통해 획득한 교육 이론을 적용하는 과정이라고 본다. 즉, 교육 이론은 보편적 지식으로서 모든 수업에 적용 가능하다고 생각되는 것이다. 그러나 보편적 지식은 적용 맥락의 특수성을 고려하지 않는 속성을 갖는다. 반면, 수업 상황에서 등장하는 다양한 불확실성은 맥락의 특수성이 부족한 보편적 이론의 적용을 어렵게 하는 요인으로 작용한다. 이러한 이유로 대부분의 교사는 연수에서 학습한 이론을 수업에 적용하려고 할 때 어려움을 느끼며, 이론의 유용성에 대한 회의감을 느낀다. 따라서 '적응적 전문가'는 학교 현장에서 교사가 접하는 문제 상황이 너무나 다양하고 역동적으로 변화하므로 획일적인 이론이나 방법의 적용으로 해결이 어렵다는 맥락에서 제기된다.

오늘날의 학교는 전통적 학교교육에서 강조되었던 기초적인 읽기, 쓰기, 산술 기능을 전수하는 것을 넘어 사회 구성원이 급변하는 불확실한 사회 현실에 유연하게 대응하며 개인의 자아실현과 사회 발전에 기여할 수 있는 역량을 함양하는 데 적합한 교육을 제공할 것을 기대받고 있다. 이에 따라 수업에서 학생의 능동성과 다양성이 강조되고, 그 결과 교사는 수업 상황에서 보다 복잡하고 다양한 문제에 직면하게 된다. 불확실성이 높은 역동적 수업 상황에서 요구되는 교사 전문성은 일회적인 전달 과정을 통해 확립되기보다는 반성적 실천을 기반으로 하는 이론과 실천 사이의 끊임없는 순환 과정을 통해 재구성되어 간다.

교사 전문성의 시대적 변화 양상을 "전문성 이전 시대" "자율적인 전문성 시대" "협동적 전문성 시대" "포스트모던 시대인 제4시

대"로 구분한 Hargreaves(2000)의 논의는 현대사회의 교육에서 적
응적 교사 전문성의 중요성을 뒷받침한다. 이 가운데 마지막 단계
인 '제4시대(the fourth age)'는 교통 · 통신 기술의 발달에 따른 세계
화로 인한 글로벌 경제의 등장과 팽배한 신자유주의, 그리고 다원
화로 특징지어지는 시기로서 교사 전문성에 대하여 여러 가지 도
전을 제기한다. 신자유주의가 팽배해짐에 따라 교육은 도구화되면
서 훨씬 강력한 통제의 대상이 되었고, 그 결과 전문가인 교사의 자
율성 역시 심각한 위협을 받게 되었다. 또한 다원화 현상에 따라 풍
부해진 정보와 지식으로 인해 교사는 무엇이 학교에서 기본 지식
으로 다루어져야 할 것인지, 그리고 문화적으로 다양한 배경의 학
생을 어떻게 지도할 것인지의 과제에 직면하게 되었다.

이러한 포스트모던 시대의 사회와 학교 상황에서 교사는 지식의
상대성과 학습자의 다양성에 직면하여 기성의 표준화된 교육과정
을 전수하는 기존의 역할에서 벗어나, 지식의 상대성을 인정하고
학습자가 능동적인 지식의 생산자로서 권한을 인정받는 교실 환경
을 조성할 수 있는 전문성을 필요로 한다. 정보화 · 세계화 · 다원
화에 따라 복잡계로 변화하고 있는 미래사회를 살아갈 학생은 백
과사전적인 지식보다는 다양한 분야의 지식들을 통합할 수 있는
역량, 정보를 선별, 해석, 재조직하며 합리적이고 자율적인 의사 결
정에 도달할 수 있는 역량을 갖추어야 한다. 따라서 교사는 하달된
교육과정을 전달하는 역할에서 탈피하여 교육과정을 적극적으로
재구성하고 설계하는 역량을 갖출 것을 기대받는다.

2. 교사 학습의 공동체적 접근

포스트모던사회의 맥락에서 성공적으로 학생을 지도하기 위하여 교사는 자신의 전공 분야를 넘어 다양한 영역에 대한 전문성을 필요로 한다. 또한 학습자가 직면하는 문제 상황에서 분절적이고 단편적인 접근에서 탈피하여 다양한 관점에서 문제에 대응하고 해결할 수 있는 역량을 갖출 수 있도록 지도해야 한다. 다원화에 따라 다양한 배경의 학생이 증가하면서 교사는 학습자의 개별성을 고려하여 교육과정을 재구성할 수 있는 역량을 갖추어야 한다.

이러한 맥락에서 신동희 외(2012)는 미래의 교사가 융복합적 지식을 가지고 효과적으로 가르칠 수 있는 능력과 더불어 다른 교과의 영역을 자유로이 넘나들 수 있는 간학문적 소양에 해당하는 새로운 전문성의 개발이 필요하다고 제안하였다. 이러한 융복합적 교육과정 재구성 활동은 지식의 다원화, 학생 배경의 다원화 등에 따라 타 교과 교사 등 동료 교사를 비롯하여 지역사회의 전문가 및 학부모와의 협력적 관계 속에서 보다 효과적으로 이루어질 수 있다. 포스트모던사회의 학교는 교사가 학습자로서 경험한 학교와 판이한 모습을 가지고 있다. 이는 교사 전문성 개발이 근본적으로 교사의 자기 해체와 재구성 과정과 연결되어 있으며, 따라서 포스트모던 시대의 교사 전문성은 교사 개인의 노력이나 또는 일방적 전달 중심의 하향식 교사교육으로 충분하지 않음을 시사한다.

Hargreaves(2000)는 교사가 포스트모던 시대의 도전에 대응하여 보다 강력한 전문가로 성장하기 위해서는 동료 교사뿐만 아니라 학부모, 학교 밖 전문가 등과 같은 다양한 집단과의 협력적 관계 속

에서 개방적이고 적극적으로 자기 개선을 위한 노력을 해야 한다
고 주장하였다. 교사 학습 공동체는 이상에서 논의한 교사 전문성
에 대한 새로운 관점을 반영하는 교사 학습 방안이다. 교사 학습 공
동체는 연구자들마다 다양한 방식으로 정의하고 있지만, 종합적으
로 간단히 정의하면 교사의 학습과 전문성 개발을 목적으로 하는
교사들의 공동체라고 할 수 있다(서경혜, 2009). 최근에는 국내에서
도 교사 학습 공동체가 교육 현장에 확산되고 있으며 교사연구회,
전문 학습 공동체 등 다양한 형태로 교사 학습에 대한 공동체적 접
근이 이루어지며 교사를 포함하여 교장, 장학사, 교육 행정가, 대학
교수 등 다양한 배경의 교육 전문가들을 포함하는 학습 공동체로
확장되어 가고 있다.

교사 학습 공동체는 위에서 논의했던 전통적인 교사교육의 관점
과 차별화되는 관점에 기초하고 있다(서경혜, 2013). 예를 들어, 앞
서 언급하였듯이 전통적인 교사교육은 이론적 지식이 보편성에 대
한 가정을 바탕으로 한다. 그러나 교사는 수업 중에 직면하는 불확
실성에 대응하기 위하여 교과 지식, 교육 이론, 교육과정에 관한 지
식, 학습자에 대한 지식 등을 종합하여 교실 맥락에서 적합한 지식
을 형성해 간다. 즉, 교사에게 수업은 실천의 장이며 동시에 탐구와
학습의 장이다. 따라서 교사의 전문성은 수업 실천과 밀접한 관련
을 가지고 있으며, 이는 교사 전문성은 일상적 전문가보다는 적응
적 전문가의 관점에서 개념화되어야 함을 의미한다. 그리고 이러
한 교사의 탐구와 학습 과정은 교사 개인의 시도를 넘어 수업 맥락
을 공유하고 있는 동료 교사와의 협력을 통해 보다 효과적으로 촉
진될 수 있다.

뿐만 아니라 전통적인 전달 모델은 교사를 일상적 전문가로 보

고 이론의 수동적 소비자로 간주한다. 반면, 적응적 전문가로서 교사는 변화하는 학교사회에 적극적으로 대처하며 교사로서의 역량과 전문성을 발전시켜 가는 주체이다(강원근, 2000; 김정희·강용원, 2003; 여성희·강순자, 2004; 전제상, 2010; 정일환·강용원, 2000). 이러한 측면에서 '변환 모델(transformation model)'은 교사를 일상적인 수업 장면에서 문제점을 인식하고 이를 개선하기 위하여 자신의 수업을 성찰하고 해결 방안을 탐색해 가는 적응적 전문가로 간주하고 지식, 신념, 실천 방법을 재형성해 가는 주체로 보는 교사교육의 대안 모델이다.

이상을 종합하면 교사 학습 공동체는 교사가 단순히 교육 이론의 소비자가 아니라 수업 실천에 필요한 전문 지식을 능동적 탐구 활동을 통해 생산하는 지식의 생산자이며, 나아가 동료 교사와 공유하며 수업을 개선하는 교사교육자로서의 역할을 강조한다. 뿐만 아니라 교사는 단순히 전달된 교육과정을 실행하는 대리인이 아닌, 능동적으로 교육과정을 재구성하고 수업개선을 통해 모든 사회 구성원의 배움에 대한 권한을 비롯한 기본적인 권한을 보호하며 학교교육과 사회의 변혁을 이끌어 가는 주역으로서 행동할 것을 강조한다.

현재 교육 현장에서 확산되고 있는 교사 학습 공동체는 변환 모델에 기초하여 교사 전문성을 함양하는 방안으로 주목받고 있다. 교사 학습 공동체 안에서 교사들은 공통의 가치, 목적과 비전을 공유하고 상호 긴밀한 협력 관계를 통해 서로의 지식과 경험을 공유하면서 전문성을 신장해 나가고 있다(서경혜, 2013). 또한 교사들이 자신의 학습을 학생의 학습과 관련지어 성찰하므로, 결과적으로 학생의 학습과의 관계 속에서 교사의 전문성이 발전해 가는 교사 학습 맥락을 제공한다(고연주 외, 2017).

사실 전문성 개발이 효과적으로 이루어지기 위해서는 교사의 자발적인 변화가 필수적이다(엄채윤, 2012; Guskey, 2002). 또한 수업을 동료와 공유하는 교사에게 배우는 학생들이 동료 교사와의 협업이 없는 교사에게 배우는 학생들에 비해 학업 성적이 유의미하게 높다는 연구 결과(이희숙·정제영, 2011)는 협업하는 교사 공동체의 필요성을 함의하고 있다. 이러한 맥락에서 우리나라의 교사 학습 공동체는 교사들의 자발적인 상향식 움직임이 원동력이 되었고, 서로의 수업을 공개하고 수업 비평과 함께 수업에서의 학생들의 반응을 관찰하여 수업의 개선점을 찾고 교사들 간의 동료성을 구축하는 배움의 공동체를 지향하고 있다는 점에서 매우 바람직하게 운영되고 있다. 이와 함께 혁신학교교육 정책의 제도적 지원을 통해 시간적·물적 자원이 제공됨으로써 영향력이 확대되고 사례의 보급과 함께 운영이 증가하고 있다(곽영순·김종윤, 2016).

이상의 논의를 종합하여 볼 때 교사 학습 공동체의 특성 중 하나는 교사 자신뿐 아니라 학생의 학습을 고려한다는 것인데, 학생들의 인지적 측면을 고려하여 학생들의 실제적인 맥락에서 체험을 제공하기 위해서는 교사 자신이 여러 가지 맥락을 인식하고 수업을 재구성할 수 있어야 한다. 또한 학생의 학습을 고려한다는 것은 학생 개개인의 배경, 취향, 흥미와 관심 등을 이해한다는 의미인데, 학생들의 다양한 삶의 방식과 사고 패턴을 이해하기 위해서는 다양성을 인정하는 태도도 필요하다. 이는 교사 학습 공동체에서의 전문성 신장을 통해 융복합교육을 실행할 수 있는 가능성을 함의하고 있다.

3. 융복합교육 교사 학습 공동체 사례

이 절에서는 특정 학교 내 동료 교사들 또는 학교 밖 교사들과 학습 공동체를 구축하고, 이를 통해 융복합교육을 실시한 융복합 교사 학습 공동체의 몇 가지 사례를 살펴보고자 한다. 이 사례들은 주로 충북 지역을 중심으로 진행된 것이며, 학교 내 특정 교과를 중심으로 한 교사 학습 공동체, 학교 내 특정 학년을 중심으로 한 교사 학습 공동체, 학교 밖 교사 학습 공동체 등 다양한 유형을 담고 있다. 이들 모두 충북 지역의 교원 양성 대학의 지원을 통해 과학, 환경, 사회, 실과, 미술 등 여러 영역이 통합된 형태로 이루어졌다.[1]

사례 1. 특정 소재를 중심으로 한 통합과 확장: 학교 내 과학 학습 공동체[2]

- 대상: 충북 소재 C 초등학교의 과학 교사 학습 공동체
- 주요 내용: '나무 한 그루 프로젝트'를 통한 융복합교육
- 관련 교과: 과학, 사회, 실과, 자유탐구
- 주요 접근: 프로젝트 공동 계획, 공동 논의, 프로젝트 수행 후 공동 성찰

---

1) 이들 사례는 '융복합교육'이라는 타이틀을 전제로 수행된 것은 아니지만 내용적 측면에서 융복합교육이 수행된 사례로 볼 수 있으며, 교사 학습 공동체의 운영 및 쟁점 등과 관련된 중요한 시사점들을 담고 있다.
2) 본 사례는 이선경(2012/2013)을 참조하여 구성하였다.

- 구성원: 교사 1(경력 22년, 1학년 담임, 교육 실습 담당),

  교사 2(경력 10년, 3학년 담임, 체육 전담),

  교사 3(경력 15년, 4학년 담임, 과학 전담),

  교사 4(경력 7년, 5학년 담임, 과학 전담).

  과학 교과 및 환경교육 전문가(경력 30년),

　이 사례는 충북 소재의 교원 양성 대학에서 교사의 자기 주도적 역량 확산을 위한 '전문성 개발 체제(Professional Development System: PDS)'를 구축하기 위한 노력의 일환으로 교원 양성 대학과 부설 초등학교와의 협력을 기반으로 형성된 사례이다. 2011년 충북 소재 C초등학교 과학 교사들의 모임을 중심으로 한 전문 학습 공동체(professional learning community)가 형성되었으며, 처음에는 과학 수업 전문성을 신장하기 위하여 특정 교사가 공개할 수업을 공동 설계하고 참관하며 함께 성찰하는 과정으로 시작되었다.[3] 처음 1차 학습 공동체 활동에서는 학습 공동체의 방향을 설정하는 작업을 시작으로 과학 수업에 대한 인식, 어려움 등을 공유하였다. 전체적으로 3차에 걸쳐서 두 교사가 수업 공개를 실시하였는데, 이들 중 1, 2차의 수업 공개는 교육대학 1학년 학생들과 4학년 학생들을 대상으로 한 교육 실습과 연계되어 있었다. 학습 공동체 활동에서는 이 수업들을 함께 준비하고, 함께 보고, 함께 비평하였다. 마지막 수업 공개는 교원 양성 대학과 부설 초등학교와의 협력을 보고하기 위한 수업 공개와 워크숍의 성격을 담은 것으로, 지역 교육청에서 근무하고 있는 교사들과 학부모들을 대상으로 하였다. 이 외

---

3) 첫 해의 과학 교과를 중심으로 한 수업 전문성 신장 관련 내용은 이선경(2013) 참조

〈표 11-1〉 2012년 '나무 한 그루 프로젝트' 교사 학습 공동체 활동 내용

회차	주요 활동	활동 내용
1	두려움과 희망 탐색하기	• 학습 공동체 활동에 대한 두려움과 희망 그리고 이들을 떨치거나 다가갈 수 있는 방안 논의
2	2012년 활동 운영 주제와 방법 탐색 및 정하기	• 과학 학습과 QR 코드를 연계하기 위한 수업 모델 개발 및 수행하기
3	과학과 교육과정 및 수업에의 연계 방안 탐색하기	• 5학년 대상의 교육과정 내 연계 방안 탐색 • '나무 한 그루 프로젝트' 수행하기
4	교정의 나무 학습	• 식물 전문가를 초청하여 부설 초등학교와 청주교대 교정의 나무 학습
5	1학기 학습 공동체 평가회	• 영어, 미술, 사회, 과학, 수학과 학습 공동체 활동 보고 • 평가 및 쟁점 논의
6	'나무 한 그루 프로젝트' 진행 사항 점검 및 쟁점 논의	• 진행 사항 보고 • 융합 방안, 계속적인 흥미 유발, 참여 유도 등 쟁점 논의 및 해결 방안 탐색
7	학교 숲과 나무 한 그루 프로젝트 특강	• 5학년 학생들을 대상으로 특강 • 학교 숲과 '나무 한 그루 프로젝트'의 의미와 다양한 융합 방안 등 논의
8	나무 한 그루 프로젝트 결과 정리/수업 방안 탐색	• '나무 한 그루 프로젝트' 결과 정리 방안 논의 • '나무 한 그루 프로젝트' 수업 방안 논의
9	프로젝트 수업 공개 방안 탐색 및 논의	• 유사 프로젝트 수업 함께 보기 • 워크숍에서의 공개 수업 방안 논의
10	워크숍에서 수업 공개 및 평가회	• 일시 및 장소: 11월 23일(금), 5-2반 교실 • 대상: 5학년 2반 학생 • 단원 및 차시: 자유탐구 '나무 한 그루 프로젝트' • 수업 후 평가회: 학습 공동체 소개, '나무 한 그루 프로젝트' 수업 개요, 연구자 부연 발표
11	수업 소감 나누고 비평하기	• 수업 소감 나누기 • 수업

에도 과학과 수업의 일환으로 한 교사가 수행하고 있던 자유탐구의 운영을 공유하고, 이를 좀 더 잘하기 위한 방안을 함께 논의하였다. 그런 다음 학습 공동체 활동을 되돌아보면서 그 의미를 정리하였다.

이 과정에서 학습 공동체에 참여하고 있던 한 교사가 나무 이름을 쉽게 알 수 있는 앱에 관한 관심을 표명하여 이로부터 '나무 한 그루 프로젝트'에 대한 아이디어가 시작되었고, 이것이 2012년에 실제 5학년 학생들과 함께하는 프로젝트가 되어 수행하게 되었다. 이를 정리하여 제시한 것이 〈표 11-1〉의 내용이다.

〈표 11-1〉에서 보는 바와 같이 처음에는 교사 학습 공동체 운영과 관련된 두려움과 희망을 탐색하면서 이들을 떨치거나 다가갈 수 있는 방안을 논의하고, 이로부터 '나무 한 그루 프로젝트'를 수행하기 위한 방안을 제안하게 되었다. 이를 제대로 수행하기 위해 교사들의 나무 학습이 이루어졌으며, 이후 한 교사에 의해 5학년 학생들을 대상으로 프로젝트를 수행하면서 진행 상황을 공유하고, 이를 해결하기 위한 방안이 논의되었다. 이 과정에서 좀 정적인 나무를 좀 더 역동적으로 탐색하기 위한 방안으로 수학이나 역사, 미술, 음악 등 여러 영역과의 연계와 융복합을 가능하게 하였다([그림 11-1] 참조). 이러한 프로젝트의 과정은 학생들과 인터넷의 카페 기능을 통해 좀 더 긴밀히 의사소통되었으며([그림 11-2] 참조), 포스터 발표를 포함한 공개 수업의 형태로 공유되고 학습 공동체에서 성찰되었다. 이를 통해 교사들은 프로젝트 학습에 대해 잘 이해하게 되었으며, 융복합교육의 중요성과 의미를 파악하게 되었다.

[그림 11-1]은 '나무 한 그루 프로젝트'와 관련된 융복합적 요소를 잘 보여 주고 있다. 과학뿐만 아니라 수학, 역사, 경제, 기술, 공

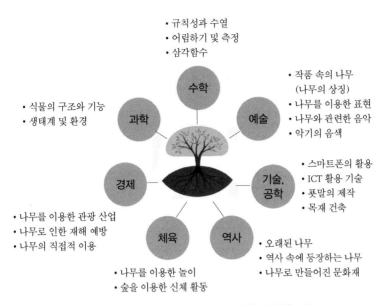

수학
• 규칙성과 수열
• 어림하기 및 측정
• 삼각함수

예술
• 작품 속의 나무
  (나무의 상징)
• 나무를 이용한 표현
• 나무와 관련한 음악
• 악기의 음색

과학
• 식물의 구조와 기능
• 생태계 및 환경

기술, 공학
• 스마트폰의 활용
• ICT 활용 기술
• 푯말의 제작
• 목재 건축

경제
• 나무를 이용한 관광 산업
• 나무로 인한 재해 예방
• 나무의 직접적 이용

역사
• 오래된 나무
• 역사 속에 등장하는 나무
• 나무로 만들어진 문화재

체육
• 나무를 이용한 놀이
• 숲을 이용한 신체 활동

[그림 11-1] '나무 한 그루 프로젝트'와 융복합교육

출처: 김상묵, 2012.

학, 예술, 체육 등이 긴밀히 관련되며, 이들은 모두 학생들의 프로젝트 속에서 잘 표현되고 있다. [그림 11-2]는 학생들과 교사들이 소통했던 인터넷 카페를 나타내고 있다. 이 속에서 수행 교사는 학생들의 활동에 조언하고, 방향을 제시하고, 자료를 공유하고 있으며, 교사 학습 공동체의 동료 교사들은 이 교사와 함께 댓글을 달아서 격려도 하고, 때로는 이들의 성취를 모니터한 후 피드백을 제공하기도 하였다.

이 '나무 한 그루 프로젝트'에서 주목할 것은 교사 학습 공동체에 참여한 교사들 중 수행의 주체가 되는 교사(교사 2), 구심점을 이루는 교사(교사 3), 외부 전문가의 적절한 참여와 의사소통이다. 특히 수행의 주체가 되는 교사 2의 경우는 자신이 관심을 가지고 있는

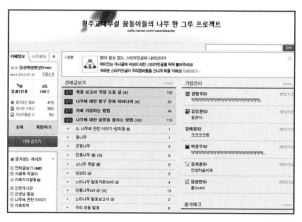

[그림 11-2] '나무 한 그루 프로젝트' 소통을 위한 카페

주제를 중심으로 한 프로젝트의 진행에 동기가 유발되었으며, 학습 공동체 구성원들의 적극적인 지원과 성원에 힘입어 가장 현저한 전문성의 변화를 보여 주게 된다. 이 '나무 한 그루 프로젝트'는 1회로 그치지 않고 그다음 해인 2013년에도 다시 한번 교사 학습 공동체 내에서 시도되었으며, 이때에는 과학 교과에서는 같은 형태를 지속하였고 사회, 실과 등의 교과와 연계된 형태로 발전하게 되었다.

사례 2. 동 학년 사회와 과학의 통합: 지속 가능 발전, 로컬 푸드, 쓰레기[4]

• 대상: 충북 소재 S 초등학교의 6학년 담당 교사 학습 공동체
• 주요 내용: 지속 가능 발전, 로컬 푸드, 쓰레기 등 환경 관련 내용

---

4) 본 사례는 김남수(2013)를 참조하여 구성하였다.

- 관련 교과: 사회, 과학
- 주요 접근: 공동 수업 설계, 공동 수행, 공동 성찰
- 구성원: 교사 1(경력 6년, 담임), 교사 2(경력 5년, 담임), 교사 3 (경력 5년, 담임), 교사 4(경력 4년, 담임), 교사 5(음악 전 담), 교사 6(영어 전담), 과학 및 환경교육 연구자(경력 20년, 참관[5])

이 사례는 충북 소재 S 초등학교의 동 학년 교사 학습 공동체의 사례이다. 4년 정도 외부 전문가가 리더십을 가지고 주도하는 교사 학습 공동체를 운영해 왔던 S 초등학교에서는 2013년에는 필요한 경우 외부 전문가가 자문을 하는 수준의 소극적인 지원하에 수행되는 교사 학습 공동체를 운영하게 되었다. 이 중 6학년 담당 교사 학습 공동체의 첫 모임에서, 먼저 교사들은 공동 주제를 정하고 실행 방법을 탐색하였다. 이에 앞서 교사들은 〈두려움과 희망 나누기〉 〈규칙 정하기〉 〈역할 정하기〉 〈활동 방향 정하기〉 등을 하였다. 먼저 PLC 활동에 대한 두려움과 희망에 대해서 교사들은 "시간 약속의 번거로움, 수업 공개 시 실수와 비판에 대한 두려움" 등을 두려움으로, "수업개선, 전문성 신장, 동 학년 유대감 강화" 등을 희망으로 꼽았다. "시작과 끝 시간 지키기, 긍정적이고 편안한 분위기 조성, 모임 전 미리 준비, 적극적 참여" 등을 모임의 규칙으로 정하고, 매번 모임에서 사회와 기록은 누가 어떤 방식으로 담당할 것인지를 정하였다. 그리고 한 학기 활동 방향에 관해서 논의를 했다. 그 결

---

5) 외부 전문가라고 할 수 있는 과학 및 환경교육 전문가는 구성원이라기보다는 참관인 수준으로 개입하였다.

과, 6학년 사회과의 3단원인 〈환경을 생각하는 국토 가꾸기〉와 과학과의 4단원인 〈생태계와 환경〉을 환경 주제로 통합하고 재구성하여 수업을 하기로 결정하였다(김남수, 2013).

그런 다음 과학과 사회 단원의 핵심 용어 분석을 통하여 중요 사항을 점검하고 단원을 재구성하였다. 그 후 각자 재구성한 내용을 중심으로 수업 주제를 정하고 이와 관련된 아이디어를 공유하면서 이 과정에서 생겨난 고민을 나누기도 하였다. 이때 참관자로 참여한 외부 전문가는 참고가 가능한 자료들을 제공하여 다양한 소재나 주제에 관심을 가질 수 있도록 지원하였다. 이러한 과정 속에서 구성원들의 관심사가 표출되었는데, 한 교사는 음식과 관련된 녹색 소비에, 다른 교사는 콩고의 콜탄 채취와 관련된 문제에, 다른 교사는 자원의 생산과 소비에 관련된 형평성에 관심을 나타내었다. 이로부터 로컬 푸드, 지속 가능 발전, 음식물 쓰레기라고 하는 주제가 정해지게 되었다. 한 달 정도 수업 계획을 진행하게 되었으며, 여러 번의 모임이 이루어졌다. 수업 계획 중에 교사들은 교과서의 내용을 어떻게 해석해야 할지, 학생들이 결론을 정할 수 있도록 하려면 어떻게 해야 할지, 어떻게 하면 학생들에게 와 닿게 할 수 있을지, 수업의 결말과 정리를 어떻게 해야 할지 등과 관련하여 고민하였다. 이를 바탕으로 공동 수업 설계를 수행하였으며, 여러 번 수정이 이루어졌다. 〈표 11-2〉는 공동으로 설계된 수업과 이의 수정 양상을 보여 준다.

이러한 과정을 통해서 설계된 수업은 3차에 걸쳐서 각기 다른 교사에 의해 수행되었다. 먼저, 수업을 최초로 설계한 교사가 수업을 진행하고, 이를 함께 본 후 성찰하여 내용을 수정하고, 이를 다른 교사가 다시 수행하고 함께 본 후 성찰하여 수정하고, 이를 다시 다

〈표 11-2〉 공동으로 설계된 수업 구성과 그 변화

주제 제안	이 교사	정 교사	최 교사
주제	합리적 소비	국가별 형평성, 경제 발전과 환경 보전	형평성, 지속 가능한 발전
참고	로컬 푸드 운동, 합리적 소비	고릴라는 핸드폰을 싫어해	나는 버리고 너는 굶고, 세계가 만약 100명의 마을이라면
수업 구성 1 (2013. 05. 02.)	동기 유발: 좋아하는 연예인을 위한 밥상 차리기 활동 1: 1차 장보기, 식단 카드 작성, 푸드마일 계산 활동 2: 푸드마일에 대한 설명 활동 3: 2차 장보기(푸드마일, 가격 고려), 건강 지수 비교	동기 유발: 고릴라는 왜 핸드폰을 싫어하는가? 활동 1: 읽기 자료 순서 맞추기 활동 2: 역할극(주민, 고릴라 연구학자, 휴대폰 회사 사장, 공장장, 선진국 환경운동가) 활동 3: 휴대폰 개발에 관한 토론을 통한 일반화 정리: 행복해지는 법, 상생, 공생에 관해서 이야기	도입: 모둠별 국가 정하기, 자원(사탕) 나누기 활동 1: 자원 부족국과 쓰레기 다량 배출국 구분, 각국에서 사회부, 환경부, 경제부 장관 역할 및 입장 밝히기 활동 2: 각국, 각 장관이 생각하는 문제 공유 활동 3: 직소 토론, 각 나라의 문제를 해결하는 광고 만들기 정리: 우리가 같이 잘 살려면 사이좋게 나눠야 한다.
수업 구성 2 (2013. 05. 14.)	동기 유발: 과일 고르기 활동 1: 자신이 고른 과일의 푸드마일에 비례해서 교실 안을 이동하면서 과일 그림에 방부제와 이산화탄소 도장 찍기 활동 2: 그 과일을 먹으면 어떤 표정일지 표현하기 활동 3: 두 개의 독(읽기 자료)과 로컬 푸드 안내 정리: 네 컷 만화 그리기	동기 유발: 고릴라는 왜 핸드폰을 싫어하는가? 활동 1: 모의 국제 환경회의 개최, 입장별로 중점 요구 사항 정리해서 주장 만들기 활동 2: 여러 주장을 듣고 투표하기 활동 3: 입장 차이를 해결할 수 있도록 양보할 수 있는 것을 이야기하기 정리: 지속 가능한 발전은 ____이다.	동기 유발: 슬픈 괴물 이야기 동영상 보기 활동 1: 괴물이 사는 데가 어디일까? 학교 식당 잔반 처리 모습 보기 활동 2: 괴물이 진짜 슬픈 이유, 음식물 쓰레기와 관련된 사회적·경제적·환경적 문제 탐구(전문가 학습) 활동 3: 모둠으로 돌아와 친구들에게 알려 주기 정리: 괴물에게 편지 쓰기

출처: 김남수, 2013.

⟨표 11-3⟩ 음식물 쓰레기 관련 수업의 수행과 변화

수업 흐름	1차(5반)	2차(2반)	3차(1반)
괴물 동영상 보기	괴물 동영상 보기	괴물 동영상 보기	괴물 동영상은 전 시간에 봄. 음식물 쓰레기, 북한의 꽃제비 사진 등 수업 중 소재가 될 내용을 알려 주는 사진. 내용 맞히기
괴물과 나	급식실 촬영 동영상 −식사 장면, 잔반 처리 장면, 이후 음식물 이동 경로 순으로 제시. 환경 오염에 관한 내용 정리(학습지 활용)	"괴물 친구가 어디에 있습니까?" 1차 수업과 유사한 순서	⟨타임머신 5분 전⟩ 급식실 잔반통의 음식물 쓰레기 사진 제시 후 잔반 처리 장면 그리고 식사 장면 순으로 제시. 음식물 쓰레기의 정의 소개
음식물 쓰레기의 환경적 · 사회적 · 경제적 측면 조사하기, 전문가 조사 활동	원래 모둠에서 전문가 모둠으로 재구성. 각 전문가 모둠에서 여러 가지 자료 읽기 및 분석. 전문가 학습지 작성	(사전 활동: 이전 차시에서 전문가 모둠 구성. 환경, 경제, 사회적 측면 연구) 오늘 차시에서는 연구 내용 발표 자료 제작	교사와 학생들의 일대다 문답 및 대화식 강의와 설명. 학습지 작성. 1, 2차 수업에서 활용한 자료 적극 활용
조사 활동 정리 및 발표	원 모둠으로 돌아가서 동료들에게 설명	경제, 환경, 사회 영역 담당 모둠 각각 2모둠, 각 영역에서 일반 자료 분석과 QR코드 자료 분석으로 구분	교사와 학생들의 일대다 문답 및 대화식 강의와 설명. 학습지 작성. 1, 2차 수업에서 활용한 자료 적극 활용
마무리 활동	4절지 색 카드에 음식물 쓰레기가 사회, 경제, 환경에 미치는 영향 마인드맵 그리기	칠판에 마인드맵 그리기. 개별 학생은 학습지 작성 및 교과 공책에 정리	배운 내용 표현하기. 표현 형식 다양(네 컷 만화, 공익 광고, 포스터 등)

출처: 김남수, 2013.

른 교사가 수행하는 형태이다. 〈표 11-3〉은 음식물 쓰레기와 관련된 수업 사례의 수행 과정과 내용을 제시하고 있다.

　이 교사 학습 공동체에 참여하여 교사들의 논의 과정을 지켜본 외부 전문가는 "교사들의 수업 설계 과정은 교육과정과 교과서에서 제시된 내용을 해석하고, 이를 본인이 생각하는 바람직한 환경 수업관에 비추어서 학생들에게 적합하다고 생각하는 교수법과 교구를 선택하고 결정하는 과정이었다고 할 수 있다. 이 과정에서 교사들의 질문과 고민은 전문 학습 공동체에서의 집단 사고 과정을 거치면서 확장되거나 구체적으로 변화되었다. 그러나 교사들이 설계한 지도안은 실제로 이루어진 수업의 모습과 또 달랐고, 그 실제 수업 역시 계속해서 조금씩 바뀌었다(김남수, 2013)."라고 진술한다. 따라서 이 사례를 통해 볼 때 환경이나 융복합교육과 관련된 프로그램이나 자료를 제작할 때에는 단순히 프로그램이나 지도안을 제시하는 것뿐만 아니라 관련 자료를 바탕으로 실제 수업을 해 보고, 이때 나타나는 학생들의 다양한 반응과 활동 결과물을 함께 제시하는 것이 더 유용하며, 융복합교육을 실제로 함께 설계해 보고 수행해 보는 교사 학습 공동체를 지원하는 것도 융복합교육을 증진시키는 중요한 방안이 될 수 있을 것이다.

사례 3. 학교 밖 교사 학습 공동체와 교사 전문성의 변화: 에너지 기후 변화 교육[6]

• 대상: 충북 지역의 학교 밖 교사 학습 공동체

---

6) 본 사례는 (박세희 외, 2014; 정보람, 2015)을 참조하여 구성하였다.

- 주요 내용: 에너지 기후 변화를 위한 융복합교육
- 관련 교과: 과학, 사회, 국어, 미술, 실과
- 주요 접근: 공동 수업 설계, 공동 수행, 공동 성찰
- 구성원: 교사 1(경력 14년), 교사 2(경력 12년), 교사 3(경력 6년), 교사 4(경력 2년)

이 사례는 충북 지역의 학교 밖 교사 학습 공동체의 사례이다. 이 교사 학습 공동체에 참여한 교사들은 처음에는 과학에 대한 폭넓

〈표 11-4〉 초등학교 교과서 및 지도서에 나타나는 에너지 기후 변화 관련 내용(4학년 2학기)

(라) 교과	(마) 단원	(바) 학습 주제	(사) 자료 내용
도덕 (4-2)	6. 내가 가꾸는 아름다운 세상	자연과 함께하는 우리	• 나와 자연의 관계 이해하기 • 환경 보호와 녹색 성장의 중요성 이해하기 • 나와 자연과의 관계 논의하기 • 환경 보호 방법 논의 활동
		환경, 바른 생각으로 지켜요	• 환경 보호를 위한 바른 판단하기 • 급식 시간 • 녹색 생활이 실천되지 않은 부분 찾기
		환경 보호, 마음으로 시작해요	• 우리 주변의 녹색 생활 및 환경 보호를 위한 노력 알기 • 환경 보호를 위한 마음 가지기 • 순천만 이야기 • 공익광고 ※ 마음의 양식
		녹색 생활, 나부터 실천해요	• 선택 활동 1:환경 신문 만들기 • 선택 활동 2:에너지 순찰대 활동하기 • 실천 내용 반성하기 • 환경 보호 방법 • 환경 신문 만들기 • 환경 순찰대

사회 (4-2)	경제생활과 바람직한 선택	현명한 선택	• 선택의 문제가 일어나는 까닭(자원의 희소성) 알아보는 놀이하기 • 선택의 문제를 해결하기 위한 여러 가지 선택 기준 알아보기
		생산이 이루어지기까지	• 물건이 우리에게 오기까지의 과정을 통하여 생산 활동 알아보기
수학 (4-2)	5. 꺾은선 그 래프	이야기 마당	• 북극곰을 지켜 주세요
과학 (4-2)	2. 물의 상태 변화	물과 우리의 생활	• 지구에 있는 물의 양 • 빙하가 녹으면 해수면이 올라가는 까닭
		과학 이야기	• 지구 온난화의 재앙
미술 (4-2)	10. 함께 하 는 마을	오순도순 우리 마을	• 특별한 장소를 그려요 • 마을에서 놀아요

은 이해를 가지고 과학을 잘 가르칠 수 있을지와 관련된 교사의 전문성에 대해 고민과 배움을 함께 하고자 모임을 시작하였다. 이들은 2014년부터 한 달에 한 번 정도 모임을 가지면서 과학과 관련된 교육과정과 교과서 분석, 수업에 대한 논의 등을 수행하게 되었다. 그러다 이 모임에 에너지 기후 변화와 관련된 주제로 연구를 할 수 있는 기회가 주어졌고, 함께 수업에 대한 고민과 실행, 반성을 나누던 모임의 성격과 일맥상통하는 부분이 있어 이 구성원 중 4명의 교사가 함께하기로 하였다.[7] 이들은 공동으로 수업 설계 및 교수학습 과정안을 구성하고, 각자의 교실에서 수업을 실행해 보기로 하였다.

---

7) 교사 학습 공동체에 참여하고 있던 교사들은 총 7인이었으나 에너지 기후 변화 교육 프로그램을 개발하는 데 참여한 교사는 4인이다.

먼저, 교사들은 에너지 기후 변화와 관련된 활동을 구성하기 위해 교육과정을 분석하였는데(박세희 외, 2014), 이 중 4학년 2학기의 관련 내용을 세시하면 〈표 11-4〉와 같다.

이로부터 교사들은 4주제, 10차시 정도의 활동을 계획하게 되었으며, 이는 에너지의 정체 밝히기, 태양열 조리기로 계란 익히기, 에너지 자립 녹색 마을 만들기, 에너지 자립하기 등의 활동으로 구성되었다. 각 주제별 활동 내용은 〈표 11-5〉와 같다.

〈표 11-5〉 에너지 기후 변화 교육 프로그램 공동 수업안(정보람, 2015)

활동 주제	에너지의 정체를 밝혀라	태양열로 계란을 익힌다고요	에너지 자립 녹색 마을 만들기	에너지 자립하기
수업 목표	화석연료의 문제점을 알고, 대체에너지에 대해 안다.	태양열 조리기를 제작하여 계란을 익혀 보고, 좋은 점과 불편한 점을 안다.	에너지 자립 녹색 마을을 건설해 보고, 신재생에너지에 대해 안다.	화석에너지에서 자립하는 방법을 알고 실천할 수 있다.
동기 유발	에너지 송 부르기	EBS 다큐프라임 인도로 간 태양열 조리기 신청	'신재생에너지가 뭐길래?' 뉴스 시청	얼음 위를 걷고 싶어요. 북극곰 영상 시청
활동 1	주변에서 석유가 사용된 물건 찾기	태양에너지가 이용되는 예와 문제점 알아보기	에너지 자립 마을에서 사용할 수 있는 에너지 알아보기	에너지 자립 마을 만들기
활동 2	'이산화탄소가 쌓여요'를 읽고 문제 파악하기	태양열 조리 기구의 종류 알아보기	에너지 플러스 마을 만들기	에너지 절약 실천 서약하기
활동 3	'꼬마전구의 소원'을 읽고 에너지 생각주머니 열기	태양열 조리기 제작해서 계란 익히기	신재생에너지 알아보기	
핵심 용어	에너지	태양열에너지	신재생에너지	에너지 자립 방법

이러한 공동 수업안을 설계한 후 교사 학습 공동체에 참여하고 있는 교사 중 3인이 이 프로그램을 각자의 상황에서 수행하였다. 이 중 3학년을 담당하고 있는 교사는 주로 창의적 체험 활동 시간을 이용하여 수업을 진행하였고, 학생들이 어려워할 만한 내용은 축소하였으며 쉽게 사용할 수 있는 조립형 태양열 조리기를 사용하였다. 4학년을 담당하고 있던 교사는 과학, 사회, 미술, 도덕 시간을 통합하여 수업 시간에 운영하였으며, 각각의 내용이 충실하게 반영되도록 수업을 진행하였다. 6학년을 담당하고 있던 교사는 과학 탐구반을 대상으로 방과 후에 프로그램을 운영하였으며, 활동과 탐구를 강조하여 충분한 활동 시간과 심화 학습을 진행하고자 하였다.

즉, 각 교사가 처한 상황에 따라 학습 내용을 조정하기도 하고, 학습자의 수준에 따라 보드게임을 인터넷 조사로 대체하는 등 변화를 주어 적용하였다. 이들 프로그램의 수행 과정은 녹화되었고, 녹화된 수업은 학습 공동체를 통해 공유되고 성찰되었다. 이로부터 각 교사는 에너지 기후 변화와 관련된 내용의 학습과 타 교사의 수업을 통해 다양한 수업 방식을 학습하게 된 것은 물론 스스로의 수업을 돌아보는 계기를 가지게 되었으며, 스토리텔링, 활동, 게임, 만들기 등 다양한 수업 방식의 의미를 알고 이를 수업에 적용하게 되었다.

교사 학습 공동체에 참여한 교사들은 모두 내용 지식, 교수학습과 평가, 학생 이해, 수업 상황 등과 관련된 교과 내용 지식(PCK) 측면에서 긍정적인 변화를 나타내었으며 교사로서의 효능감도 증진되었다(정보람, 2015). 이 사례에서 볼 수 있는 에너지 기후 변화라고 하는 주제는 융복합교육의 중요한 주제가 될 수 있으며, 따라서 융복합교육을 위한 교사 학습 공동체와 관련하여 의미 있는 시사점을 가진다고 할 수 있다. 또한 이 교사 학습 공동체 속에서 공동 수입 실계와 수행을 하게 되는 경우에 각 교사의 변화나 학습이 서로 다를 수 있다는 점은 주목할 만하다.

4. 융복합교육 생태계 조성을 위한 교사 학습 공동체 운영 방안

이 장에서 살펴본 교사 학습 공동체 이론과 사례는 학교 현장에 융복합교육 생태계 조성을 위한 교사 학습 공동체 운영 방안에 대하여 다음과 같은 시사점을 제시한다.

첫째, 교사 학습 공동체는 교사 자신의 문제의식을 학습의 출발점으로 하여야 하며, 수업에 대한 문제의식을 공유하는 교사 사이의 협업을 중심으로 운영한다. 이때 협업은 완전한 협력을 의미한다. 즉, 교사들이 수업의 주체로서 행동하며 수업개선에 대해 주도권을 존중받아야 한다는 것이다. 교사 학습 공동체에서는 이론적으로 명료하고 합리적인 해결 방안이 아니라, 교사의 수업 실천 맥락에서 자발적 · 자생적인 해결 방안을 협력을 통해 추구해야 한다. 이러한 협력의 과정과 결과가 종종 불확실하고 예측하기 어려울 수도 있으나, 수업개선은 수업 생태계에 적합한 해결 방안을 모색하는 일상화된 협력을 목표로 해야 한다는 점에서 애매함과 모호함은 인내할 가치가 있다.

둘째, 동일한 교과 또는 동일한 계열의 교사 모임을 벗어나 다른 교과와 계열의 공동체로 확장해야 한다. 이는 다양한 교과 지식을 접하고 융복합교육을 위한 교육과정의 통합적 재구성 역량을 키울 수 있는 기회를 제공한다. 융복합교육 실천을 위하여 교사는 간학문적 소양을 필요로 하므로, 다양한 교과의 교육과정과 교과서를 분석하고 교과 간 연결이 가능한 핵심 개념과 핵심 역량을 탐색하는 것과 같은 교과 간 활동을 통해 다른 교과에 대한 이해와 지식을 쌓고 다양한 교과를 통합적으로 재구성할 수 있는 역량을 키워 갈 수 있을 것이다.

융복합교육을 위한 교육과정 재구성 역량을 강화하기 위하여 교사 학습에서 협업은 교사를 포함하여 수업 및 교육과 관련된 다양한 배경의 전문가 사이의 협업으로 확장되어야 한다. 융복합교육은 궁극적으로 학습자가 살아가는 삶의 맥락에 유의미한 지식과 역량 함양을 지향한다는 점에서, 삶의 맥락에서 중요한 제재와 주제를 찾아보는 노력이 필요하다. 이러한 측면에서 다양한 분야의 책을 함께 읽고 그 분야의 전문가와 수업 계획을 공유하며 논평하는 활동은, 학습 목표를 위한 억지 통합을 방지하고 학습 자료에 대한 학습자의 공감과 탐구심을 자연스럽게 불러일으키는 교재 구성에 적합한 제재를 탐색하는 데도 도움이 된다.

셋째, 융복합교육 실행 역량의 함양을 위하여 교사들 간의 협력적 관계가 자료를 개발하고 공유하는 것을 넘어 수업 실행 경험을 공유하고 비판적으로 성찰하는 것으로 확장되어야 한다. 실천을 위한 역량은 실천 공동체를 통해서만 얻을 수 있다는 점에서 융복합교육 실천 공동체는 새로운 교사 학습 방안으로 중요성을 갖는다. 뿐만 아니라 이는 배움과 실천이 분리되지 않는 융복합교육의 기본 원리를 지키는 좋은 방법이다. 앞서 살펴본 사례에서도 교사들이 협력적으로 개발한 지도안은 교실 실행 과정에서 수집된 학생의 반응과 활동 결과물을 바탕으로 한 교사 학습 공동에서의 집단적 비평 과정을 거쳐 변화되어 갔다. 이러한 집단 사고 과정은 융복합교육에 내한 이론적 이해와 지식을 비판적으로 성찰하며 자신의 수업 실행에 적합한 지식으로 변환시키는 것을 가능하게 한다.

마지막으로, 융복합교육은 다양한 교육 주체가 상호 연계되는 특징을 갖고 있다. 이러한 측면에서 융복합교육을 위한 교사 학습 공동체는 전문성의 경계를 넘어 상호 연계가 가능한 방식으로 운영되어야 할 것이다. 예를 들어, 지금까지는 소수의 리더급 교사들 중심으로 교사 학습 공동체가 운영되어 왔다. 열정을 가진 소수의 교사들을 통해 교사 학습 공동체가 자리를 잡았다면, 이제는 보다 다양한 교사들이 자발적으로 교사 학습 공동체를 지속하고 유지할 수 있도록 후배 세대를 양성해야 한다. 이러한 방식은 교사가 순환하는 학교 체제 안에서 융복합교육 생태계 조성을 위한 방법으로도 적용될 수 있다. 또한 이론가와 현장 실행가의 협업을 통해 이론과 실천을 연계하는 반성적 실천 활동이 이루어질 수 있을 것이다. 전통적으로 이론과 실천이 이분법적인 위계 관계로 인식되어 왔다면 융복합교육의 관점에서 이론과 실천은 상호 연계되어 있으며, 이론가와 실행가의 전문성은 각자의 맥락이 가지고 있는 문화적 조직을 반영하는 전문성이다. 이는 모든 전문성이 결국은 문화적 구성체임을 의미하며, 따라서 각기 고유한 강점과 약점을 가진 부분적 전문성에 불과하다. 이러한 부분적 전문성이 학교 현장의 개선에 보다 적합한 전문성으로 발전하기 위하여 경계 넘기와 상호 연계는 핵심적이다.

이상의 논의를 종합하면 융복합교육을 실천하기 위하여 교사 자신이 융복합적 존재로 변환되어야 하며, 교사교육의 핵심적 과제는 교사의 융복합적 변환을 촉진할 수 있는 융복합적인 학습 맥락을 제공하는 것이다. 이러한 관점에서 융복합교육을 위한 교사 학습 공동체 운영은 다양한 배경의 실천가가 능동적 주체로서 수업과 교육에 대한 문제의식을 공유하고 소통에 참여하여 함께 성장하며, 학교교육 개선과 지속 발전 가능한 미래사회 구현이라는 공공의 목표를 지향해 가는 학습의 장이라고 할 수 있을 것이다.

참고문헌

강원근(2000). 21세기의 교원 연수 체계. 한국교사 교육, 17(1), 55-79.

고연주, 김영주, 이현주, 임규연(2017). 교사 학습 공동체 관련 국내 연구 동향 분석: 주제 분석법을 활용하여. 학습자중심교과교육연구, 17(4), 429-457.

곽영순, 김종윤(2016). 한국형 교사 학습 공동체의 특성과 과제. 교육과정평가연구, 19(1), 179-198.

김남수(2013). 초등학교 전문학습 공동체의 환경 수업 공동 설계와 실행 사례 연구. 환경교육, 26(3), 315-335.

김정희, 강용원(2003). 교사의 전문적 능력 개발을 위한 현직 연수 제도의 발전 방향 탐색. 한국정책과학학회보. 7(3), 400-425.

노희진, 백성혜 (2014). STEAM 교육을 실행한 중등 교사의 융합교육에 대한 인식. 학습자중심교과교육연구, 14(10), 375-402.

박세희, 한조은, 정보람, 이지혜, 이선경 (2014). 교사 학습 공동체를 통한 에너지 기후 변화 교육 프로그램 수업 공동 설계와 실행에 관한 연구- 3명의 초등학교 교사의 수업 실행을 중심으로. 에너지기후변화교육, 4(2), 113-131.

서경혜(2009). 교사 전문성 개발을 위한 대안적 접근으로서 교사 학습 공동체의 가능성과 한계. 한국교원교육연구, 26(2), 243-276.

서경혜(2013). 교사 학습에 대한 공동체적 접근. 교육과학연구, 44(3), 161-191.

소경희(2003). '교사 전문성'의 재개념화 방향 탐색을 위한 기초 연구. 교육과정연구, 21(4), 77-96.

신동희, 김정우, 김래영, 이종원, 이현주, 이정민(2012). 융합형 교사 교육 프로그램 개발 연구. 교과교육학연구, 16(1), 371-398.

엄채윤(2012). 교사의 변화 능력에 대한 의미와 함의. 학습자중심교과교육연구, 12(2), 191-215.

여성희, 강순자(2004). 중등학교 교원 연수에 대한 교사들의 인식 조사 연구. 한국교원교육연구, 21(1), 323-345.

이선경(2012). 과학과 학습 공동체가 키워낸 '나무 한 그루 프로젝트'. 2012 학년도 학교 문화 변화를 위한 교사의 전문성 신장 Workshop: 교사의 전문적 학습 공동체 활동을 통한 교실 수업의 이해와 변화. 청주교육대학교 부설 초등학교 자료집, pp. 207-219.

이선경(2013). 교육대학과 부설학교 간 협력에 기반한 과학과 학습 공동체 운영 사례와 시사점. 초등과학교육, 32(4), 437-451.

이정민, 신영준(2014). 융합인재교육(STEAM) 수업에서 초등교사들이 겪는 어려움 분석. 초등과학교육, 33(3), 588-596.

이희숙, 정제영(2011). 교사 특성이 학생의 학업성취에 미치는 영향 분석-TIMSS 2007의 교사 전문성 계발 노력 변인을 중심으로. 한국교원교육연구, 28(1), 243-266.

임유나(2012). 통합 교육과정에 근거한 융합인재교육(STEAM)의 문제점과 개선 방향. 초등교육연구, 25(4), 53-80.

전제상(2010). 교원 연수 체제 개선 요구 조사 분석. 한국교육논단, 9(1), 115-137.

정미경, 김경자(2006). 교사의 교육과정 변화 능력(change capacity) 함양을 위한 적응적 전문성(adaptive expertise) 신장 방안. 교육과학연구,

37(3), 25-45.

정보람(2015). 교사 학습 공동체를 통한 에너지 기후 변화 교육 프로그램의 수업 공동 설계와 실행의 사례 분석-교사의 전문성을 중심으로-. 청주교육대학교 석사학위논문.

정일환, 강용원(2000). 교원 현직 연수의 발전 방향 탐색. **교육학논총**, 21(1), 323-347.

주미경, 문종은, 박모라(2013). 중등 교사의 융복합교육 연수 만족도 및 요구 조사. **교과교육학연구**, 17(2), 521-547.

차윤경, 안성호, 주미경, 함승환 (2016). 융복합교육의 확장적 재개념화 가능성 탐색. **다문화교육연구**, 9(1), 153-183

한혜숙, 이화정 (2012). STEAM 교육을 실행한 교사들의 STEAM 교육에 관한 인식 및 요구 조사. **학습자중심교과교육연구**, 12(3), 573-603.

Bransford, J., Derry, S., Berliner, D., & Hammerness, K. with Beckett, K. L. (2005). Theories of leaning and their roles in teaching. In L. Darling-Hammond & J. Brasnford. (Eds), *Preparing teachers for a changing world: What teachers should learn and be able to do* (pp. 40-87). San Francisco, CA: Jossey-Bass.

Guskey, T. R. (2002). Professional development and teacher change. *Teachers and Teaching: theory and practice, 8*(3), 381-392.

Hargreaves, A. (2000). Four ages of professionalism and professional learning. *Teachers and Teaching, 6*(2), 151-182.

Hargreaves, A. & Fullan, M. (2000). Mentoring in the new millennium. *Theory into Practice, 39*(1), 50-56.

Hatano, G. & Osura, Y. (2003). Commentary: Reconceptualizing school learning using insight from expertise research. *Educational Researcher, 32*(8), 26-29.

National Council for Accreditation of Teacher Education (1995). *Standards, procedures and policies for the accreditation of professional education units.* Washington, DC.

Shulmann, L. S. (1986). Those who understand: Knowledge growth in teaching. *Educational Researcher, 15*(2), 4–14.

융복합수업을 위한
의사소통 역량

1. 융복합 시대와 교육의 의미

2016년은 미래사회에 대한 논의가 다양하게 진행되고 그러한 논의들이 세계 유수 석학들의 논의의 장을 넘어 일상생활 속에도 스며든 해였다. 2016년 개최된 제46회 세계경제포럼(WEF, 이하 다보스 포럼) 연차 총회의 핵심 주제는 '제4차 산업혁명의 이해(Mastering the Fourth Industrial Revolution)'였고,[1] 이 발표 이후 1년여의 길지 않은 시간 동안, 다보스 포럼에서 발표된 제4차 산업혁명의 시대라는 단어가 이미 우리 생활 속에 들어왔다. 그리고 이보다 더 직접적으로는 2016년 이세돌과 알파고의 바둑 대회를 보면

---

1) 경향신문(2016. 01. 20.). 다보스포럼, 제4차 산업혁명을 논하다.

서, 알파고 시대에 인간의 미래, 특히 미래의 직업을 준비해야 하는 학생들은 어떤 교육을 받아야 하고 어떤 역량을 갖추어야 하는지에 대한 논의가 화두가 되고 있다.

이와 같이 혁명적인 전환기에 현재의 교육권 내에서 시행되고 있는 직업교육은 10여 년 후에 사라질 것[2]이라는 미래의 직업군에 대한 다양한 전망은 대체 불가능한 직업군에 속하기 위한 교육 경쟁을 더 치열하게 가중시키고 있다(한용진, 2017). 도래할 것이 분명한, 그래서 준비해야만 하는 미래사회에 대한 다양한 전망 속에서, 분명한 것은 어떤 형태의 변화든 일어날 것이라는 점이다. 따라서 그 변화에 유연하게 대처할 수 있는 인간상을 길러 내는 교육이 무엇이고, 그 사회에서 필요한 역량이 무엇인지에 대한 논의가 오늘날 교육의 핵심적인 논의의 대상이 되는 것은 그리 놀라운 일도 아니다.

이미 여러 나라에서 교육과정과 대학 기관 등을 중심으로 미래 사회 인재가 갖추어야 할, 혹은 학교가 추구하는 '핵심 역량'을 정립하고 교육과정을 설계하고 있다. 추구하는 역량은 다소간의 차이가 있지만, 이러한 인식의 공통적인 전제는 크게 세 가지 정도로 나누어 볼 수 있다. 첫째, 교육은 더 이상 객관적이며 고정적인 지식을 전달하는 것이 아니라는 점, 둘째, 급변하는 환경에 적절하게 대처할 수 있는 능력을 길러 주는 것이 교육의 대표적인 역할이라는 점, 셋째, 교육을 통해 학습자들이 다양한 배경의 지식을 지닌

---

2) 조선일보(2016. 12. 29.). 세계적인 미래학자 토마스 프레이가 예측한 새로운 미래 직업 TOP5. http://news.chosun.com/misaeng/site/data/html_dir/2016/12/29/2016122900669.html

동료 집단과 적절하게 소통하며 협업할 수 있는 능력을 길러 주어야 한다는 인식이 그것이다.

교육은 미래를 위해 현재의 삶에서 가치 있는 것을 미리 구축하는 시간 여행과 같은 것이다. 세계화·정보화·다원화라는 틀로 급격히 변화하고 있는 오늘날의 사회에서 현재의 학습자가 접하게 될 미래사회를 현재의 교육자들이 완벽하게 예단하고 준비해 주기에는 한계가 있을 수밖에 없다. 따라서 미래사회 구성원들이 스스로 대처하는 역량을 갖추도록 돕는 것이 교육의 역할이다. 그리고 미래사회의 구성원은 폭발하는 문제 상황에서 스스로 의미를 재조직하고 자율적으로 문제를 해결하는 역량, 다양한 사회 구성원들 사이에서 필수적으로 동반되는 시각적인 차이를 열린 관점에서 해결하려는 역량 등을 갖추어야 한다. 이에 필수적으로 요구되는 역량이 자신에 대한 이해, 타인에 대한 이해, 그리고 사회 구성원으로서의 개인의 자각 등이다.

이러한 인식은 OECD, WEF 등 세계기구에서 제시한 미래교육의 필수 요소에서도 확인할 수 있는데, 이들은 다소간의 차이는 있지만 공통적인 기초 문해력과 더불어 문제 해결 능력, 의사소통 능력 등과 같은 고등 수준의 인지적 역량을 함양하고, 창의성, 주도성, 도전 정신, 적응력, 리더십, 다문화적 감수성과 같은 인성을 고르게 발달시켜야 한다고 제시하고 있다. 그리고 2015 개정 교육과정에서도 자주적인 사람, 창의적인 사람, 교양 있는 사람, 더불어 사는 사람을 이상적인 인간상으로 설정하고 있다(2015 개정 교육과정). 즉, 개정 교육과정에 제시되어 있는 것은 획일적이지 않은 발상과 적극적인 도전 정신, 다원 가치에 대한 존중, 인류 문화 발전에 기여하고 공동체 의식을 가지며, 소통하고 배려하며 무엇보다 실천할 수 있는 사람을 길러 내고자 한다는 점이다. 이를 위해서는 상대를 경험해 볼 수 있는 다양한 교육적 환경을 구축해야 하는데, 이는 기존의 정형화된 교육이 아닌 통합적 교육, 학습자 스스로 의미를 찾는 교육을 통해 가능할 것이다.

이를 위해 2015 개정 교육이 지향하는 바를 정리하면, '지식 위주의 암기식 교육'에서 '배움을 즐기는 행복 교육'으로 전환하는 것을 제일의 핵심으로 삼고 있다는 점이다. 학생이 행복한 교육을 지향하는 교육으로 교육의 지향점을 선회한 것이 이 교육과정의 핵심적인 방향이라 할 수 있다. 그동안 우리 교육은 단편적인 암기 위주의 교육과 문제 풀이 중심의 교육 방식이 대표적인 문제점으로 지적되어 왔다. 그 결과, 학습에 대한 낮은 흥미와 저조한 교육적 효과를 낳았으며, 지나친 경쟁으로 높은 학습 부담감이 나타났다(한혜정 외, 2015). 이러한 맥락에서 핵심 개념과 원리 중심으로 학습내용을 적정화하여 학생이 중심이 되는 교실이 될 수 있도록 수업을 개선하는 것을 중요한 과제로 삼고 있다. 이를 위해서 교육과정에 핵심 역량을 명시화하고 통합사회와 통합과학 등 공통 과목을 신설하는 등, 교과 간 벽을 허물고 융복합적인 능력을 갖춘 인재를 길러 내기 위해 교육과정 자체를 통합하고자 하는 노력을 기울이고 있다.

이와 같은 시대적인 요구가 증대되면서 교육에서 새로운 변화에 대한 담론이 확장되고, 지속 가능하고 포괄적인 학교개선 접근으로 융복합교육이 시도되고 진행되고 있다(김선아 외, 2015; 박모라ㆍ주미경ㆍ문종은, 2014; 박영석 외, 2013; 이삼형ㆍ김시정, 2012; 안성호, 2014; 인성 외, 2013; 차윤경ㆍ안성호ㆍ주미경ㆍ함승환, 2016). 이 장은 이러한 연구에 바탕을 두고, 융복합교육이 현장교육에 뿌리내리고

자생적으로 성장하기 위해 각 교과별 교육과정 내에 제시된 의사
소통 역량의 의미를 종합해 보고자 한다. 그리고 교육과정의 전체
적인 조망 후 국어 교과에서 활용할 수 있는 융복합교육 방안의 예
를 제시함으로써, 자기와의 소통, 타자와의 소통, 그리고 사회를 바
라보는 시각의 변화 등 다층적인 관점에서의 소통이 층층이 쌓여
갈 수 있는 교수 방안을 제안하는 것을 목표로 하였다.

2. 융복합 역량과 의사소통 역량

1) 융복합 역량과 교과별 핵심 역량

융복합교육은 자율성(Autonomy), 연계성(Bridgeability), 맥락성
(Contextuality), 다양성(Diversity) 원리를 함의하고 있다. 그리고 이
러한 개별 원리를 통해 추구하는 융복합 역량은 도구의 상호작용
적 사용 역량, 이질 집단 내에서의 상호작용 역량, 자율적 실천 역
량의 세 가지로 구분된다. 이는 2015 개정 교육과정 총론에서 제시
하고 있는 '자기 관리 역량' '지식정보 처리 역량' '창의적 사고 역량'
'심미적 감성 역량' '의사소통 역량' '공동체 역량' 등 6가지 핵심 역
량과 연계되어 있거나, 통합될 가능성이 매우 크다.

2015 개정 교육과정에서는 교과 내의 학습이 학생의 실제적 삶
속에서 의미를 구현할 수 있도록 하는 것을 목표로 하고 있다. 즉,
삶과 교육이 괴리되지 않고, 교실의 벽을 넘어 학생의 진정한 삶 속
에서 의미를 찾는 교육을 통해 학생 스스로 자율성을 갖추고, 세계
화된 사회의 구성원으로서 다양성을 갖고, 미래사회의 다양한 문

제들을 여러 관점에서 창의적으로 해결할 수 있는 역량을 갖추는 것을 목표로 하고 있다. 이를 위해 핵심 역량을 명시하고, 이를 각 교과에서 교과별 특성에 맞게 다시 제시하여 구성하고 있다. 이 장에서는 2015 개정 교육과정에서 제시된 교과별 핵심 역량이 융복합 역량과 어떻게 연계되는지를 알아보고, 그중에서도 의사소통 역량의 의미를 구체적으로 살펴보고자 한다.

우선, 국어과 교육과정에서는 비판적·창의적 사고, 자료·정보 활용, 의사소통, 공동체·대인 관계, 문화 향유, 자기 성찰·계발을 교과 역량으로 제시하고 있고, 영어과에서는 영어 의사소통, 지식정보 처리, 공동체, 자기 관리를 제시하고 있다. 이는 언어과 교과의 특성을 볼 수 있는 부분으로, 언어를 도구로 필요한 자료나 정보를 수집·분석·활용할 수 있으며, 공동체의 구성원으로서 다른 사회 구성원들과 소통하고, 이질적 집단 속에서 발생할 수 있는 다양한 갈등 상황에서 문제를 창의적이고 융합적으로 해결하며, 이러한 경험 등을 바탕으로 자신을 성찰하고 자신의 인생 계획을 세우고 실천해 나가며, 자신의 행동에 변화를 자율적으로 이끌어 낼 수 있는 역량을 기르는 것을 교과의 목표로 삼고 있다.

수학에서는 문제 해결, 추론, 창의·융합, 의사소통, 정보 처리, 태도 및 실천을 교과 역량으로 제시하고 있고, 과학과에서는 과학적 사고력, 과학적 탐구 능력, 과학적 문제 해결력, 과학적 의사소통 능력, 과학적 참여와 평생 학습 능력을 과학과의 교과 역량으로 제시하고 있다. 수학과와 과학과 모두 문제 해결력을 교과 핵심 역량으로 제시하고 있는데, 교육과정에서 제시하고 있는 의미를 살펴보면, "수학의 지식과 기능을 활용"하는 것, 과학과는 "과학적 지식과 사고를 활용"하는 것을 통해 주어진 문제를 해결하는 것을 제안하고 있다. 그리고 논리적인 역량을 강조하는 추론을 제시하고 있으며, 새롭게 문제를 바라보고, 문제를 다양하게 바라보며, 타인의 아이디어를 이해하고 협업하는 역량과 이를 실천하고 이를 스스로 지속적으로 학습해 가는 능력을 교과의 핵심 목표로 삼고 있다.

사회과에서는 창의적 사고력, 비판적 사고력, 문제 해결력 및 의사 결정력, 의사소통 및 협업 능력, 정보 활용 능력을 교과 역량으로 제시하고 있는데, 사회적 문제를 다양한 관점에서 바라보고, 재정의하고, 타인을 존중하며 협력하고, 나아가 사회의 구성원으로서 윤리성을 준수하는 것을 중요한 역량으로 제시하고 있다. 그리고 미술과에서는 미적 감수성, 시각적 소통 능력, 창의·융합 능력, 미술 문화 이해 능력, 자기 주도적 미술 학습 능력 등을 미술과의 교과 역량으로 제안하고 있는데, 상상력과 창의적 표현 능력, 문화적 감수성을 가지고 다원적으로 가치를 존중하며, 자기를 이해하고 나아가 미술 활동에 자기 주도적으로 참여하면서 자기를 계발·성찰하고, 그러한 과정에서 타인을 이해하고 협력하는 능력을 기르는 것을 교과의 핵심 목표로 삼고 있다. 이상에서 살펴본 것과 같이 각 교과의 핵심 역량은 융복합 역량과 연계되거나 통합되어 설명될 수 있다. 이를 표로 나타내면 〈표 12-1〉과 같다.

〈표 12-1〉 융복합교육 역량과 교과별 핵심 역량 범주

융복합 역량		교과별 역량		
하위 요소	범주	과목	범주	
언어, 상징. 텍스트 활용	도구의 상호작용적 활용	국어	비판적 · 창의적 사고	다양한 상황이니 자료, 담화, 글을 주체인 관점에서 해석하고 평가하여 새롭게 독창적인 의미를 부여하거나 만드는 능력
			자료 · 정보 활용	필요한 자료나 정보를 수집 · 분석 · 평가하고, 이를 효과적으로 활용하여 의사를 결정하거나 문제를 해결하는 능력
핵심 개념 · 원리 · 소양 습득 및 활용		영어	지식정보 처리	지식정보화사회에서 영어로 전달되는 정보를 적절하게 활용하는 능력
			영어 의사소통	일상생활 및 다양한 상황에서 영어로 소통할 수 있는 능력
		수학	문제 해결	해결 방법을 알고 있지 않은 문제 상황에서 수학의 지식과 기능을 활용하여 해결 전략을 탐색하고 최적의 해결 방안을 선택하여 주어진 문제를 해결하는 능력
			추론	수학적 사실을 추측하고 논리적으로 분석하고 정당화하며 그 과정을 반성하는 능력
			창의 · 융합	수학의 지식과 기능을 토대로 새롭고 의미 있는 아이디어를 다양하게 산출해 내고, 여러 관점에서 문제를 바라보고 해석하며 수학을 수학 내 · 외적 상황과 연결시키고 활용하는 능력

테크놀로지 활용				정보 처리	다양한 자료와 정보를 수집 · 분석 · 활용하고 적절한 공학적 도구나 교구를 선택 · 사용하여 자료와 정보를 효과적으로 처리하는 능력
			사회	정보 활용	다양한 자료와 테크놀로지를 활용하여 정보를 수집, 해석, 활용, 창조할 수 있는 능력
				비판적 사고력	사태를 분석적으로 평가하는 능력
			과학	과학적 사고력 탐구	과학적 주장과 증거의 관계를 탐색하는 과정에서 필요한 사고, 과학적 세계관 및 자연관, 과학의 지식과 방법, 과학적인 증거와 이론을 토대로 하는 능력
				과학적 문제 해결	과학적 지식과 과학적 사고를 활용하여 개인적 혹은 공적 문제를 해결하는 능력
				과학적 탐구 능력	과학적 문제 해결을 위해 실험, 조사, 토론 등 다양한 방법으로 증거를 수집, 해석, 평가하여 새로운 과학 지식을 얻거나 의미를 구성해 가는 능력
			미술	시각적 소통 능력	변화하는 시각 문화 속에서 이미지와 정보, 시각 매체를 이해하고 비판적으로 해석하며, 이를 활용한 미술 활동을 통해 소통할 수 있는 능력
				창의융합	자신의 느낌과 생각을 다양한 매체를 활용하여 창의적으로 표현하고, 미술 활동 과정에서 타 분야의 지식, 기술, 경험 등을 연계, 융합하여 새로운 가능성을 발견할 수 있는 능력

타인과의 관계 형성 및 유지	이질적 집단에서의 상호작용	국어	공동체 · 대인	공동체의 가치와 공동체 구성원의 다양성을 존중하고 상호 협력하며 관계를 맺고 갈등을 조정하는 능력
			의사소통	음성 인어, 문자 언어, 기호와 매체 등을 활용하여 생각과 느낌, 경험을 표현하거나 이해하면서 의미를 구성하고 자아와 타인, 세계의 관계를 점검 · 조정하는 능력
협동적 작업		영어	공동체	지역 · 국가 · 세계 공동체의 구성원으로서 가치와 태도를 공유하여 공동체의 삶에 관심을 갖고 공동 문제 해결에 참여하는 능력
		수학	의사소통	수학 지식이나 아이디어, 수학적 활동의 결과, 문제 해결 과정, 신념과 태도 등을 말이나 그림, 글, 기호로 명확하게 표현하고 다른 사람의 아이디어를 이해하며 함께 협업하는 능력
갈등 관리 및 해결		사회	의사소통 및 협업 능력	자신의 견해를 분명하게 표현하고 타인과 효과적으로 상호작용하는 능력
			문제 해결력 및 의사 결정력	다양한 사회적 문제를 해결하기 위해 합리적으로 결정하는 능력
		과학	과학적 의사소통 능력	과학적 문제 해결 과정과 결과를 공동체 내에서 공유하고 발전시키기 위해 자신의 생각을 주장하고 타인의 생각을 이해하며 조정하는 능력
		미술	미술 문화 이해 능력	우리 미술 문화에 대한 이해를 바탕으로 정체성을 확립하고, 유연하고 개방적인 태도로 세계 미술 문화의 다원적 가치를 이해하고 존중하며 공동체의 발전에 참여할 수 있는 능력

정체성·자존감 확립 및 자율적 인생 계획	자율적인 행동 역량	국어	자기 성찰·계발	삶의 가치와 의미를 끊임없이 반성하고 탐색하며, 변화하는 사회에서 필요한 재능과 자질을 계발하고 관리하는 능력
			문화 향유	국어로 형성·계승되는 다양한 문화를 이해하고 그 아름다움과 가치를 내면화하여 수준 높은 문화를 향유·생산하는 능력
		영어	자기 관리	영어에 대한 흥미·관심에 기반하여 자기 주도적인 영어 학습을 지속적으로 해 나갈 수 있는 능력
개인의 행동 변화		수학	태도 및 실천	수학의 가치를 인식하고 자주적인 수학 학습 태도와 민주 시민 의식을 갖추어 실천하는 능력
		사회	문제 해결력 및 의사 결정력	다양한 사회적 문제를 해결하기 위해 합리적으로 결정하는 능력
지역·세계 사회의 바람직한 변화 야기		과학	과학적 참여와 평생 학습 능력	사회에서 공동체의 일원으로 합리적이고 책임 있게 행동하기 위해 과학기술의 사회적 문제에 대한 관심을 가지고 의사 결정 과정에 참여하며, 새로운 과학기술 환경에 적응하기 위해 스스로 지속적으로 학습해 나가는 능력
		미술	자기 주도적 미술 학습 능력	자기 주도적 미술 학습 능력은 미술 활동에 자발적이고 주도적으로 참여하면서 자기를 계발·성찰하며, 그 과정에서 타인의 생각과 느낌을 이해하고 존중·배려하며 협력할 수 있는 능력
			미적 감수성	다양한 대상 및 현상에 대한 지각을 통해 자신의 느낌과 생각을 이해하고 표현하며 미적 경험에 반응하면서 미적 가치를 느끼고 내면화할 수 있는 능력

2) 의사소통 역량

의사소통은 인간 활동의 가장 기본적인 것이며 화자와 청자 간의 사회적 관계에서 이루어지는 것으로, 본질적으로 서로 이해하고 협동하는 과정의 유대(최창렬, 2004, p. 30)이다. 의사소통은 인간의 본성에 대한 통찰을 제공해 주고(Heath & Bryant, 2000, p. 2), 인간을 이해하고 인간 사회를 이해한다는 관점에서 다양한 학문 분야에서 연구되어 왔다. 즉, 의사소통을 한다는 것은 타인을 전제하는 활동이며, 그를 통해 타자에 대해 이해하고 상상력을 키울 수 있는 중요한 과정이다. 앞에서 확인한 바와 같이, 각 교과별 핵심 역량에서 공통적으로 나타나 있는 것이 '의사소통'이라고 할 수 있다. 나에 대한 이해와 내가 속한 지역사회에 대한 이해, 나아가 국가, 세계 공동체의 구성원으로서 공유해야 할 태도와 가치를 익히고, 타인의 삶에 관심을 가지고 공동의 문제 해결에 참여하며, 그 과정에서 나와 생각이 다른 타인의 의견을 존중하고 상호작용하고 협업할 수 있는 역량을 의사소통 역량이라고 볼 수 있다. 이러한 핵심 역량이 교육과정 내에서는 개별 과목에서 또 세분화되어 명시되고 있다. 이를 국어과 교육과정을 중심으로 살펴보면 다음과 같다.

국어과 교육과정에서 추구하는 의사소통 역량은 "음성 언어, 문자 언어, 기호와 매체 등을 활용하여 생각과 느낌, 경험을 표현하거나 이해하면서 의미를 구성하고 자아와 타인, 세계의 관계를 점검·조정하는 능력(2015 개정 국어과 교육과정)"이다. 이를 선택 교육과정인 화법과 작문, 독서, 언어와 매체, 문학 등의 과목에 제시된 성취 기준에 따라 분류해 보면 다음 〈표 12-2〉와 같다.

〈표 12-2〉 융복합교육 역량과 교과별 핵심 역량 범주

과목	성취 기준
듣기·말하기	[4국01-01] 대화의 즐거움을 알고 대화를 나눈다.
	[6국01-01] 구어 의사소통의 특성을 바탕으로 하여 듣기·말하기 활동을 한다.
	[9국01-09] 설득 전략을 비판적으로 분석하며 듣는다.
	[10국01-04] 협상에서 서로 만족할 만한 대안을 탐색하여 의사 결정을 한다.
화법과 작문	[12화작01-01] 사회적 의사소통 행위로서 화법과 작문의 특성을 이해한다.
	[12화작02-07] 화자의 공신력을 이해하고 적절한 설득 전략을 사용하여 연설한다.
	[12화작03-07] 작문 맥락을 고려하여 친교의 내용을 표현하는 글을 쓴다.
언어와 매체	[12언매01-03] 의사소통의 매개체로서 매체의 유형과 특성을 이해한다.
	[12언매03-01] 매체의 특성에 따라 정보가 구성되고 유통되는 방식을 알고 이를 의사소통에 활용한다.
문학	[12문학04-01] 문학을 통하여 자아를 성찰하고 타자를 이해하며 상호 소통하는 태도를 지닌다.
	[12문학04-02] 문학 활동을 생활화하여 인간다운 삶을 가꾸고 공동체의 문화 발전에 기여하는 태도를 지닌다.

　듣기와 말하기 과목에서는 대화에 참여하는 과정에서 자아를 깨닫고 상대를 발견하며 관계를 형성하는 과정에서 의미가 완결된 것이 아니고, 재구성하고 협상하는 것임을 깨닫게 하는 것이 중요하다고 제시하고 있다. 이러한 인식은 화법과 작문에서도 나타나는데, 의사소통이라는 것 자체가 화자나 필자가 소통하는 청자나 독자를 상정한 개념이기 때문에 이들과 관계를 맺기 위해서는 개인의 차원을 넘어서는 이해와 가치, 태도, 믿음 등에 대한 공유, 그리고 독자를 존중하고 배려하는 일의 중요성 등을 강조하고 있다. 그리고 사회 구성원으로의 개인은 사회에서 생산된 여러 매체의

의미에 대해 이해하고 그 과정에서 자아를 성찰하며, 자기 삶의 본질에 대해 이해하고 타자의 의미를 깨달아, 사회적 맥락 안에서 협상하고 협의하며 생각을 공유할 수 있도록 의사소통 역량을 키워야 하고 키울 수 있는 존재라는 인식이 전제되어 있다.

3) 자아 · 타자 · 사회 개념

의사소통은 이에 참여하는 자신과 타인 그리고 이를 가능하게 하는 사회적 공동체 등 여러 층위의 인식이 필요하다. 이에 2015 개정 교육과정에서는 자아, 자신, 개인, 타자, 사회 등 여러 개념으로 이를 명시하고 있다. 이것이 각 개별과정에서 어떻게 규정되고 있는지 확인하고자 하고, 교육과정에 명시된 의미를 분석하여 교과별 용어의 의미가 다시 융복합적으로 어떻게 의미를 찾을 수 있을지 알아보고자 한다.

2015 개정 국어과 교육과정에서는 자아 개념과 타자의 개념, 사회 개념 등이 성취 기준으로 분명하게 제시되어 있다. 자아 개념은 '긍정적'인 자아 개념 형성을 중시하고 있고, 긍정적 자아 개념의 대척점으로 '그렇지 못한 자아' 개념을 명시하고 있다. 그리고 그것이 타인과 관계를 맺는 관계에서 어떤 영향을 미치는지를 제시하고 있어 자아에 대한 인식과 이해는 타인에 대한 알아챔으로, 그리고 사회 속의 자신에 대한 인식으로 폭과 깊이가 확장되는 개념으로 설정되어 있다. 이러한 자아 개념은 사회 속에서의 자아, 타인과의 관계 속에서의 자아라는 개념으로는 쿨리(Cooley, 1902)의 '거울에 비친 자아(looking-glass self)' 혹은 '영상적 자아' 개념에 비추어 설명할 수 있다. Cooley는 다른 사람이 나를 비추는 거울을 통해

나를 본다고 하여(박재현, 2013, p. 19), 자아 개념에 사회적 상호작용이 중요함을 강조하였다. 즉, 타자와의 관계 형성 및 유지를 위해 의사소통 역량을 강화하는 것은 자신의 정체성과 자존감 확립, 그리고 개인의 행동 변화(이선경 외, 2013)를 위해서도 중요한 요소임을 확인할 수 있다. 이러한 자아 개념은 영어과 교육과정에서도 확인이 된다. 자아 개념은 '자아 성찰'이나 '자아 성장'으로 나타나, '자아'를 돌아보고 성장시킬 수 있는 대상으로 규정되고 있다. 그리고 자아 성찰을 통해서는 스스로 진로 계획을 수립하는 등의 자기 관리 역량으로 이어지는 것으로 명시화하고 있고, 타인의 생각이나 느낌을 공유하고 다양한 가치관을 탐색하는 과정에서 자아를 성장시킬 수 있다고 명시하고 있어, 자아가 성장하기 위해서는 타인이라는 사회적 공동체로 확장되어야 한다고 제시하고 있다.

이러한 자아에 대한 인식은 타자와의 사회적 관계 속에서 사회적 경험과 사회적 활동 과정에서 발달된다(Mead, 1934)는 것으로 설명할 수 있다. 즉, 자기 평가의 원천이자 자기 존중감이나 효능감의 원천으로 작용하는 것으로, 사회적 상호작용을 통해 형성되는 것이 자아 개념(Gecas, 1982)이다.

수학과 교육과정에서는 자아라는 표현은 등장하지 않고, '자신'이라는 표현으로 명시화되고 있다. 학생이 스스로 창의적으로 규칙을 만들고, 다른 사람의 규칙을 찾아보고 이해하는 과정에서 자신의 성장과 타인에 대한 이해가 함께 일어나는 것으로 명시화되고 있다. 즉, 행동하는 주체로서의 자아 "I(Mead, 1934)"와 이 자아의 사회적 행동을 통해 형성되는 자아 개념이 모두 언급되고 있다. 그리고 다른 사람의 의견을 비판적으로 수용하는 과정에서 자신의 주장을 표현하는 능력을 기름으로써 자신감을 얻고 추론 능력을 기를 수 있다고 보고 있는데, 이는 국어과와 영어과에서 분석되었던 자아 개념과 공통적인 개념으로 볼 수 있다.

　사회과 교육과정에서는 자아라는 표현이 등장하지만, 이보다는 핵심 역량에 명시된 것과 같이 '자신'이라는 표현이 더 자주 사용되고 있다. 학생이 자신 주변의 사회 현상에 관심을 가지고 이해하며, 이를 해결하기 위한 방안을 사회 공동체 구성원인 개인이 서로 입장이 다른 구성원들 사이에서 토의, 토론하는 과정에서 의미를 찾아가도록 명시화하고 있다. 즉, 사회과에서 제안하고 있는 자신은 사회적 구성원의 일부이며, 동시에 사회 공동체의 일원으로 구성되어 있다. 그리고 타인은 협업할 대상이며, 함께 지구의 문제를 해결하고 지속 가능한 발전을 위해 함께 걸어가는 존재, 때로는 토의나 토론으로 의견을 조율해 가야 하는 소통의 대상으로 규정되어 있다. 이는 개인이 살아가는 공간, 개인이 속한 사회, 개인들이 속한 공동체가 만들어 온 역사와 문화 등의 각 영역에서 개인과 사회가 움직이는 모습으로 설명되어 있다. 즉, 이때의 자아의 개념, 자아의 구조는 자신이 속한 사회 집단의 행동 양식이나 규정이 중요하며, 이를 반영한 존재라고 볼 수 있다(Hewitt, 2000). 즉, 앞서 살펴본 거울의 자아 개념(Cooley, 1902)이나 상호작용으로서의 자아 획득(Mead, 1934) 등의 개념으로 볼 수 있다.

　과학과 교육과정에서도 공동체의 일원으로 과학적 문제를 해결하기 위해서는 '자신'의 생각을 주장하고 '타인'의 생각을 이해하며 조정할 필요가 있다고 명시하고 있어, 타자를 전제한 공동체 맥락에서 내재화된 자아 개념이 중요하게 작용하고 있음을 확인할 수 있었다. 미술과 교육과정에서도 자아라는 표현보다는 '자신'이라는 표현으로 개인을 설명하고 있다. 그리고 이때의 자신은 "자신의 느

낌과 생각을 다양하게 표현하는 존재로 규정되거나, 주변 세계와의
관계를 이해하고 조화할 수 있는 존재"로 설명되어 있다. 이는 개인
의 사고와 감정을 포함하는 자아 개념(Rosenberg, 1989)으로 설명할
수 있다. 또한 미술과에서는 '자기 주도적'이라는 표현을 핵심 역량
에 명시화함으로써, 학생이 자신의 학습 과정을 성찰하고 계발·발
전시킨다고 하여 영어과의 자아와 유사한 개념으로 스스로를 성찰
하고, 이를 통해 국어과에서 제시하고 있는 긍정적으로 자기 발전
을 이끄는 원동력이 되는 자아 개념으로 사용하고 있기도 하다. 이
러한 표현이 교육과정에 명시된 것을 나타내면 〈표 12-3〉과 같다.

〈표 12-3〉 교과별 교육과정 내에 나타난 자아, 타자, 사회의 개념

	과목	성취 기준
국어	듣기·말하기	[2국01-01] 상황에 어울리는 인사말을 주고받는다.
		[2국01-03] 자신의 감정을 표현하며 대화를 나눈다.
		[2국02-04] 글을 읽고 인물의 처지와 마음을 짐작한다.
	화법과 작문	[12화작02-01] 대화 방식에 영향을 미치는 자아를 인식하고 관계 형성에 적절한 방법으로 자기를 표현한다.
		[12화작01-02] 화법과 작문 활동이 자아 성장과 공동체 발전에 기여함을 이해한다.
		[12화작04-01] 화법과 작문의 사회적 책임을 인식하고 의사소통 윤리를 준수하는 태도를 지닌다.
	독서	[12독서04-02] 의미 있는 독서 활동에 참여함으로써 타인과 교류하고 다양한 삶의 방식과 세계관을 이해하는 태도를 지닌다.
영어	말하기	[10영02-03] 일상생활이나 친숙한 일반적 주제에 관해 자신의 의견이나 감정을 말할 수 있다.
	쓰기	[9영04-01] 일상생활에 관한 주변의 대상이나 상황을 묘사하는 문장을 쓸 수 있다.
		[9영04-04] 개인 생활의 경험이나 계획에 대해 문장을 쓸 수 있다.

	읽기	[12영독03-05] 비교적 다양한 주제에 관한 글을 읽고 필자의 심정이나 태도를 추론할 수 있다. [12영문03-07] 문학 작품을 읽고 심미적 표현과 의미를 파악할 수 있다.
수학	공통	[2수04-02] 자신이 정한 규칙에 따라 물체, 무늬, 수 등을 배열할 수 있다. [2수05-01] 교실 및 생활 주변에 있는 사물들을 정해진 기준 또는 자신이 정한 기준으로 분류하여 개수를 세어 보고, 기준에 따른 결과를 말할 수 있다. [4수03-14] 여러 가지 방법으로 삼각형과 사각형의 내각의 크기의 합을 추론하고, 자신의 추론 과정을 설명할 수 있다.
	수학	[10수학01-07] 이차방정식에서 판별식의 의미를 이해하고, 이를 설명할 수 있다.
	수학 II	[12수학 II 02-08] 함수 증가와 감소, 극대와 극소를 판정하고 설명할 수 있다.
사회	사회	[4사03-05] 우리 지역에 있는 공공 기관의 종류와 역할을 조사하고, 공공 기관이 지역주민들의 생활에 주는 도움을 탐색한다. [4사03-06] 주민 참여를 통해 지역 문제를 해결하는 방안을 살펴보고, 지역 문제 해결에 참여하는 태도를 기른다. [4사04-06] 우리 사회에 다양한 문화가 확산되면서 생기는 문제(편견, 차별 등) 및 해결 방안을 탐구하고 다른 문화를 존중하는 태도를 기른다.
	지리	[9사(지리)08-04] 도시 문제를 해결하여 살기 좋은 도시로 변화된 사례를 조사하고, 살기 좋은 도시가 갖추어야 할 조건을 제안한다. [9사(지리)10-03] 생활 속의 환경 이슈를 둘러싼 다양한 의견을 비교하고, 환경 이슈에 대한 자신의 의견을 제시한다.
	일반 사회	[9사(일사)01-01] 사회화의 의미와 과정을 이해하고, 사회화 과정에서 청소년기에 나타나는 특징을 설명한다. [9사(일사)01-03] 사회 집단의 의미를 이해하고, 사회 집단에서 나타나는 차별과 갈등의 사례와 이에 대한 해결 방안을 탐구한다.
	통합 사회	[10통사03-03] 자신이 거주하는 지역을 사례로 공간 변화가 초래한 양상 및 문제점을 파악하고, 이를 해결하기 위한 방안을 제안한다. [10통사09-03] 미래 지구촌의 모습을 다양한 측면에서 예측하고, 이를 바탕으로 자신의 미래 삶의 방향을 설정한다.

과학	과학	[4과10-02] 동물의 한살이 관찰 계획을 세우고, 동물을 기르면서 한살이를 관찰하며, 관찰한 내용을 글과 그림으로 표현할 수 있다.
		[9과21-05] 사람의 유전 형질 유전 연구 방법을 알고, 사람의 유전 현상을 가계도를 이용하여 표현할 수 있다.
	생활과 과학	[12생활02-03] 자신에게 맞는 미용 제품을 선택하기 위해서 고려해야 할 사항들을 조사하고 발표할 수 있다.
미술	미술	[4미01-02] 주변 대상을 탐색하여 자신의 느낌과 생각을 다양한 방법으로 나타낼 수 있다.
		[4미01-04] 미술을 자신의 생활과 관련지을 수 있다.
		[4미03-03] 미술 작품에 대한 자신의 느낌과 생각을 발표하고, 그 이유를 설명할 수 있다.
		[6미01-01] 자신의 특징을 다양한 방법으로 탐색할 수 있다.
		[6미01-04] 이미지를 활용하여 자신의 느낌과 생각을 전달할 수 있다.
		[9미01-01] 자신과 주변 대상, 환경, 현상의 관계를 탐색하여 나타낼 수 있다.
		[12미01-01] 자신의 내면세계를 인식하고 외부 세계와 조화를 이룰 수 있는 방안을 모색할 수 있다.
	미술 감상과 비평	[12미감02-03] 자신의 반응을 미적 대상의 특징, 지식, 정보 등과 연결하여 설명할 수 있다.

　이상에서 볼 수 있는 것과 같이, 자아 개념은 초등학교 시절 타자에 대한 인식과 알아챔을 통해 견고해지고, 이것이 차원이 확장되어 사회 구성원에 대한 이해와 개인이 속한 사회, 그리고 인류 문화와 문명의 발전에 대한 인식으로까지 확장되는 개념으로 영역이 넓어지고 있다. 즉, 의사소통 역량을 강화하기 위한 교육과정이 분절적으로 형성된 것이 아니라, 작은 것에서 시작하여 점차 의미를 확장하고, 그것이 다시 자아 성찰로 의미를 찾는 과정으로 절차적으로 구조화되어 있음을 확인할 수 있다. 이것을 실제 교육과정에

서는 어떻게 반영할 수 있는지를 다음 장에서 확인하고자 한다.

3. 의사소통 역량 중심 교육과정

1) 의사소통 역량 중심 교육과정 사례

이상에서와 같이 의사소통 역량이 교육과정에서 어떻게 구현되고 있고, 어떤 의미를 갖는지를 확인하였다. 이를 통해 교육과정을 설계하기 위해, 외국에서 역량 중심으로 교육과정을 운영 중인 사례를 확인하여 실제 교육의 사례를 제안하고자 한다.

외국의 경우, 영국과 독일은 국가 수준에서 역량 기반 교육과정을 운영하고 있고, 미국은 Alverno 대학과 Tunxis 대학, 호주는 Sydney 대학 Queensland 대학 등이 역량 기반 교육과정을 운영하고 있는 중이다. 역량 기반 교육과정을 운영함에 있어, 이 중 영국과 독일은 역량이라는 개념을 내용으로 이해할 수 있는 단계와 이를 내재화할 수 있는 단계인 두 차원으로 나누어 운영하고 있다 (Klieme et al., 2004; 소경희·강지영·한지희, 2013, p. 154 재인용). 영국은 역량 기반 교육과정을 운영하면서 교육과정을 핵심 개념과 핵심 과정으로 나누어 제공하는 데 초점을 두고, 그에 따른 범위와 내용을 설정하였다. 독일은 과정 역량에 문제 해결력과 의사소통, 모델링 역량을 하위 범주로 두고, 그에 따른 내용 역량으로 나누어 운영하고 있다(소경희 외, 2013). 즉, 학습자의 역량을 강화하기 위한 교육과정을 설계함에 있어 기능은 주로 과정과 관련된 항목으로 제시하고 교육과정에서 추구해야 하는 내용을 따로 나누어 정립하여, 역량에 대한 지식을 절차화하면서도 지식과 기능이 통합되어 추구될 수 있도록 구조화하고 있음을 확인할 수 있었다. 미국의 Alverno 대학도 의사소통 역량 중심 교육과정을 운영하면서 초급·중급·상급 단계로 나누었다. 자신의 의사소통 수행 능력을 스스로 평가하는 초급 단계에서 학문 구조 속의 다양한 의사소통 방식을 통합하는 중급 단계, 그리고 창의적이고 민감하게 의사소통하는 상급 단계로 나누어 자아에 대한 인식이 자신이 속한 학문 영역과 사회 속에서 구현될 수 있도록 하고, 이것이 내재화를 거치면 창의성과 다양성, 삶의 맥락성으로 구현될 수 있도록 구조화하고 있다. 종합하자면, 의사소통 역량을 교육과정에 반영하는 단계는 분절적인 개념으로 나뉘어 있지 않다. 이에는 지식과 기능을 통합하여 접근할 때 학습자의 역량을 강화할 수 있다는 인식이 전제되어 있다. 이러한 구조화에 따라 다음 3.2절에서는 내용과 구조로 나누어 교육과정을 설계하고 심화할 수 있는 방안을 제안하였다.

2) 의사소통 중심의 쓰기 교육과정 설계

국어과 교육과정에서 자기와의 소통, 타자와의 소통, 사회와의 소통에 따른 의사소통 역량을 내용과 과정으로 나누어 학습자들이 의사소통 역량을 자율적으로 구조화할 수 있는 교육방안과, 그것에 실제 국어과 교육과정이 어떤 식으로 접할 수 있는지를 분석한 것은 〈표 12-4〉와 같다.

〈표 12-4〉에서와 같이 각 단계는 절차적으로 단계가 정확히 구분되는 것이 아니고, 학습자가 자아의 개념을 이해하기 위해서는 타자에 대한 인식과 타자와 소통하는 방식을 깨달아야 하며, 타자

와 소통하기 위해서는 그것이 소통되는 사회적 맥락을 함께 이해
해야 하는 총체적인 역량을 요구하는 것으로 설계되어 있다.

〈표 12-4〉 소통 중심의 역량 기반 교육과정

유형		내용과 과정	국어과 교과	2015 국어과 교육과정
자기와의 소통	내용	• 쓰기 이해와 쓰기 전략 • 쓰기 구조, 읽기와 쓰기 통합 • 어휘 의미 확장, 이해	듣기 · 말하기	[10국02-02]
			읽기	[12언매04-01] [12언매04-02]
	과정	• 관련 자료 찾아 읽기 • 관련 자료 쓰기 • 나의 생각을 스스로 점검하고 성찰하기 • 나의 생각 돌아보기	쓰기	[12실국05-02] [10국03-01]
타자와의 소통	내용	• 쓰기 이해와 쓰기 전략 • 쓰기 구조, 읽기와 쓰기 통합	듣기 · 말하기	[12실국03-03]
	과정	• 관련 자료 찾아 읽기 • 관련 자료 쓰기 • 나의 생각과 동료의 생각 나누기 • 자료 발표하기	쓰기	[12화작04-01] [10국03-05] [10국03-01] [10국03-02]
		• 주제에 관련된 의견 표현하기 • 주제와 관련된 토의 / 토론하기	읽기	[12독서04-02]
사회와의 소통	내용	• 쓰기 이해와 쓰기 전략 • 쓰기 구조, 읽기와 쓰기 통합 • 쓰기 장르, 전공과 융합 • 매체 읽기	듣기 · 말하기	[10국 1-06] [12실국03-02] [12실국03-03] [12실국05-01]
	과정	• 관련 자료 찾아 읽기 • 관련 자료 쓰기 • 나의 생각과 동료의 생각 나누기 • 자료 발표하기	읽기	[10국 02-01] [10국 02-02] [12독서04-02] [12언매04-03]
		• 주제에 관련된 의견 표현하기 • 주제와 관련된 토의 / 토론하기	쓰기	[10국03-05] [12화작04-03]

4. 의사소통 역량 중심의 교육과정 실천 사례

이상의 교육과정에 대한 분석과 설계를 바탕으로, 실연된 교육과정 사례를 제시하고 의사소통 역량을 강화할 수 있는 교수 방안을 제안하면 아래와 같다.

1) 자기-타자와의 소통을 위한 시간

(1) 교육에서 매체 활용하기를 통해 나를 친구들에게 소개하는 방식

학교 수업에 매체[3]가 등장한 것은 이미 익숙한 풍경이다. 이러한 환경적 변화 앞에서 교사들은 매체를 활용한 교육이 실제로 어떤 진정성이 있는지 늘 고민하고 우려를 하는 것 역시 부정할 수 없는 현실이다. 하지만 교육은 항상 시대적 · 환경적 상황에 대응(안성호 · 이문우, 2015, p. 352)해 왔다. 그리고 학생들은 교사들보다 더 적극적으로 매체 사용을 받아들이고 즐긴다. 이에 1차시 강의를 통해 나를 친구들에게 소개하는 방식에서는 padlet을 이용하여 동료와 소통하기를 제안한다. 이러한 매체 활용은 한정된 시간 안에 교

---

3) 국어과 교육에서 '매체'는 대상으로서의 '매체'를 넘어 '매체 언어'로 분류되고 있다. 이때 매체 언어는 매체를 통해 이루어지는 언어적 작용을 두루 포함하는 것으로 소리, 음성, 이미지, 문자, 동영상 등 여러 양식을 복합적으로 사용하는 확장된 언어(2015 개정 국어과 교육과정, 언어와 매체 성격)이다. 본 글에서는 매체의 일부를 활용하는 방식으로만 강의안을 제안하였다. 하지만 매체 언어를 통해 국어과 교육에서 추구하는 비판적 · 창의적 사고 역량 함양과, 현대 언어 생활 및 의사소통 문화를 통해 자기 성찰과 공동체와 대인 관계 역량을 기르는 것을 추구한다는 목적은 동일하게 지향한다.

실의 모든 학생을 소개하고 소개받는 활동으로 활용할 수 있다. 단순히 이름 소개 등의 인구학적 소개가 아니라, '가장 즐겁게 읽은 책'을 소개하고 그 이유를 제시하면서 자기를 나타내는 자기소개 방식이다. 생각 발화의 폭이 다양한 학습자들이 충분한 시간을 들여 나를 소개하는 시간을 확보함으로써 교실 수업이라는 물리적 시간 제약을 극복할 수 있다. 즉, 이러한 활동을 통해 자기에 대한 점검과 이해, 타인에 대한 이해의 시간을 가질 수 있다.

어떤 책을 선호한다는 것만으로도 자신의 생각이나 그에 대한 선호가 드러날 수밖에 없다. 그리고 읽었던 책을 소개하고 같은 교실에 있는 친구들이 읽었던 책을 소개받는 활동을 통해 같은 교실에 있는 친구들의 생각과 경험 등을 소개받음으로써 자기의 이해와 타자에 대한 이해가 함께 일어날 수 있는 활동이다.

이 활동을 위해서는 학생들에게 padlet을 작성할 수 있는 시간을 먼저 주어야 한다. 학생들이 올리는 글은 바로바로 화면으로 나타나고, 자신의 수업 참여가 시각화된다는 점에 흥미를 느낀다. 전체 화면으로 열어 내용을 공유하면서 어떤 생각으로 썼는지, 좀 더 구체적으로 소개하고 싶은 내용은 없는지 등을, 작성한 학생의 목소리로 공유하게 한다. 이러한 활동을 통해 수업에 참여하는 학생의 역할뿐 아니라 저자의 역할 그리고 독자와 청자 등 여러 층위의 역할을 동시에 수행할 수 있다.

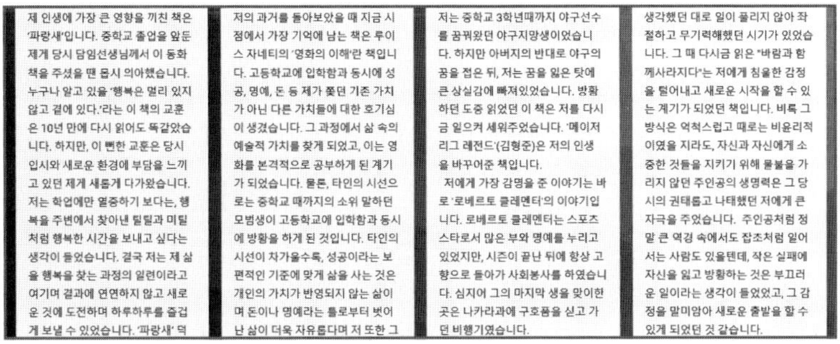

제 인생에 가장 큰 영향을 끼친 책은 '파랑새'입니다. 중학교 졸업을 앞둔 제게 당시 담임선생님께서 이 동화책을 주셨을 땐 몹시 의아했습니다. 누구나 알고 있을 '행복은 멀리 있지 않고 곁에 있다.'라는 이 책의 교훈은 10년 만에 다시 읽어도 똑같았습니다. 하지만, 이 뻔한 교훈은 당시 입시와 새로운 환경에 부담을 느끼고 있던 제게 새롭게 다가왔습니다. 저는 학업에만 열중하기 보다는, 행복을 주변에서 찾아낸 틸틸과 미틸처럼 행복한 시간을 보내고 싶다는 생각이 들었습니다. 결국 저는 제 삶을 행복을 찾는 과정의 일련이라고 여기며 결과에 연연하지 않고 새로운 것에 도전하며 하루하루를 즐겁게 보낼 수 있었습니다. '파랑새' 덕

저의 과거를 돌아보았을 때 지금 시점에서 가장 기억에 남는 책은 루이스 자네티의 '영화의 이해'란 책입니다. 고등학교에 입학함과 동시에 성공, 명예, 돈 등 제가 쫓던 기존 가치가 아닌 다른 가치들에 대한 호기심이 생겼습니다. 그 과정에서 삶 속의 예술적 가치를 찾게 되었고, 이는 영화를 본격적으로 공부하게 된 계기가 되었습니다. 물론, 타인의 시선으로는 중학교 때까지의 소위 말하던 모범생이 고등학교에 입학함과 동시에 방황을 하게 된 것입니다. 타인의 시선이 차가울수록, 성공이라는 보편적인 기준에 맞게 삶을 사는 것은 개인의 가치가 반영되지 않는 삶이며 돈이나 명예라는 틀로부터 벗어난 삶이 더욱 자유롭다며 저 또한 그

저는 중학교 3학년때까지 야구선수를 꿈꿔왔던 야구지망생이었습니다. 하지만 아버지의 반대로 야구의 꿈을 접은 뒤, 저는 꿈을 잃은 탓에 큰 상실감에 빠져있었습니다. 방황하던 도중 읽었던 이 책은 저를 다시금 일으켜 세워주었습니다. '메이저리그 레전드'(김형준)은 저의 인생을 바꾸어준 책입니다.

저에게 가장 감명을 준 이야기는 바로 '로베르토 클레멘터'의 이야기입니다. 로베르토 클레멘터는 스포츠 스타로서 많은 부와 명예를 누리고 있었지만, 시즌이 끝난 뒤에 항상 고향으로 돌아가 사회봉사를 하였습니다. 심지어 그의 마지막 생을 맞이한 곳은 나카라과에 구호품을 싣고 가던 비행기였습니다.

생각했던 대로 일이 풀리지 않아 좌절하고 무기력해했던 시기가 있었습니다. 그 때 다시금 읽은 "바람과 함께사라지다"는 저에게 침울한 감정을 털어내고 새로운 시작을 할 수 있는 계기가 되었던 책입니다. 비록 그 방식은 억척스럽고 때로는 비윤리적이였을 지라도, 자신과 자신에게 소중한 것들을 지키기 위해 물불을 가리지 않던 주인공의 생명력은 그 당시의 권태롭고 나태했던 저에게 큰 자극을 주었습니다. 주인공처럼 정말 큰 역경 속에서도 잡초처럼 일어서는 사람도 있을텐데, 작은 실패에 자신을 잃고 방황하는 것은 부끄러운 일이라는 생각이 들었었고, 그 감정을 말미암아 새로운 출발을 할 수 있게 되었던 것 같습니다.

[그림 12-1] 매체 활용을 통한 자기소개 사례:
내가 즐겁게 읽은 책을 동료와 공유하기

2) 타자-사회와의 소통을 위한 활동

◆ 활동 1: 패러디

글쓰기에서 중요한 것 중 하나가 윤리성이다. 오늘날은 복사와 붙여쓰기로 글쓰기에서 물리적인 어려움이 사라졌다. 물리적인 제약이 없어지면서 윤리적인 고민도 옅어졌다. 원본과 가본 사이의 경계가 옅어진 지금, 윤리적인 글쓰기 교육이 시급하다. 기존의 글을 읽고 패러디 활동을 통해 다른 작품의 세계를 나의 세계로 들여다 바라보고, 표절이 아닌 패러디 활동을 통해 작품의 재해석과 재구성의 의미를 익힌다.[4] 특히 이 과정에서 표절을 패러디, 오마주 등과 구분한다. 이러한 과정은 학생들이 쉽게 접하고 민감하게 반응하는 음악의 표절 문제, 패러디, 오마주 등과 연계하여 수업함으로써 학생들의 관심 폭을 넓히고, 사회적인 문제에서 표절을 바라

4) [12화작04-01] 특히 인용과 표절의 의미를 구분하고, 적절한 방법으로 다른 사람의 말이나 글을 인용하도록 하며, 다른 사람의 지적 재산을 훼손하지 않도록 한다.

볼 수 있게 한다.

또한 2015 개정 국어과 교육과정의 '문학' 교수·학습 방향에 따르면, 국어 활동은 '총체성'을 지닌 것으로 문학과 국어과의 다른 과목 혹은 다른 교과 간, 학교 밖 생활들과 통합되어 학습자의 경험을 문학 지식과 결합하여 심화·확장하고, 교실에서의 학습을 통해 삶의 총체성을 구현할 것을 제안하고 있다. 이러한 취지에 맞추

제목: 조빗문(조침문을 읽고 패러디하기)

유세차 모년 모월 모일에, 진소접은 머리빗자에게 이별을 고하노니, 너를 얻어 손 가운데 지닌 지 우금 다섯 달이라. 어이 인정이 그렇지 아니하리오. 슬프다. 눈물을 잠깐 거두고 심신을 겨우 진정하여 너의 행방을 찾으니라. 인간 머리에게 중요한 것은 머릿결과 곧 빗이니 어지 슬프지 아니하랴.

연전에 문방구 주인님께서 너를 골라 주어 지금까지 손에 익히고 익히어 지금까지 해포되었더니 슬프다. 연분이 비상하여 너희를 무수히 잃고 또 잃었으되, 너 하나를 영구히 보존하니 비록 무심한 물건이나 어찌 사랑스럽고 미혹하지 아니하리오. (중략) 샤프에 샤프심이 떨어지듯 이윽토록 기색혼절 하였다가 너를 찾지 못하였다 아야아야 빗이여. 무죄한 너를 잃어버리니 내 머리는 누가 책임지오. 오호통재라. 네 비록 물건이나 무심하지 아니하면 후세에 다시 만나 평생 동거지정을 다시 이어 백년고락과 일시생사를 한 가지로 하기를 바라노라.

고등학교 1학년 학생 글

[그림 12-2] 문학 작품 패러디하기 활동

어 '문학' 작품을 읽고 패러디를 활동하는 것은 학습자의 자율성과 의사소통 역량을 기르기에 적합한 활동으로 제안할 수 있다.

이렇게 작성된 글쓰기는 패러디에서 끝나는 것이 아니고, 학생이 필자가 될 수 있도록 다양한 프로그램을 활용하여 교실에서 공유할 수 있도록 하고, 필자와 독자의 경험을 모두 체험할 수 있도록 한다.

◆ 활동 2: 대상에 대한 새로운 인식

국어가 아닌 수학이나 과학 등 다른 과목에서 익혔던 세상에 대한 이해를 바탕으로, 사물을 새롭게 인식하고 예상 독자를 설정하여 예상 독자에게 적합한 글쓰기를 하도록 한다.

〈표 12-5〉 대상에 대한 새로운 인식

글쓰기 주제

엘리베이터에서 안에서 모르는 사람들과 가까이 있을 때 우리는 왜 긴장할까?

아침이면 잠이 깨는 이유는 무엇일까?

연필은 왜 육면체일까?

풍선은 왜 날아갈까?

글쓰기에 앞서 고려해야 할 내용

글의 목적:

예상 독자:

글의 내용:

표현 방식:

◆ 활동 3: 기억과 소통하기

자신의 삶에 대해 성찰하고, 자기를 돌아보고 사회를 돌아보는

제목: 델리만쥬, 그 달콤함 속

"아가, 할미랑 나갈까?"

어린 시절의 나는 할머니께서 저 말씀을 하시기를 바랐었다. 거창한 나들이는 아니었다. 그저 정확한 목적지 없이 할머니의 손을 잡고 걷거나, 할머니의 등에 업혀 이곳저곳을 구경했다. 나는 특히 할머니와 지하철역에 가는 것을 좋아했다. 더 정확히 말하자면 지하철역에 들어서자마자 달콤한 향으로 나를 유혹하는 델리만쥬를 좋아했고, 할머니께서는 꼭 그것을 내 손에 쥐어 주셨다. 귀여운 옥수수 모양으로 구워진 카스텔라 안에 달달하고 향기로운 커스터드 크림은 순식간에 나를 매료시켰다. (중략)

델리만쥬의 달콤한 향을 자주 맡을 수 없어서인지, 나는 지하철역에서 델리만쥬의 향이 나면 꼭 그것을 사 먹곤 한다. 내가 델리만쥬를 사 먹을 때마다 엄마께서는 냄새만 좋고 맛은 없는 것을 왜 이리 좋아하느냐고 물으신다. 그럴 때마다 멋쩍게 웃음을 짓지만, 사실 나도 엄마의 말씀에 수긍한다. 델리만쥬의 향은 정말 달콤하지만, 정작 맛을 보면 살짝 실망하게 되는 맛이다. 그럼에도 불구하고 나는 델리만쥬의 향이 나면 마치 참새가 방앗간을 못 지나쳐 가듯이 델리스(델리만쥬 파는 곳)를 지나쳐 가지 못한다. 그 향을 맡을 때마다 내게 델리만쥬를 쥐어 주시던 할머니가 생각나서일까? 어쩌면 나는 단순히 델리만쥬의 달콤함만을 원하는 것이 아니라, 그 달콤한 속에 깃든 할머니의 온전한 사랑을 느끼고 싶어 하는지도 모른다.

고등학교 2학년 학생 글

이번 추석 때는 장성에 있는 외가에 내려가 바비큐 파티를 하면서 사촌들과 즐거운 시간을 보내고 돌아왔다. 엄마는 새우를, 삼촌은 오리고기를 굽고 계셨다. 그리고 외할머니께서는 마당에서 직접 기르신 상추를 한 바구니가 꽉 차도록 담으셨다. 고기 한 점에 상추를 서너 개는 싸서 먹어야 할 만큼 엄청난 양이었는데, 그것도 부족해 보이셨는지 할머니께서 "부족하면 더 갖다 먹어라."라고 하시며 새끼들을 열심히 챙기셨다. (중략)

집으로 돌아오는 길, '서행하며 좌우를 살피면서 교차로를 지나가라는 신호인 황색 점멸등'을 차창 밖으로 보면서 핸드폰으로 사진을 찍었다. 해지는 저녁 무렵이어서 하늘은 파스텔톤 블루였고, 이제 전기선을 땅바닥으로 까는 신도시에서는 보기 힘든 전봇대에 전선들이 늘여매여진 모습이 추석 명절을 끝내고 돌아오는 피곤한 귀갓길에 걸맞은 풍경이라는 생각이 들었다.

그리고 내 삶에도 황색 등이 필요하다는 생각이 들었다. 빨강 초록 등만 있어서는 내가 내 자신의 주체가 될 수 없다는 생각이 들었다. 천천히 그리고 앞만 보지 말고 옆도 살펴 가면서, 나도 우리 할머니의 여유를 가져야 한다. 시키는 대로만 하고 주어진 과제만 챙기다 보면, 진정 내가 누구인지 모르면서 어느새 십대가 지나가 버리고 말겠지. (후략)

고등학교 1학년 학생 글

[그림 11-3] 사진을 통한 기억 쓰기

소통으로서의 쓰기를 수행한다. 수업 시간에 수필을 읽고, 수필의
의미를 자신의 삶과 연계하여 확인한다. 이후 의미 있는 사진을 선
정하여 사진 수필을 쓰는 활동을 한다.

　일상에 스치는 사물들에 관심을 기울여 그것의 의미를 찾는다.
학생들의 바쁜 일상에서 틈을 발견하게 하고, 스며드는 틈의 의미
를 확장하여 삶의 의미로 연계하는 활동을 한다. 이는 학습자 개인
의 자아를 발견하게 하고 강화하는 교육 활동으로 의미를 갖는다.

　주변에서 의미 있는 사물의 사진을 찍어 다시 이야기를 쓰는 활
동을 통해 매체에 대한 이해와 대상에 대한 이해, 글을 쓰는 행위를
통해 나를 이해하고 삶을 이해하며 다시 사회를 이해하는 영역으
로 확대될 수 있는 사례가 되도록 구성한다.

5. 결론

　이 장에서는 급격한 교육적 환경 변화 앞에 서 있는 교사의 고민
을 함께 나누어 보고자 하였다. 많은 교사가 '지금' '여기서' '무엇'
을 가르쳐야 하며, 그것을 가르쳐야 하는 목적은 무엇인가 등을 치
열하게 고민하고, 그것을 교실 현장에 반영하려고 노력하고 있다.
이런 다양하고 깊이 있는 고민을 통해, 학생들은 어떠한 역량을 강
화해야 하는가를 끊임없이 검토하여 하나의 교육과정이 구성된다.
이 장에서는 그러한 고민의 한 방안으로 시대적 담론과 교육적 고
민 앞에 하나의 대응 방안으로 융복합교육 방안을 제안하였다. 이
를 위해 국어과 교육과정에 반영된 의사소통의 개념과 자아 개념,
타자와 사회와의 관계를 분석하여, 자아를 이해하고 타자를 인식

하는 것이 사회적 맥락에서 자아에 어떤 의미가 되는지를 분석하였고, 이것을 통해 미래사회 구성원에서 요구되는 핵심 역량인 의사소통 역량을 강화할 수 있는 융복합교육 방안을 제안하였다.

의사소통 역량이라는 것은 교사가 주체가 되어 학습자에게 전달되는 일방향적인 것, 혹은 이벤트성의 일회적인 교육으로 강화될 수 있는 것이 아니다. 따라서 교육과정을 구성함에 있어 내용적 차원과 과정적 차원으로 나누어 학습자의 역량 자체에 대해 인식을 하고, 이를 교육과정 내에서 심화하고 구성할 수 있도록 교육과정을 분석하였고, 실연된 교육과정 사례를 통해 이러한 역량을 강화할 수 있는 교수 방안의 사례를 제안하였다.

참고문헌

교육과학기술부(2012). 초·중등학교 교육과정 총론. 교육과학기술부 고시 제2012-3호[별책 1].

교육부(2015). 국어과 교육과정. 교육부 고시 제2015-74호[별책 5]

교육부(2015). 영어과 교육과정. 교육부 고시 제2015-74호[별책 14]

교육부(2015). 수학과 교육과정. 교육부 고시 제2015-74호[별책 8]

교육부(2015). 사회과 교육과정. 교육부 고시 제2015-74호[별책 7]

교육부(2015). 과학과 교육과정. 교육부 고시 제2015-74호[별책 9]

교육부(2015). 미술과 교육과정. 교육부 고시 제2015-74호[별책 13]

문종은, 구하라, 김선진 외(2014). 중학생의 프로젝트 기반 융복합교육 학습 경험 이해. 학습자중심교과교육연구, 14(6), 389-420.

박영석, 구하라, 문종은 외(2013). Steam 교사 연구회 개발 자료 분석: 융복합교육적 접근. 교육과정연구, 31(1), 159-86.

박영석, 신혜원(2015). 융복합교육에서 관찰 평가의 적용 사례 분석. 학습자중심교과교육연구, 15, 535-54.

박재현(2013). 국어교육을 위한 의사소통 이론. 서울: 사회평론.

박정진(2014). "주제별 통합 독서(신토피컬 리딩)"의 의미와 독서교육적 맥락. 독서연구, 32, 191-212.

소경희, 강지영, 한지희(2013). 교과교육과정 개발을 위한 역량 모델의 가능성 탐색. 比較敎育硏究, 23, 153-75.

안성호, 이문우(2015). 대학에서 언어학을 어떻게 가르칠 것인가: 융복합교육적 접근. 언어연구, 31, 337-55.

온정덕(2015). 2015 개정 교육과정의 방향과 주요 개정 내용. CP 2015-01-7. 한국교육개발원 이슈 페이퍼.

유병규, 구하라, 김선진 외(2014). 네 교사의 융복합교육 실행 경험의 이해. 학습자중심교과교육연구, 14, 339-71.

윤재연(2014). 대학 글쓰기에서의 읽기와 쓰기 통합 방안 모색. 韓民族語文學, 66, 113-44.

이관규(2011). 통합적 국어교육의 가치와 '독서와 문법'. 국어교과교육연구, 18, 91-118.

이선경, 구하라, 김선진 외(2013). 융복합교육 프로그램 구성을 위한 기초 연구. 학습자중심교과교육연구, 13, 483-513.

이순영, 최숙기, 김주환, 서혁, 박영민(2015). 독서교육론. 서울: 사회평론.

이은미(2011). 국어교육: 2011 국어과 교육과정에 대한 비판적 검토-작문 영역의 발전적 위계화 방안을 중심으로. 새국어교육, 89, 299-327.

차윤경 외(2014). 융복합교육의 이론과 실제. 서울: 학지사.

차윤경 외(2016). ABCD 기반 융복합교사교육 모형 개발 연구: 창의·인성교육 전문성을 중심으로. 학습자중심교과교육연구, 16, 847-76.

차윤경, 안성호, 주미경, 함승환(2016). 융복합교육의 확장적 재개념화 가능성 탐색. 다문화교육연구, 9, 153-83.

천경록(2009). 읽기와 쓰기의 통합 단원 개발 방향. 한국초등국어교육, 39,

536-60.

최미숙(2016). 국어교육의 이해: 국어교육의 미래를 모색하는 열여섯 가지 이야기. 서울: 사회평론아카데미.

최창렬(2004). 국어과 교수법. 서울: 역락.

한용진(2015). 삼간(三間) 융합의 육교학(育敎學). 한양대학교 SSK 제20차 정기 콜로키움 자료집.

한혜정 외(2015). 2015 개정 교육과정 총론 해설서 (중·고등학교) 개발 연구. 한국교육과정평가원.

함승환, 구하라, 김선아 외(2013). "융복합교육"의 개념화. 교육과정평가연구, 16, 107-36.

Alverno College Institute for Educational Outreach(2007). www.alverno.edu/for_educators/institute.html

Cooley, C. H. (1902). The looking-glass self. *O'brien*, 126-128.

Gecas, V. (1982). The self-concept. *Annual review of sociology, 8*(1), 1-33.

Hewitt, J. P. (2001). 자아와 사회. 윤인진(역). 서울: 학지사.

Mead, G. H. (1934). *Mind, self and society*(Vol. 111). University of Chicago Press.: Chicago.

Rosenberg, M. (1989). Self-concept research: A historical overview. *Social forces, 68*(1), 34-44.

경향신문(2016.01.20.). 다보스포럼, 제4차 산업혁명을 논하다.

조선일보(2016.12.29.). 세계적인 미래학자 토마스 프레이가 예측한 새로운 미래 직업 TOP5. http://news.chosun.com/misaeng/site/data/html_dir/2016/12/29/2016122900669.html

찾아보기

내 용

저자 소개

차윤경

Stanford University 교육사회학 박사

현 한양대학교 교육학과 교수

구자원

한양대학교 교육학 박사

현 인천왕길초등학교 교사

김선아

Syracuse University 미술교육학 박사

현 한양대학교 응용미술교육학과 교수

김시정

한양대학교 국어교육학 박사

현 수원대학교 교양학부 객원교수

문종은

이화여자대학교 수학교육학 박사

현 수원대학교 객원교수

민희자

한양대학교 교육행정학 박사

현 고명초등학교 교사

박미영

이화여자대학교 수학교육학 박사

현 한양대학교 강사

박영석

서울대학교 교육학 박사

현 경인교육대학교 사회과교육과 교수

송효준

한양대학교 다문화교육학과 박사 과정 수료

심수진

서울대학교 영어교육학 박사

현 장로회신학대학교 교수

안성호

커넥티컷대학교 언어학 박사

현 한양대학교 영어교육과 교수

유금복

서울대학교 생물교육과 박사 과정 수료

유리

한양대학교 국어교육학 박사

현 공주대학교 강사

이선경

서울대학교 과학교육학 박사

현 청주교육대학교 과학교육과 교수

이성우

한양대학교 국어국문학 박사

현 한양대학교 강사

장민정

한양대학교 교육학 박사

현 성균관대학교 초빙교수

정재원

한양대학교 교육공학 박사

현 중앙대학교 커리큘럼혁신센터 연구교수

주미경

미국 University of California 교육학 박사

현 한양대학교 수학교육과 교수

함승환

Michigan State University 교육학 박사

현 한양대학교 교육학과 교수

황세영

영국 University of Bath 교육학 박사

현 한국청소년정책연구원 부연구위원

교사를 위한 융복합교육론
−학교개혁을 이끄는 교사 되기−

Yungbokhap Education and School Reform:
Theory and Practice for Teachers

2019년 3월 25일 1판 1쇄 인쇄
2019년 3월 30일 1판 1쇄 발행

지은이 • 차윤경 · 구자원 · 김선아 · 김시정 · 문종은 · 민희자 · 박미영
　　　　박영석 · 송효준 · 심수진 · 안성호 · 유금복 · 유리 · 이선경
　　　　이성우 · 장민정 · 정재원 · 주미경 · 함승환 · 황세영
펴낸이 • 김진환
펴낸곳 • ㈜ 학지사

　　　　04031 서울특별시 마포구 양화로 15길 20 마인드월드빌딩
대표전화 • 02-330-5114　　팩스 • 02-324-2345
등록번호 • 제313-2006-000265호

홈페이지 • http://www.hakjisa.co.kr
페이스북 • https://www.facebook.com/hakjisa

ISBN 978-89-997-1320-0　93370

정가 17,000원

이 도서의 국립중앙도서관 출판시도서목록(CIP)은 서지정보유통지
원시스템 홈페이지(http://seoji.nl.go.kr)와 국가자료공동목록시스템
(http://www.nl.go.kr/kolisnet)에서 이용하실 수 있습니다.
(CIP 제어번호: CIP2019008705)

출판 · 교육 · 미디어기업 학지사

간호보건의학출판 학지사메디컬 www.hakjisamd.co.kr
심리검사연구소 인싸이트 www.inpsyt.co.kr
학술논문서비스 뉴논문 www.newnonmun.com
원격교육연수원 카운피아 www.counpia.com